甘肃藏族史话

洲塔 乔高才让 ◎ 著

甘肃文化出版社

甘肃少数民族史话丛书

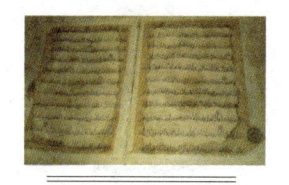

序

张余胜

在甘肃四十五万平方公里的土地上，居住着两千六百多万各族人民。其中，人口较多的少数民族就有回、藏、蒙古、裕固、东乡、保安、撒拉、哈萨克等八个民族。他们主要散布在河湟流域和祁连山的怀抱里。甘肃这片狭长的土地，无论富饶还是贫瘠，都是我们共同的家园。

从历史上看，古代的甘肃更是一个多民族聚居、活动的地区。早在商周时期，在泾河流域、渭河上游地区，即今天的庆阳、平凉和天水、定西一带，散居着上百个大大小小的戎族部落。由于戎族遍布，古代的甘肃被称为"西戎之地"。这些戎族人是如此的强悍，他们不仅一度攻灭过居住在今礼县东部的嬴秦先祖大骆之族，而且常常袭扰乃至围攻西周王朝的首都镐京，迫使周王朝东迁洛阳。大约在同一时期，在河湟及白龙江、洮河流域，还散居着众多的羌族部落，统称"西羌"。在白龙江、西汉水流域，还有为数不少的氐人部落。这些氐羌部落有的向西南部迁徙，衍化为如今的彝族和西南其他少数民族；有的西迁，与青藏高原上的土著人融合，形成吐蕃族，再后来演变为藏族。而在湖泽星布、绿草连天的河西走廊，先秦时期有一个名叫月氏的游牧民族，"控弦者可一二十万"，强盛时它连匈奴都不放在眼里。在它的西边，还有一个名叫乌孙的民族，实力也不可小觑。到了金瓯破碎的五胡十六国时期，氐族豪酋苻健、吕光、杨氏家族甚至建立过强大的前秦、后凉以及仇池国，羌族豪酋姚苌等人

1

建立过后秦及宕昌国。同一时期，从蒙古高原南迁的鲜卑族人在今甘肃中西部地区先后建立了西秦国和南凉国，匈奴人的后裔卢水胡人在河西中部建立过北凉国。可以说，十六国时期的甘肃地区，是诸少数民族竞相雄起、放马逐鹿的辽阔舞台。迨至唐代，河西地区一度被咄咄东进的吐蕃国占据。"安史之乱"尚未完全平息，趁虚而入的吐蕃军队甚至占据了陇右大片地区。两宋时期，甘肃地区曾先后为辽、金、夏所控制和分割。再后来，蒙古大军席卷中国北方，甘肃地区被先期占领，成为蒙古大军南下灭宋的桥头堡……也就是说，在数百年的时间里，甘肃地区曾经是吐蕃、契丹、女真、党项羌、蒙古人先后统治的地盘。而就在蒙古西征铁骑东归之时，大批的西亚、中亚的工匠、商贾被挟带到甘肃以及内地，于是，有两三个新的民族——回族、东乡族、保安族——正在铁马奔腾的风烟中悄悄孕育、形成。这些进入中国的各类色目人没有料到，在度过了一段和顺的时光之后，接踵而来的清代，等待他们的竟是腥风血雨，无尽的苦难……

三千多年过去了，当年先后生息在甘肃大地上的古老民族们，有的远徙他方，衍变成了异国子民，如月氏族、匈奴族；有的远徙后融入他族，成了中国边疆土地上新的民族，如乌孙人后来与塞种、突厥语部落、蒙古语部落等融汇，衍变为哈萨克族；有的绵延至今，成了中华诸族中历史最悠久的民族之一，如藏族和蒙古族；也有的曾经逞雄一时的民族，从历史舞台上消失，只留下细若游丝的一点孑遗，如氐族、羌族、鲜卑族、突厥族、党项羌族；还有些新生的民族，成了今天我们中华民族大聚落中的重要成员，如回族、东乡族、保安族、撒拉族……

各民族消长、衍变、萌生的过程是如此的复杂而漫长，这些过程又因为缺乏翔实的记载而扑朔迷离，煞费踌躇。尽管如此，今天我们在回眸其各自的来路的时候，仍然能深深地感觉到，每个民族的

生存史,都无一例外的极其艰难,都伴随着无数次饥馑、瘟疫,特别是内外部战争、高压统治、屠杀、阴谋的严重威胁,有时候往往是灭顶之灾。有不少小民族能够存活至今,简直可以说是一个奇迹。正因为如此,我们各个民族之间,才应该互相了解,彼此理解、珍惜、援助,而不宜囿于偏见、误解、怨怼,兄弟阋墙,骨肉生隙。

中国的官方史籍,总是给人这样的印象:中国人的大半部历史,似乎就是世居中原和东部的华夏族与北方周边诸少数民族之间拉锯式的争斗史,"胡"汉之间的相互奴役史。在我看来,这种多半出自"华夷"观念很深、中央政权本位意识浓重的汉族史家之手的史书,也许忽略了历史的另一面,另外一些历史细节:"胡"汉之间并不都是战争,在比争战更为绵长的和平时期,中华各民族之间,同为黄种人,同居一块大陆,同顶一片蓝天,繁衍生息,创造文明,血脉是息息相通的。倘非如此,何来文化的融合,文明的相互汲取与影响,各民族的共同进化?特别是在未载入史籍的民间,各族百姓之间的相互救助、相濡以沫,实在是颇为动人的。我这里拈举一例:原居富饶美丽的同仁地区的保安族人,因宗教冲突、民族仇杀而面临灭顶之灾之时,先是受到藏族浪加部落的冒险接应、救助与护送,助其脱险;随后保安人举族东迁,在痛失家园、居无定所之时,是循化撒拉族人把他们接进了自己的家院,循化成了他们临时的家园。个中殷殷深情,至今令人动容。不光是在民间,即便是在官方史籍的缝隙中,我们也能听出另一种琴瑟之音:汉家威震天下之时,曾有细君公主、解忧公主、冯嫽、王昭君这样的纤柔大义女子,远嫁乌孙昆莫或匈奴单于,而匈奴王之子金日磾也曾成为汉廷一代名臣。隋唐皇室本有"胡人"血统,鲜卑族独孤氏、长孙氏女子嫁与杨、李儿郎,文成公主、金城公主远赴吐蕃成亲,原算不得旷古奇闻,虽然这些女中丈夫的勇气至今令人敬慕。更有元狩、开元盛世,汇八方华彩风流,开一代大国风气:丝绸路上,胡商与汉使同行,橐驼共骊马驰驱;华清

宫里,胡姬与唐娃同舞,羌笛与编钟齐鸣。华衮左衽,欢饮一堂;霓裳胡旋,瞩目万众。牛羊好,庄稼亦好;情谊长,和平乃长。特别是在中华民族面临危境之时,各族儿女争相挎箭跨马,共赴国难。"安史之乱"爆发之际,各路勤王大军中,每每闪现各族"胡帅"、"胡军"的身影;八国联军入侵之时,以回民为主的甘军将士奋战京津,浴血沙场;日寇侵占我中华半壁江山之时,西北军马鸿宾部、马彪部愤然出击,血战察哈尔、淮阳,杀得鬼子人仰马翻,多少白帽健儿血洒黄土……

中国人有句老话,叫作"家和万事兴",这是一种民间智慧,一种宝贵的经验。昆仲比肩,力可支倾扶危;兄弟阋墙,则微隙酿成灾祸。和谐形成合力,团结就是生产力。因些许龃龉而生积怨,忘大局而执琐屑,此非君子、智者所为也。今天的世界,已非昔日动辄刀兵相向的莽夫时代;和睦相处,相互尊重,挽臂前行,共创美好的未来,已成全人类之共识与大势。我中华诸族,岂可仍作一莽夫乎!

甘肃是中国边地之一隅,甘肃诸民族的历史是中国少数民族史的重要篇章。并且,如所周知,裕固、东乡、保安三族,为甘肃所独有。而在回族的历史上,诸如创立伊斯兰教门宦制度,遭受清廷重压而进行反抗等重大事件,皆发生在甘肃。可见甘肃诸族在我国少数民族史上的重要性。为使人们系统地了解甘肃现存的各个少数民族的曲折来路与现状,习俗与文化,人物与秉性,增加各民族人民之间的彼此知解,我们策划了这套《甘肃少数民族史话》丛书。为避免其他民族作者的隔膜,我们尽量邀请了本民族学者担任撰稿。经过作者与编者两年多的艰苦努力,这套丛书终于面世。祈愿这套通俗化的学术读物能够受到各族读者的认可与喜欢。

些许感想,权为序。

二〇〇九年初秋

目 录

甘肃藏族源流

走进甘肃藏区 ……………………………………… 3
远古时期的先民 …………………………………… 6
崛起在西部的吐蕃王朝 …………………………… 9
凉州六谷蕃部 ……………………………………… 17
称雄河湟的青唐唃厮啰政权 ……………………… 19
蒙藏凉州会谈 ……………………………………… 25
明代甘肃藏区的土司及僧官 ……………………… 29
明代甘肃藏区的茶马互市 ………………………… 32
清代甘肃藏区的政教合一制度 …………………… 34
民国时期的甘肃藏区 ……………………………… 40
甘肃藏区的解放 …………………………………… 45

岁月风云

罗卜藏丹津反清事件与甘肃藏区 ………………… 49
清代甘肃藏区的反清起义 ………………………… 50
奋起抗击宁海军 …………………………………… 52
马仲英途经甘南 …………………………………… 57
卓尼博峪事变 ……………………………………… 58
英勇抗击鲁大昌 …………………………………… 60
红军长征过藏区 …………………………………… 62
甘南农民大起义 …………………………………… 65
卓尼北山事件 ……………………………………… 68

文物古迹

郎木寺	71
天堂寺	73
妙因寺	74
拉卜楞寺	76
禅定寺	80
文殊寺	83
凉州四部寺	85
马蹄寺	87
古城遗址	90
光明女佛石刻像	93
青铜牦牛	94

人物荟萃

古代人物	99
潘罗支	99
唃厮啰	99
董毡	100
赵阿哥昌	100
些地	100
侯显	100
巴西饶巴尔	101
班丹嘉措	101
一世嘉木样·华秀·阿旺宗哲	102

德哇仓·罗桑东珠 …………………………… 104

萨木察仓·阿旺南卡桑 ………………………… 106

霍尔藏仓·华丹智华 …………………………… 106

贡唐仓·更登彭措 ……………………………… 107

赛仓·阿旺扎西 ………………………………… 107

达隆仓·罗桑丹贝尼玛 ………………………… 108

三世章嘉·若贝多吉 …………………………… 108

二世嘉木样·晋美旺波 ………………………… 111

土观·罗桑曲吉尼玛 …………………………… 113

一世策墨林·阿旺楚臣 ………………………… 114

阿芒班智达·贡却坚赞 ………………………… 115

卓尼·扎巴谢珠 ………………………………… 116

华锐·罗桑饶布萨 ……………………………… 116

拉科·晋美成勒嘉措 …………………………… 117

贡唐·丹贝仲美 ………………………………… 118

郎木·洛桑慈成嘉措 …………………………… 119

扎贡巴·贡却丹巴热杰 ………………………… 120

喇嘛噶绕活佛 …………………………………… 121

现代人物 …………………………………………… 122

嘉木样·洛桑久美·图丹却吉尼玛 …………… 122

肋巴佛 …………………………………………… 122

黄正清 …………………………………………… 124

杨复兴 …………………………………………… 126

贡唐仓·丹贝旺旭 ……………………………… 127

董振明 …………………………………………… 127

德哇仓·嘉样图丹嘉措 ……………… 128

才旦夏茸 …………………………… 129

丹巴嘉措 …………………………… 129

丹真贡布 …………………………… 130

伊旦才让 …………………………… 130

卢克俭 ……………………………… 130

多吉才让 …………………………… 130

丹珠昂奔 …………………………… 131

李德奎 ……………………………… 132

赛仓·罗桑华丹曲吉多吉 ………… 132

马进武 ……………………………… 133

多识 ………………………………… 133

孔宪岳 ……………………………… 133

贡却才旦 …………………………… 134

贡卜扎西 …………………………… 134

益希卓玛 …………………………… 134

旦巴 ………………………………… 135

拉姆措 ……………………………… 135

久西草 ……………………………… 135

灿烂文化

源远流长的本教文化 ……………… 139

博大精深的藏传佛教文化 ………… 141

敦煌莫高窟中的藏文化 …………… 155

繁花似锦的民间文学 ……………… 157

异彩纷呈的民间歌舞 …………………………………… 159
别具一格的藏戏 ………………………………………… 166
流光溢彩的艺术 ………………………………………… 172
丰富多彩的传统体育游艺活动 ………………………… 179
伟大史诗《格萨尔王传》 ……………………………… 182

民俗风情

欢度春节颂吉祥 ………………………………………… 187
正月祈愿大法会 ………………………………………… 189
盛夏欢度香浪节 ………………………………………… 193
情趣盎然采花节 ………………………………………… 195
祭祀山神插箭节 ………………………………………… 197
闭斋诵经娘乃节 ………………………………………… 199
草原欢腾赛马会 ………………………………………… 200
拉卜楞寺七月法会 ……………………………………… 203
藏族婚俗 ………………………………………………… 205
风味独特的藏族饮食 …………………………………… 215
妙趣横生话姓名 ………………………………………… 221
吉祥物和吉祥符号 ……………………………………… 223
藏族的美德风尚 ………………………………………… 228
色彩斑斓的藏族服饰 …………………………………… 230
民间禁忌 ………………………………………………… 238

今朝风采

剿匪肃特建政权 ………………………………………… 243

民族干部在成长 ………………………… 245
生产关系大变革 ………………………… 246
民族经济大发展 ………………………… 248
兴旺发达的旅游业 ……………………… 251

后　记

甘肃藏族源流

走进甘肃藏区

甘肃藏区主要是甘南藏族自治州和天祝藏族自治县。其次是沿祁连山北麓分布的肃南裕固族自治县泱翔、铧尖、西水、祁文、祁青等藏族乡，陇南山区宕昌县新城子、官鹅藏族乡，武都区平牙、磨坝藏族乡，文县铁楼藏族乡。另外在岷县、临夏、兰州、武威等地也有分布。全省藏族人口40余万，其中甘南州有35.15万，天祝有6.8万，肃南有1万余。

甘肃藏族自称"吾奥"，和"蕃"同，属藏族三大块中的安多藏区。其中卓尼、迭部、舟曲、文县等部分地区，从语言（包括语音）、习俗上稍有差异，反映了甘肃藏区文化多元的特点。

玛曲大草原

祁连山林区

从地理位置来看，甘肃藏区位于青藏高原东北部，与陇南山地和黄土高原相连，整个地势西高东低。甘南藏区从地貌形态可分高山草原区、高山森林区和丘陵低山区，天祝藏区和肃南藏区处在千里祁连山中。甘肃藏区地域辽阔，其中甘南藏族自治州总面积4.5万平方公里，西接青海，东与甘肃陇南、天水、定西相连，北与临夏为邻，南与四川紧连。天祝藏族自治县面积7100平方公里，北与武威市的古浪、凉州为邻，西与青海、东与景泰、南与永登相连。境内山岭连绵起伏，沟谷纵横交错，地形错综复杂。甘南有岷山、西倾山、积石山三条山脉，平均海拔3000米，大山沟川中有黄河、大夏河、洮河、白龙江等大江小河奔流。天祝有大通河、庄浪河、哈溪河、毛藏河、大水河等分布。

甘肃藏区资源丰富，矿产主要有金、铜、煤等。畜牧业发达，高山草场辽阔，地处黄河首曲的玛曲草原，水草丰美，碌曲和夏河两县的草山连绵起伏，均是甘肃省的畜牧业基地。藏区的牲畜以绵羊、牦牛、犏牛为主，

水草丰美的桑科草原

马和山羊次之,其中如"甘加羊"、"欧拉羊"、"河曲马"、"天祝白牦牛"和"甘肃高山细毛羊"都很驰名。天祝"岔口驿马"俗称走马,以平稳对侧步快速善走著称。产于农牧交错地区的一种以草根为食的"蕨麻猪",虽然体型不大,但肉瘦味美,是甘肃藏区的特产之一。农作物品种以青稞、豌豆、油菜、小麦、马铃薯为主,其次有蚕豆、荞麦、燕麦等。白龙江河谷地带,气候比较温湿,低处可栽种水稻。由于大部分地区地处高寒,藏族牧民都不种植蔬菜,农民所种的蔬菜品类也不多,一般种植洋芋、萝卜、圆根、莲花白、白菜等数种。沿白龙江、洮河、大夏河畔的重重山峦,遍布茫茫林海,尤其是一些深山幽谷中,至今尚保留片片原始森林,是甘肃省重要的林业基地。林山的阴坡,多生长冷杉、云杉、油松、华山松、桦、杨等乔木,阳坡则灌木丛生。舟曲境内出产的核桃皮薄仁厚,柿子则甘甜味美,驰名全省。广阔的森林是各种野生动物栖息的良好场所,不少藏族村寨附近常有各种野生动物出没,其中被列入国家保护范围的珍稀野生动物有白唇鹿、牛羚、大熊猫、雪豹、梅花鹿、林麝、短尾猴、云豹、金猫、石貂、水獭、鬣羚、红腹角雉、绿尾虹雉、蓝马鸡、雪鸡、秃鹰等。地处碌曲县西南的姜托措(又称尕海),为候鸟栖息的唯一湖泊。每当冰雪消融,大地回春时节,总有成群的天鹅、灰雁、斑头雁及野鸭等在此盘旋栖息,蔚为壮观。甘肃省藏族居住地区的主要河流都产鱼类,诸如石花鱼、小黄鱼等都是黄河河曲特产的鱼种,味颇鲜美;洮河与白龙江的溪流中,还产一种两栖鱼类大鲵(俗名"接骨丹"),民间常用作接骨滋补的药物。甘肃藏区还是多种药材的良好产地,其中取之于兽类的就有鹿茸、鹿角、麝香、豹骨、羚角、熊胆等名贵药材;属于野生植物的则有当归、冬虫夏草、黄芪、党参、甘草、秦艽、大黄、龙胆草、大蓟、杜鹃花等数百种。其他珍贵山菜有木耳、狼肚菌、蘑菇、蕨菜等,品种也有数十种。在草原上遍生的蕨麻,味甘质嫩,营养丰富,可以煮食,在封建时代曾作贡品献给皇帝,称"角力麻",或称"延寿果"。

甘肃藏区还有大量的自然景观和人文景观。20世纪80年代以后,藏区旅游业蓬勃发展,吸引了大量的国内外游客。这些景观主要有:腊子口战役纪念碑、俄界会议会址、拉卜楞寺、则岔石林、尕海湖、禅定寺、天堂寺、郎木寺、马蹄寺、文殊寺、甘加八角城、玛曲草原、天祝三峡景区、马牙雪山景区、冶力关、桑科滩、扎尕那、官鹅沟、拉尕山、大峪沟等。

远古时期的先民

藏族是一个古老的民族。其先民在远古时代就繁衍生息在青藏高原上，并在十分艰苦的条件下，开拓了这片土地，创造了光辉灿烂的文化，成为中华民族大家庭的一员，为开发西部作出了重要贡献。

那么，藏族是怎么来的呢？藏族历史名著《西藏王统记》(1328年)记载了一段特别有趣的神话传说故事，发人深省。故事梗概如下：

普陀山的观世音菩萨，给一只神变之猴授了戒律，令他到雪域高原修行。这只猴来到雅隆河谷的山洞中，潜修慈悲菩提心。正当猴子认真修行的时候，山中来了一个女魔，尽施淫欲之计，并且直截了当地提出来："我俩结合吧！"起初，那神猴说："我乃观音菩萨的徒弟，受命来此修行，如果与你结合，岂不破了我的戒行？"那女魔说："你如果不和我结合，那我就只好自尽了，我乃前世注定，降为妖魔，因和你有缘，今日专门找你做夫妻。如果我们不能成亲，日后我必定成为妖魔的老婆，将要杀害千千万万的生灵，并生下无数魔子魔孙。那时，雪域高原会成为魔鬼的世界，将要残害许多生灵，所以希望你答应我的要求。"猴子听了这番话之后，心想："我若与她结为夫妻，就得破戒；我若不与她结合，又会造成极大的罪恶。"想到这里，猴子只好到普陀山找观音菩萨，请示该怎么办。观世音听了猴子的难处，想了想说："这是上天之意，是吉祥之兆。你能与她结合，在雪域繁衍人类，是莫大的善事，速去与魔女结成夫妻。"这样，神猴便与魔女结为伴侣。后来他们生下六只小猴，送到果树林中，让他们各自求生。

三年后，那神猴便去林中探视子女们，发现他们已繁衍到500只了。此时，林中果实也越来越少，即将枯竭。众小猴见老猴父来了，便纷纷嚷道："我们将来吃什么呀？"他们一个个伸着双手，模样十分凄惨。那神猴见此情景，自言自语道：我生下这么多后裔，是遵照观世音菩萨的旨意，今日之事，伤透了我的心，我不如再去请示观世音。他便又来到普陀山给观世音诉苦并求明示。菩萨说："你的后代，我能够抚养。"于是神猴便遵命于须弥山中取了天生五谷种子，撒向大地，有了不经耕作便长满各种谷物的田地。众猴因得到充足的粮食，生活充实了，尾巴慢慢地变短了，也能说话了，逐渐变成了人，这就是雪域高原上最早的人类。

这个故事，在民间广为流传，多种史书上均有记载。还说，那神猴当年住过的洞穴，就在西藏山南泽当附近的贡布山上，而"泽当"也因是"猴子戏玩之地"而得名。离泽当五六里的撒拉村，是传说中的第一块青稞地。

这个神话传说，是古代藏族人民对自己民族起源的丰富想象，在一定程度上契合人类的进化论。只要我们扒去其佛教徒的加工成分——观世音的作为，可以得出以下结论：藏族最早是从猿猴进化而来。最初他们居住在森林，采集野果为食。后因成员增多，果实已不够食用，只好到地面生活，地面有了原始农业，始吃五谷，身毛逐渐退落，尾巴日益变短，渐渐地由猿变成了人。从最初六只猴（也有的史书说四只），发展为"赛、穆、董、东、扎、珠"六部（亦称六牦牛部）或六大种姓。《西藏王统记》说："如是，吐蕃人类众生广为繁衍。"古人类"遍及于吐蕃"。

不知过了多少年，经过远古时代的漫长发展，青藏高原上出现了四十小国（部落）。这四十个部落是互不统属的割据势力，他们互相攻杀，掠夺地域，抢劫财物，争战不休，最后形成十二小国（部落联盟），其中布杰蕃王（鹘提悉补野）这一支强盛无敌。至公元前350年左右，西藏高原形成了象雄、苏毗、布杰蕃（吐蕃）三个国家（非现代意义上的国家）。最后由布杰蕃统一了青藏高原，建立了强大的吐蕃王朝。那么，布杰蕃（即吐蕃）王朝和王室是怎么来的呢？

在吐蕃第一代王诞生的时代，这一块地方小国林立，犹如一盘散沙，难以与威胁生存的四邻国家相抗衡。吐蕃六部的代表当时正在寻求一位国王入主朝政。

《敦煌藏文吐蕃史文献》说王从天之上部而来：

在广阔的天界之上，住着天父六主之子，三兄三弟，加赤益顿次（老七）共七位。赤益顿次之子赤·聂赤赞普，作为泽被大地之人主，滋润土地之甘霖，降临大地。当他来到江多尔神山之时，须弥山俯首致敬，树木绿葱葱敬礼，泉水碧澄澄迎候。连石块、磐石等也如仙鹤鞠躬行礼。他作为蕃土六牦牛部之王降临。

12世纪藏族史名著《德乌宗教源流》说：

波卧之境，有一波人莫莫尊者，生有九弟兄，幼幺者称玛聂乌见热，其舌可覆盖面之中央，手指间生蹼相连，凶狠至极，具大法力，因见过恶，故日逐之。波卧境具法力之本教师举行送鬼仪式，逐往蕃域。时逢蕃之寻请其王者，问曰："汝为何人乎？"答曰："吾乃波卧境之人也。"又问曰："汝之手指间和舌等如此奇特，尔等有何法力？"其答曰："皆因法力和幻术过甚故被逐之。"众曰："乞为吾等之王。"即以肩舆之，并言"其乃杰·聂赤赞普也"。

从此，布杰蕃地域有了第一代王——聂赤赞普，其年代约在公元前400年左右。吐蕃六牦牛部第一代王的诞生，是藏族史上具有划时代意义的一件大事。从此，产生了布杰蕃王系，经过三十二代赞普艰苦、长期的发展，逐步统一了青藏高原各部。

新中国成立后，我国文物考古工作者在昆仑山以南至喜马拉雅山的广阔区域内进行考古发掘，出土了大量文物。这些文物的出土和大量与之相关的研究成果，雄辩地证明了早在旧石器时代和新石器时代，青藏高原就有人类活动，而且分布很广。这些古代文化遗址的主人，与今天生活在青藏高原的主体民族——藏族，有着深刻的渊源。

与此同时，今甘、青、川等地也活动着一支支被史书称作羌人的部落。羌人是古代居住在我国西部的土著，被史书称为"西方牧羊人"，其分布广泛，历史悠久，影响深远，不仅是形成汉族的重要组成部分，而且对甘、青、川藏族的形成具有重要影响。

《后汉书·西羌传》记载着这样一个传说：羌人首领无弋爰剑，秦厉公时为秦人"所拘执，以为奴隶"，"后得亡归，秦人追之急，藏于岩穴中，得免。既出，又与劓女遇于野，遂成夫妇。女耻其状，被发覆面，羌人因此为俗，遂俱入三河间。"在无弋爰剑的曾孙忍和舞时，忍生9子，发展为9个部落；舞生17子，发展为17个部落。到了秦汉时期，爰剑的子孙繁衍成150多个部落，遍布于甘、青，有的东移至陕西一带。他们大都过着"所居无常，依随水草，地少五谷，以畜牧为主"的生活。

两汉时期，甘、青羌人主要活动在黄河流域，主要部落有先零羌、烧当羌、罕开羌、日勒羌、当煎羌、烧河羌、封养羌、牢姐羌等，其中以先零羌最为强大。汉文史书中称"戎"的部落，实际上是羌人的一部，"戎"是农业区之意，对浅山地带的平川、沟谷进行农耕的羌人的一种称呼。羌、戎为一个民族，只是生产不同，生活上有一些差异罢了。还有一种历史上称为"氐"的民族，实为羌人一种，氐与藏语"岱"（意为部）的音相同，为军队编队或部落名称。

魏晋南北朝时期，我国北方各族出现了大迁徙、大动荡和大融和的局面，原来游牧于辽东地区的鲜卑族慕容部、拓跋部等西迁至今甘、青两省游牧，其中慕容部吐谷浑率部七千帐西迁至洮河、大夏河流域后，其后裔在兼并附近羌、氐民族部落的基础上，积极向河、湟及更西地区发展势力，创建吐谷浑政权。公元5世纪，甘肃南部兴起宕昌羌和党项羌。党项羌同吐蕃一样是奉猕猴为其祖源种的一个民族。他们活动范围很广，东接临洮、西平（今西宁），西距突厥，南北数千里，为高原游牧民族。若发生战事，大部落可集聚兵力5000余骑，小部落也能集中千余兵，实力相当强盛。此外，在白龙江中上游和岷山北麓山谷间，分布着邓至、赫羊、东亭卫、大赤水等较小的羌部，他们有的务农，有的畜牧，有的狩猎，非常封闭。

隋唐时期，兴起于西部的吐蕃王朝向东扩张，到8世纪中，世居今甘、青、川一带的大部分羌人部落，相继沦为吐蕃属部。吐蕃在当地设置机构、驻军、迁移本土部落。这些羌、氐、戎及吐谷浑渐与吐蕃融合。吐蕃王朝灭亡后，在今甘、青、川地区形成了很多吐蕃人聚居区，为日后甘、青、川藏区的形成奠定了基础。

吐蕃王朝崛起在西部的

从第一代赞普聂赤赞普到第三十代赞普达日年塞，吐蕃一步步发展。到了第三十一代赞普南日松赞时，吐蕃不断扩张，逐步强盛起来，他率领雅隆部统一青藏高原各部，功绩卓著。南日松赞在位60余年，期间，他将征服的4800家奴隶分给他的功臣，还将藏博地区的平民2万家赏赐给另一位功臣，还和平民举行欢宴。他还从中原输入了医术、历算，发现了湖盐佐味，修建了"赤则明都"王宫。《柱间史》说："赞普南日松赞是一位非凡的君主，他向来言必信，行必果，心想事成。"

然而南日松赞的统治并不巩固，新旧贵族在政治权力和经济利益上经常发生矛盾，父系和母系属民先后反叛，被征服的象雄、松巴、达布、工布和娘布也相继叛乱。在这种尖锐复杂的斗争环境中，南日松赞也被旧臣毒死，整个王朝的统一局面出现了裂痕，但青藏高原诸部走向统一已是历史发展的必然趋势，这个历史重任便

吐蕃王朝第一代赞普居住的雍布拉宫

落在了南日松赞之子——松赞干布身上。

公元629年，在这历史紧要关头，年仅13岁的松赞干布继承了王位。

松赞干布在其叔父论科尔、尚囊白乌苏等大臣的支持和协助下，先发制人，追查投毒者，消灭了多家旧贵族，使内部局势迅速稳定下来。接着开始讨伐叛乱者。他亲自北渡雅鲁藏布江，到逻些（今拉萨）一带做争取工作，受到了彭域中小贵族和民众的热诚欢迎，纷纷表示效忠。他为了招集和训练士兵，和那些旧贵族巧妙周旋。他沉默寡言，凡事周密计划，从不妄动。他联合、团结中小贵族，把他们当作自己的亲信，衣食与共。对士卒十分爱护，不吝赏赐。他深入部落，了解民间疾苦。因此，拥护他的人越来越多。3年后，16岁的松赞干布已经征集到万余人的军队，于是开始出兵讨伐反叛的贵族。不久，经过艰苦的征战，迅速平定了内乱，旧势力遭到沉重打击，父王六臣和母后三臣退出历史舞台，吐蕃王国内部又恢复了统一。

恢复了吐蕃王朝的统治后，坚毅、果敢、深谋远虑的松赞干布开始建政、巩固政权之举。在平定内乱中，他一直依靠苏毗降臣的力量，而逻些恰是苏毗的主要根据地。要巩固统一，必须依靠他们的力量。同时，逻些处于高原中心，而雅隆却是僻处南方一隅，

其地理位置对内乱甫定的吐蕃不利，因此，他决定把首都建在逻些。就在他继位的第三年，王朝便进驻逻些，并在红山修筑了王宫。这样，许多依山而居的部落纷纷迁至平原，更多的人开始从事农耕。由于内乱平息，社会安定，社会生产有了较快发展。经过一段时间的修养生息，吐蕃又逐渐强大起来，具备了出兵远征的力量。于是，松赞干布遣尚囊为大将，统兵征伐苏毗。吐蕃大军所到之处，虽遭阻击，但苏毗屡次失利。这时，尚囊采用和谈招抚和军事打击的办法，使对方很快投降。接着松赞干布亲自出讨羊同（象雄），击败羊同精兵，使羊同再度成为吐蕃的属部。这样，松赞干布终于平定了内外之乱，统一了西藏高原各部，势力非常强大，呈现出一个社会安定和管理有效的新局面。草场上牛羊遍布，河谷两岸农田相连，在高地蓄水为池，低地引水灌溉。同时有了更加统一的度量衡，促进了经济发展。公元631年，招抚青海河曲一带的党项诸部，依附吐蕃。公元635年，先破吐谷浑，后占白兰诸部。公元638年松赞干布亲自领兵25万，攻占松州（四川松潘）。这时吐蕃疆土已拥有了现在西藏的全部、青海的大部、四川的西北部和甘肃的一部分。

松赞干布时代，统一了青藏高原诸部，建立了强大的具有封建社会特征、奴隶社会残余、原始社会部分遗

布达拉宫

风的封建农奴制王朝，促进了吐蕃王朝政治、经济、文化的全面发展，结束了长期分散落后的局面，将吐蕃民族引入一个团结、繁荣、富强的新时代。松赞干布积极发展与唐的友好关系，并向唐朝请婚，于是有了著名的文成公主入藏，极大地增强了蕃、汉两族人民的友好交流。

松赞干布之后，由其孙芒松芒赞继位执政，时年13岁。

唐高宗咸亨元年（670年），吐蕃进兵西域，攻破安西四镇（即龟兹、于阗、焉耆〔碎叶〕、疏勒）。于是，安西四镇并废，唐在西域的地位发生动摇。在这种形势下，唐朝决定对吐蕃进行大规模的反击。四月，唐朝以薛仁贵为逻娑道行军大总管，阿史那道真、郭待封为其副，领兵5万（一说10余万）反击吐蕃军。大军到青海湖南之大非川后，薛仁贵深入分析了战局，认为吐蕃军兵多将广，且以逸待劳，唐军须速战速决，方能取胜；而乌海（今青海喀拉湖）险远，辎重车马不便往行，又易丧失战机，故留郭待封率2万人守护辎重、粮草，令其于大非岭上凭险置栅，构筑工事，使之成为进可攻退可守的前沿阵地。随后，薛仁贵即率主力轻装奔袭。两军于河口（今青海玛多）遭遇。吐蕃军猝不及防，大败，伤亡甚众。薛仁贵乘胜进占乌海城，以待后援。但郭待封不服薛仁贵管制，擅自率后队继进，又未能及时与主帅会合。吐蕃军抓住战机，以20余万之众邀击其部，郭待封大败，辎重、粮草尽失。薛仁贵被迫退保大非川。八月，吐蕃军在钦陵指挥下，以40余万大军逼唐军决战。薛仁贵无险可据，更无粮草供应军需，唐军大败，几乎全军覆没，薛仁贵等"与钦陵约和而还"。战后，吐蕃军占据了安西四镇。唐朝被迫撤销四镇建制，安西都护府迁至西州（治高昌，今新疆吐鲁番），吐谷浑亦并入吐蕃，成为其别部。

唐高宗仪凤元年（676年），吐蕃在鄯（今青海乐都）、廓（今青海贵德）、河（今甘肃临夏）、芳（今迭部东南）等道设节度使。

仪凤四年（679年），吐蕃赞普芒松芒赞卒，其子都松芒赞继位，时年8岁，国政委于钦陵。唐高宗永隆元年（680年），文成公主病故，高宗遣使吊祭。唐高宗永昌元年（689年），武则天命文昌右相韦待价为安息（西）道大总管，安西大都护阎温古为副，率兵往征吐蕃，但军队迟留不进，阎温古被处斩。武周长寿元年（692年），武威军总管王孝杰大破吐蕃，克复龟兹、于阗、疏勒、碎叶四镇。万岁登封元年（696年），肃边道大总管王孝杰、副总管娄师德与吐蕃大将钦陵、赞婆战于素罗汗山及凉州，唐军大败。这是蕃唐之间第二次大规模战争。万岁通天元年（696年），吐蕃军四万之众掩至凉州城下，都督许钦明被杀，吐蕃恃胜遣使请和，要唐撤去安西四镇兵，索突厥十姓地，被唐拒绝。

钦陵兄弟的专权，使成年的都松芒赞深感大权旁落。圣历二年（699年），都松芒赞与大臣论岩等密谋铲除钦陵兄弟。这时钦陵在外，都松芒赞一面将他的家族及亲党2000余人杀死，一面派使召钦陵、赞婆回拉萨。钦陵拒召，率兵反叛。都松芒赞督师亲讨。钦陵未战而溃，遂在宗喀（今青海湟中）自杀。其弟赞婆率所部千余人投唐，钦陵之子莽布支（亦称论弓仁）所统吐谷浑、吐蕃七千帐降唐，被安置于洪源谷（今古浪峡）。这次事件是吐蕃王朝内部矛盾的集中表现，同样削弱了吐蕃在西北的势力。久视元年（700年），吐蕃遣大将麹·莽布支攻凉州，威逼昌松（今古浪县），陇右诸军州大使唐休璟与麹·莽布支战于洪源谷，先后六战，击退吐蕃军队。

都松芒赞讨平重臣噶氏之后，掌握了吐蕃军政大权。他曾先后率军远征，北抵吐谷浑、突厥和唐陇右诸州，东入六诏地区（今云南西部）。长安四年（704年）冬，都松芒赞在南诏卒。当时王室内部各种势力群起争权，最后选定了当年春天所生的幼子嗣赞普位，史称赤德祖赞，由祖母没禄氏听政。这时，吐蕃王朝内先后有贵族发动叛乱，属国泥婆罗、悉立先后背离。没禄氏以尚赤斯尚年为大论，执掌朝政；神龙元年（705年），派尚赞咄入唐，力求和唐求好并求婚，以便度过幼主新立的困难局面。同时，唐朝也想停战，安定西部局势，因此，唐中宗神龙二年（706年），蕃、唐和盟，这是双方第一次划界会盟，史称"神龙盟誓"。

唐中宗景龙元年（707年），唐朝同意雍王李守礼之女金城公主嫁给吐蕃。

唐玄宗开元二年（714年），吐蕃相坌达延致书唐宰相，双方会盟于渭河一带，明载盟文，以资共守。唐廷派解琬持神龙誓（"神龙盟誓"所订的誓文）参加，与吐蕃使者尚钦藏、名悉腊达成了协议，这是蕃、唐第二次会盟。

当此盟墨未干，吐蕃坌达延率十万大军攻拔临洮军（今青海乐都），并袭击兰州、渭州，抢掠"牧监"马、羊。曾接受过吐蕃之贿的杨矩畏罪自杀。唐玄宗命左羽林将军、陇右防御使薛讷等率军抵御吐蕃，并在渭州西武街（阶）击败吐蕃，吐蕃军退守洮河以西。这次唐、蕃大规模的"洮河会战"，吐蕃大败，伤亡者达17000多人。战后双方各派大员到洮河祭奠各自阵亡将士。

开元十五年（727年），吐蕃大将悉诺罗率兵攻大斗谷，又攻甘州。

开元十六年（728年）秋，吐蕃大将悉诺罗攻打瓜州（今瓜州县），被瓜州刺吏张守珪击走。后又败吐蕃于河西祁连山下，河西吐蕃退据祁连山南。开元十七年（729年），唐朝方节度使攻陷吐蕃石堡城（青海湟源一带），驻兵留守，以此城为振武军，给吐蕃造成很大威胁。开元十八年（730年），吐蕃遣使求和，玄宗派皇甫惟明与内侍张元方出使吐蕃，吐蕃亦派使臣论名悉腊赴长安。开元十九年（731年），蕃、唐在赤岭（今青海日月山）开市，互相进行贸易。开元二十二年（734年），蕃唐以赤岭为界会盟，并立碑、刻约，划分疆界，双方各派大臣（唐使河西节度使张守珪、将军李行，吐蕃使麹·莽布支）举行了隆重的仪式，后各自诏告各地将士，以两国和好，无相侵掠，并在甘松岭（四川松潘境）互市。这是蕃、唐第三次会盟。

赤岭定界后，西北地区，特别是陇右、河西等地出现了一个比较平稳的局面，唐蕃之间基本上贡使往来，和平相处。到开元二十五年（737年），河西节度使崔希逸向吐蕃边将一再保证，绝不侵袭，并与吐蕃边将乞力徐"刑白狗为盟"。于是唐蕃双方在赤岭一带遵守盟约，各自守备。吐蕃在这一带放牧，"畜牧被野"，呈现出一派少有的和平景象。这一年，吐蕃攻勃律。勃律向唐告急，唐致蕃罢兵，被吐蕃拒绝。对此，唐玄宗十分恼火。恰恰这时，河西节度使崔希逸派孙诲（即报事官）到中央奏事。孙诲为了讨好玄宗，将吐蕃无备的情况上报朝廷，建议乘虚袭击吐蕃。玄宗遂派内给事赵惠琮前往察看。赵惠琮等则擅自下令崔希逸出兵袭击吐蕃。崔希逸被迫背盟，从凉州、鄯州等地突然出兵袭击毫无准备的吐蕃。这次突然袭击，虽然取得了很大胜利，强收了不少领土，但事件发生后，唐蕃关系受到致命打击。于是，干戈又起，唐蕃以安西四镇、凉州、鄯州等地为中心，进行了十多年的争夺战。

开元二十九年（741年），吐蕃攻占了石堡城，唐朝所选派的将领均不能破，唐玄宗非常愤怒，于天宝七年（748年），命陇右节度使哥舒翰进攻该城。战斗十分激烈，双方拼命反复争夺，最后哥舒翰以数万唐兵死亡的代价，才攻占了该城，更名"神武军"。

天宝十二年（753年），唐陇右节度使哥舒翰攻占吐蕃洪济桥、大莫门城（青海龙羊峡南北），"悉收九曲部落，并在九曲之地设洮阳、浇河二郡及策神军"。

天宝十四年（755年），吐蕃赞普赤德祖赞被大臣末氏、朗氏杀害。王室执杀作乱的叛臣被平定后，拥戴赞普子赤松德赞嗣位。这是吐蕃继松赞干布之后的又一位杰出的赞普。

就在这一年，唐发生"安史之乱"，此后，蕃唐关系出现了新的变化。原驻守在甘、青临近吐蕃防线的哥舒翰部等15万军被调往陕西潼关驻守，唐在甘、青一带的力量明显削弱，给吐蕃以可乘之机。

公元758年后，赤松德赞等洞察唐朝国政大乱，边防空虚，便乘机大举攻唐，连续攻陷兰州、廓州、河州、鄯州、洮州、岷州、秦州、成州、渭州等，除少数城镇为唐将固守外，西北数十州及西域四镇全部陷落。广德元年（763年）十月，吐蕃20万大军直驱唐国都长安，唐代宗李豫仓皇出奔陕州（河南陕县），吐蕃大军由降蕃唐将引导，进入长安。

唐代宗广德二年（764年），吐蕃占领凉州。吐蕃遂在各地采取军事占领体制，设巡边安抚大相一人，统领于阗、凉州、沙州（今敦煌）、瓜州（今瓜州）、鄯州（今青海乐都）、松州（今四川松潘）的节度使，在洛门州（今武山）驻讨击使，在河州驻东道元帅，成为陇右军政中心。今河西走廊的统治，根据《敦煌藏文文书》来看较为清楚。吐蕃占领河西八个州之后，将这些地区称为"幸福之国"，为了便于管理，设置了由四大臣组成的第伦会议，会议首长为第伦。四名大臣中，有一人叫做"悉编"，相当于"都护"。吐蕃王室的大尚伦（大相）至陇州、瓜州、凉州、宗喀等地，召开河西方面的大军事会议，有时亲临第伦会议，即席下达命令，或督导工作。一般是由通讯大臣以文书的形式传达。

从公元776年开始，吐蕃实施攻占沙州的计划，首先占领了沙州东北的瓜州，接着围攻沙州长达11年之久。公元786年，由于唐朝违背建中会盟，吐蕃便攻打沙州，沙州守将阎朝只好投降，自此，吐蕃占领沙州达124年。

唐德宗建中四年（783年），唐蕃

于清水（甘肃清水）会盟，重新划定双方边界，大体从六盘山、陇山、沿岷江、大渡河，南抵磨些诸蛮（今云南丽江）划线，以东属唐朝，以西属吐蕃。这条边界表明，唐朝放弃了对西域的控制并正式承认了吐蕃在河陇地区事实上的统治。此后，吐蕃西占小勃律，北占北庭及甘、凉、瓜、沙等州，包括葱岭、天山、贺兰山、陇山，东与唐对峙。

唐德宗贞元十三年（797年）赤松德赞卒，牟尼赞普嗣位，在位一年零九个月便被其母毒死，接着在公元798年由赤德松赞继位。

唐宪宗元和十年（815年），赤德松赞卒，赤祖德赞（又称热巴巾）即位，推行友好和平的政策，多次派使赴唐磋商和盟。唐穆宗长庆元年至二年（821年—822年），吐蕃与唐朝互派专使先后会盟于长安和逻些，史称"长庆会盟"。

自这次唐蕃会盟后，双方都休养生息，使节频频往还，边境安宁，长期纷争基本结束。

唐文宗开成三年（838年），大论结都那弑赤祖德赞，其兄达玛（别名乌都赞）嗣位赞普。赤德松赞有五个儿子，即藏玛、达玛、热巴巾、拉杰、伦珠波。藏玛虔信佛教，达玛偏信本教，所以都未继王位，而热巴巾由钵阐布等大臣拥立继位。热巴巾卒后，因无子嗣，所以立达玛为王。他因对赤祖德赞被弑后没有立他为王怀有旧恨，便伺机报复。不久，吐蕃境内天灾人祸层出不穷，他采纳了大论结都那的建议，把这些自然灾害统统说成是信奉佛法而惹恼了上天的结果，借以清除钵阐布及僧人集团的势力，于是颁布了禁佛的命令。

达玛一声令下，在吐蕃境内封闭了所有的大小佛教寺院，将寺内佛像毁弃和掩埋，强制受戒出家的僧人离寺还俗或流放，逼迫僧人充当屠夫和猎人，禁止群众信佛，将佛经焚毁或封存。这种用暴力毁法的措施，使佛教受到了极为沉重的打击，使僧人受到了极大的迫害，使广大信教群众遭受了一次心灵上的极大伤害。

达玛的禁佛毁法，表面上是佛本之争，但实际上是王族和外戚贵族间的较量和斗争，体现了教派斗争和贵族间的权力之争，但究其根源，其实质是吐蕃历次内部斗争所表现的王朝末期社会阶级矛盾激化的必然结局。唐武宗会昌二年（842年），在逻些附近叶尔巴地方有个静修的人，名叫拉隆·贝吉多吉，他在大昭寺前唐蕃会盟碑处将达玛杀死。

达玛赞普被弑后，以立新问题为发端，王族与贵戚展开激烈的王位之争。会昌三年（843年），王后和王妃各挟其子并得到外族、王族的支持，争赞普之位。王室分裂为二，属部相继叛离。

自公元前350年聂赤赞普成为蕃地之王，经过数十代艰苦卓绝的发展，于公元7世纪初，吐蕃赞普松赞干布统一吐蕃，又经过相当长时间的巩固、发展，至达玛842年被弑，吐蕃王朝凡历1000余年，赞普凡传43代，至此崩溃。

王室分裂之后，永丹所属占据了乌如地区；奥松所属势力占据了要如地区，即雅隆河谷。两大派互相攻伐，混战20余年，吐蕃四分五裂，严重破坏了社会生产和人民生活。当时境内形成了"大政权与小政权、众多部与微弱部、金枝与玉叶、肉食者与谷食者各自为政，不相统属的局面"。吐蕃所辖甘、青等地，各路边将也拥兵称雄，相互火拼。洛门川（甘肃武山）讨击使论恐热自称"国相"，反对永丹嗣立，反对结都那、尚思罗，率万骑于会昌二年（842年）冬进攻渭州，与大论尚思罗战于薄寒山（洮水西）。尚思罗败走松州（四川松潘）。不久，合兵10万保河洲（治今临夏）自守。后论恐热进行恫吓，尚思罗兵疑而不战，论恐热遂渡河攻河州。尚思罗战败，被论恐热所杀。

接着论恐热准备西进。要西进，须先除掉镇守鄯州（青海乐都）节度使没卢氏尚婢婢。会昌三年（843年），论恐热发兵20万，开始在今甘、青边境一带进攻尚婢婢部。大中二年（848年），尚婢婢在争战中失败，只得逃往甘州，论恐热随后追至，于是在瓜州大战。论恐热还大掠瓜、沙、肃（今肃州区）、鄯、廓等州，所到之处，烧杀劫掠，尸体遍野。此后，论恐热和尚婢婢在甘、青一带相互攻杀20余年，"二千里间，寂无人烟，赤地殆尽"。

在吐蕃王朝分裂、混乱的情况下，唐宣宗大中二年（848年），沙州人张议潮首先聚众起义。三年之内，先后收复沙、瓜、西、甘、肃、兰、鄯、廓等九州，于大中五年（851年）遣使奉九州图籍入唐向宣宗报捷。唐遂置归义军于沙州，并任命张议潮为节度使兼十州观察使。唐懿宗咸通二年（861年），吐蕃控制的西北最后一个重镇——凉州，被张议潮率领的7000蕃、汉兵攻克。唐朝自7世纪后期陆续被吐蕃据守的西北诸州、道，至此基本收复。

当吐蕃军阀混战时，在甘、青一带的吐蕃旧部中，有相当一部分是吐蕃原来随军奴仆，这些奴仆，各有其主，平时散居耕牧，战时随军打仗或为后勤人员。在甘、青的吐蕃各将相互攻伐时，他们有的造反，逐杀其主；有的因主或死或逃，获得人身自由；有的被推为首领，其主孱弱，反往役属。这些奴仆作战最勇猛，争得自由后各自拥有大量优良马匹器械，他们厌战，思念故土，啸聚纠合，自立名号，汉文史籍称"嗢末"。至857年时，有的已成万帐之众，一部分向唐入贡。甘青嗢末，其主要去向有三支：一支返回吐蕃本土；一支进入凉州，和留居凉州的吐蕃部落汇合；一支由首领鲁㮇月等率领进驻吐蕃东境朵甘思大渡河流域。

吐蕃王朝灭亡后，清除了原先的区划建制，而起义军中也未能出现统一全境的领袖。一小部分贵族逃往羊同，建立了三个地方政权。后吐蕃地区相继出现了阿里三围、卫、藏，统称乌思藏。甘肃地区的吐蕃节度使、观察使建制，也已废除，经过唐朝的经营后，复改为唐制。散居在甘肃各地的吐蕃各部落，形成大小不等的地方势力，有的被融入汉族，有的退居适合自己生产生活方式的高原地区，保持着原来的民族特点，延续至今。

凉州六谷蕃部

张议潮虽然攻克收复了被吐蕃占据百年之久的凉州，吐蕃统治势力在凉州消失，但在发源于祁连山的古浪河、黄羊河、杂木河、金塔河、西营河、东大河六条河谷谷地，仍有很多吐蕃人相聚而居，史称"凉州六谷蕃部"。

后唐明宗长兴四年（933年），凉州地方官孙超派遣大将拓跋承谦等人到京师，后唐明宗询问凉州情况，拓跋承谦作了详细汇报：唐时吐蕃占领了凉州，归义军收复后，唐从郓州征发2500名士兵到凉州戍卫，后遇黄巢战乱，道路阻塞，戍兵无法回乡。孙超和凉州城内300余户汉人就是当时戍卒的后代，如今他们的衣着、语言还保持着原来的样子，也有部分汉人到城郊一带从事农耕。明宗听到这种情况后，便正式下诏，授孙超为河西节度使。自此，原来分散的六谷吐蕃部落开始走向联合、统一，以六谷蕃部为核心的吐蕃部落和吐蕃化的各民族部落联合体正式形成。后唐末宗清泰元年（934年），凉州留后李谦赴后唐请命，密切了与后唐的关系。数年后，凉州人逐出李谦。后晋高祖天福七年（942年），后晋灵武牙将吴继兴为凉州留后。次年，泾州押牙陈牙晖奉朝命到凉州安抚，被当地人拥立为刺史。到后汉隐帝时，凉州土豪、吐蕃人折逋嘉施到后汉清命，朝廷就任命他为河西节度使。但此时折逋嘉施还不能制驭蕃部，因此六谷蕃部向中原王朝提出任命汉人为主帅的要求。后周太祖广顺二年（952年），后周枢使王峻奏请朝廷把他的朋友申师厚授为河西节度使。但由于申师厚缺乏才能，不能很好处理民族问题，加之凉州吐蕃势力渐趋增强，已不容许非吐蕃人占据首领地位，到世宗时，申师厚被迫离开凉州。

申师厚离开凉州后，六谷蕃部首领折逋支很快掌握了凉州的统治权，成为六谷蕃部大首领，并被拥立为凉州刺史。此后，折逋葛支、折逋阿喻丹、折逋游龙钵相继统驭六谷蕃部50余年，折逋游龙钵还受到宋太宗的正式册封。

游龙钵在位时期，党项崛起，不断攻掠凉州，侵夺六谷蕃部的人畜，六谷蕃部损失惨重。在这样的情势下，折逋游龙钵为藉重宋王朝的实力与威望，请命于宋廷，请求派遣凉州主帅。宋太宗至道二年（996年），宋廷即以此前被派到凉州买马并调查六谷蕃部情况的丁惟清为凉州知州。

然而，游龙钵的威信和地位也随着吐蕃在抗御党项时日趋被动的形势而下降。到了宋真宗咸平四年（1001年）十一月，出身吐蕃贵族的潘罗支取代游龙钵，成为凉州蕃部的新领袖。咸平六年（1003年）二月，宋授潘罗支为朔方节度使、灵州西面都巡检使等职务，此时，他管辖的部落有六谷部十八部、河西四十五部、秦兰原渭三十二部及湟水流域、贺兰山、灵州等数十部，真可谓是地域辽阔，人口众多，势力雄厚，成为宋廷抵抗西夏入侵的重要政治、军事力量而登上历史舞台。

宋朝建国后，虽然在凉州设立了西凉府，但没有建立自己的政权机构，控制凉州政权的实际上是六谷部。西夏兴起后，不断向宋朝用兵，六谷部和宋廷都处于对西夏入侵的防御战略考虑，双方关系密切。尤其是六谷部大首领潘罗支屡请愿会王师讨李继迁，而朝廷则以"路途遥远，不可预约师期"等为借口，迟迟不出兵。

咸平六年（1003年）十一月，西夏李继迁佯言攻打环庆（今环县和庆阳），暗中则移兵凉州，以声东击西的战术攻占了西凉府，杀死了宋廷命官丁惟清，并把凉州府库的积存掠夺一空。这时，六谷部大首领潘罗支见李继迁力量强大，暂向其伪降。李继迁深信不疑，不听谋士之言。不久，潘罗支乘李继迁不备，秘密聚集吐蕃兵六万余人，与李继迁大战于三十九井。李大败，中流矢，奔还灵州，于第二年身亡。

李继迁死后，其子李德明继位，于景德元年六月攻者龙族，并收买了者龙十三族中阴附的党项二族。潘罗支闻讯，率百余骑急赴，将议合击之计，不幸被叛部党项二族杀于帐中。十月，宋廷封潘罗支弟弟厮铎督为朔方军节度使、灵州西面都巡检使、西凉府六谷大首领，继续与西夏对抗。宋真宗大中祥符八年（1015年），苏守信攻破凉州，次年又被回鹘攻占。宋仁宗明道元年（1032年），李元昊出兵攻拔西凉府，六谷吐蕃联盟灭亡，部分吐蕃人南依湟水流域兴起的又一个新政权——青唐唃厮啰政权。

吐蕃在凉州的落居，是形成今华锐藏族的前提条件，凉州六谷蕃部则为今华锐藏族的雏形。这一时期，经历了大动荡、大分化、大改组，又逐步统一、稳定。西夏中后期文化相类的吐蕃同党项，能在凉州和睦相处，使凉州蕃区在逐步稳定中得到发展。藏传佛教的形成、传播，在西夏时期得到了巨大发展，一批批西藏高僧在凉州、甘州、兴州（今银川）等地弘扬佛法，使蕃和西夏关系十分紧密，使凉州吐蕃——今华锐藏族的前身得到进一步发展。

称雄河湟的青唐唃厮啰政权

当吐蕃族建立的凉州六谷蕃部衰落之时，湟水流域的吐蕃宗哥族联合周围部落，逐渐兴旺起来，这就是闻名西部的青唐唃厮啰封建地方政权。

唃厮啰（997年—1065年），本名欺南陵温，是吐蕃王朝赞普的后裔。12岁时，他被河州商人业贤带回河州。从公元1015年—1032年的17年间，唃厮啰先后被李立遵、温逋奇拥立为"赞普"，始终未能摆脱依附于他人的局面。至青唐后，方结束了受制于人的政治困境，其势力大增，其辖区占河湟二千余里。

宋仁宗景祐二年（1035年），西夏入侵河湟。李元昊出兵河湟时达200余日，终因劳师以袭远、后勤供应不能及时送到而遭惨败，只得撤出河湟。

唃厮啰团结、联合河湟吐蕃各部，齐心协力击退了西夏的进攻，不仅保卫了刚刚建立的政权，而且提高了唃厮啰的威望，使"潘罗支旧部往归厮唃，又得回纥种人数万"，自此"元昊遂不敢窥其境"，唃厮啰声威大振，逐步进入鼎盛时期，周边各部和地区不敢小视，纷纷发展与唃厮啰政权的关系。在宋、金、西夏鼎立之时，唃厮啰成为一支不可忽视的力量。

西夏对河湟的入侵遭到失败之后，改变了策略，由单纯的军事进攻转为文武兼施。景祐三年（1036年），西夏攻破兰州吐蕃诸部，南下马衔山一带，筑城镇守，企图断绝唃厮啰与宋地秦州的来往要道，伺机再图河湟。同时，还派人到邈川，用重金贿赂与唃厮啰有杀父之仇的温逋奇的儿子一声金龙。西夏达到了目的。一声金龙率万众归附西夏，并与西夏人联姻，为西夏镇守西土。

宋仁宗宝元元年（1038年）十月，西夏正式建国，元昊称帝，建都兴庆府（今银川），震惊宋廷。为了遏制西夏兵力南下，宋仁宗不顾部分大臣的反对，一改历代朝廷不授节度使一职于外族的政策，就在这一年加封唃厮啰为"保顺军节度使"，岁赐丝绢千匹、角茶千斤、散茶1500斤。宝元二年（1039年）二月，宋廷派左侍禁鲁经出使唃厮啰地，要唃厮啰"并力破贼（西夏）"。后唃厮啰率兵四万五千攻西凉府，见西夏派重兵防守，不敢贸然行事，仅"捕杀游逻数十人亟还"。这一年六月开始的夏、宋之战，宋军屡战屡败，战局十分危急。这时，宋廷又想到了唃厮啰，便下诏书，令其乘西夏西部空虚之机，速率大军进击，如果成功，当授银夏节度使。唃厮啰表示愿意报效朝廷，准备对西夏作战。一筹莫展的宋仁宗于康定元年（1040年）八月，又派出刘涣出使青唐，受到热情接待。唃厮啰表示"誓死捍边"。九月，又派杜斌出使河州，联唃厮啰之子瞎毡，配合宋军出击西夏。在宋朝的鼓动下，唃厮啰发动了对凉州的进攻，但战绩不佳。这一阶段，唃厮啰多次受到宋廷的封官晋职，头衔颇多，如西蕃邈川大首领、保顺河西等军节度使、河州洮州凉州管内观察处置押蕃落等使、特进检校太尉使持节洮州凉州诸军事、洮州凉州刺史兼史大夫上柱国、武威郡开国公等，"食邑九千户，实封两千四百户"，唃厮啰和诸部大首领还得到大量赏赐。这种政治和经济上的支持，提高了唃厮啰对吐蕃诸部的号召力，也增强了唃厮啰抗击西夏、保卫河湟的信心。从而遏制了西夏占领河湟的野心，使河湟吐蕃有了一个安定的生活、生产环境，巩固了唃厮啰政权，减轻了宋朝西部边界的压力。

宋仁宗嘉祐三年（1058年），唃厮啰擦罗部阿作叛归西夏，没藏讹庞氏乘机令阿作为向导率兵攻打青唐。唃厮啰军打退了西夏军的进犯，并降附了随西夏军侵掠的吐蕃陇逋、公立、马波三族。嘉祐八年（1063年），西夏国主李谅祚把注意力放在陇右吐蕃诸部，从外围孤立唃厮啰，屯兵渭州，攻击河湟。这时，驻守兰州西使镇（今榆中县境）的吐蕃首领禹藏花麻，因受秦州宋军的攻击，力不能敌，便归西夏，谅祚还以宗室女下嫁禹藏花麻，封为附马。宋英宗治平元年（1064年），西夏贵族邈奔约其叔溪心以西夏的陇、珠、珂诺三城投奔唃厮啰。后又叛。

据史书记载，唃厮啰原娶之妻为李立遵之女。自脱离李立遵之后，又与势力强大、"所部六七万人"的积石山乩藏一带的豪门乔家族结盟，并娶乔家族之女为妻。唃厮啰有三子，李氏生有二子，即长子瞎毡和次子磨毡角。第三子董毡，为乔氏所生，甚得父母宠爱，9岁时就被宋廷任命为会州刺史，年轻时即参与政事，随父南征北战，屡立战功，影响颇大。到唃唃厮啰晚年，因年老力衰，青唐吐蕃政权与实权已转移至少子董毡手中。

唃厮啰娶了乔氏之后，原配李氏失宠，被唃厮啰安置在廓州，命她出家为尼，并"锢其二子"。瞎毡和磨毡角便联合母党将他们的母亲李氏带到宗哥。唃厮啰自此与二子失和。后瞎毡到了龛谷（今榆中境），又至河州；磨毡角和其母李氏在宗哥，各自拥有部落，相继成为当地的大首领，唃厮啰不能制。自此，唃厮啰家庭分裂为三部，各管其事，互不相和。宋廷对唃厮啰家庭的矛盾和分裂了如指掌，但为了不削弱这支抵抗西夏的军事力量，遂于宝元二年（1039年）四月，封唃厮啰之妻乔氏为永嘉郡夫人，长子瞎毡为澄州团练使，次子磨毡角为顺州团练使，对李氏则赐紫衣。

宋仁宗嘉祐三年（1058年），磨毡角病故，其子瞎撒欺丁受封顺州刺史，但不能自立，李氏又带属下人员回到唃厮啰身边。

这一年，瞎毡也病故。他有六子，即木征、董谷、结吴延征、瞎吴叱、巴毡角、巴毡抹。瞎毡死后，木征与众兄弟率诸部从龛谷迁往河州，他们凭借河州的有利条件，很快成为当时最有影响的一支势力。

宋英宗治平二年（1065年）冬，名震一时的河湟吐蕃族领袖唃厮啰病故，终年69岁。董毡继位。之后，董毡仍执行其父的施政措施，与宋廷保持友好关系，并出兵助宋抗击西夏。

宋神宗之初，在阶级矛盾和民族矛盾日益激化的情况下，大胆重用主张革新变法的王安石等人，欲通过各种政治变革，以达到富国强兵之目的。这时，"试科不中，客游陕西，访采边事"的王韶，到京师向朝廷上《平戎策》三篇，就如何取西夏和经营西北边事诸问题，提出了具体意见。《平戎策》中说："西夏可取。欲取西夏，当先复河湟，则夏人有腹背受敌之忧。"这些谋略正中神宗下怀，也得到王安石的支持。熙宁元年（1068年）二月，王韶被委以重任，以"管平秦凤经略司机宜文字"的身份赴秦州，第三年又改任为"提举蕃部兼营田市易"。由于他忠于职守，几年间，通过对秦州吐蕃首领的招纳、安抚，基本控制了这里的局面，招抚蕃众三十余万口，拓地一千二百里。熙宁五年（1072年）七月，王韶率军占渭源堡（今渭源），接着又以当地吐蕃大首领蒙罗觉抢劫西域"般擦"和不肯内附为理由，发兵讨伐。事平后，宋军便占据乞神平堡（今渭源县西北）。不久，王韶又攻破抹耳、水巴族（二族在今渭源县西南）。由于吐蕃诸部据险阻击，王韶受挫，于是改变路线，越竹牛岭（今临洮县东），攻掠抹邦山（今临洮县南），并焚其族帐，洮西大震。河州吐蕃大首领木征率诸部渡洮河，声援同族。抹耳、水巴二族重新集结力量，抗击宋军。面对这种形势，王韶令部将景思立、王存率兵出竹牛岭南路，虚张声势，而自己率主力由东谷偷袭武胜城（今临洮东），遭到吐蕃迎击。但吐蕃兵多为临时纠合之众，挡不住宋正规军之打击，大首领瞎药等弃城夜遁。木征见状，也从巩令城（今临洮西南）撤走。其弟结吴延征及大首领李楞占纳芝等相继投降。

宋军占领武胜城之后，改武胜为镇洮军。熙宁五年（1072年）十月，宋改镇洮军为熙州，命王韶为"熙河路都总管征略安抚使兼知熙州"。熙河地区的一些吐蕃首领，如穆楞川大首领温逋昌厮鸡及所部首领387人，先后降宋，接受封赐。这样，河州木征受到严重威胁。

熙宁六年（1073年）二月，王韶发兵攻打河州，先后克香子城（今临夏南）、珂诺城（今临夏东）。木征只好带部分随员出走，其妻瞎三牟和子续本洛当了宋军俘虏。是月，宋军占领河州。木征撤出河州后，其属部数千人围攻香子城，缴获宋军大量辎重粮草。王韶派侍禁田琼率弓箭手700余人前往救援，行至牛精谷时，遭到吐蕃伏击而覆没。王韶又派苗授带领人马，击退围困香子城的吐蕃人。正当宋军在河州周围与吐蕃抵抗的部众相战时，木征乘机率部夺回河州城，使陷在香子城、祝庆寺的宋军到处遭到吐蕃人的袭击，首尾不相及，十分狼狈。王韶败退熙州，谋划复攻河州。这次他改变了进军路线，派兵渡过洮河，占领康乐、结河、刘家川等城砦，再次攻占香子城、珂诺城，对河州形成钳式包围之势。在这种形势下，居住在熙州东南和岷州一带的吐蕃诸族，特别是以木征弟瞎吴叱为首的吐蕃诸部与木征河州诸部遥相呼应，据地抗宋。在这种抵抗下，宋军处处受阻，十分被动。后王韶使用调虎离山计，率部向南越露骨山，入洮州界破木征弟巴毡角，尽逐南山诸部。而木征为了救援其弟，留首领结彪领部分人守城，自率主力尾随宋军，伺机出战。这时，王韶密分兵派景思立攻河州，自己与木征决战而破走之，遂占领河州。

王韶再次攻占河州之后，又进军马练川，降瞎吴叱，拔宕州，通洮州路，岷州本令征不战而降，破青龙族于绰罗川，打通了洮岷通往熙州的通道。接着叠州钦令征、洮州郭厮敦等大首领倚城待令。洮河界的巴毡角也归宋。

这次战役，历时一年半，宋军"修复熙、河、洮、岷、叠、宕等州，幅员二千余里，斩获不顺蕃部一万九千余人，招抚大小蕃族三十余万"，史称"熙河之役"。

"熙河之役"给青唐董毡政权造成了严重威胁。宋军占熙河后，遇到董毡的奋力抵抗。当时，宋军虽然取得了胜利，但政局并不稳固。归附的吐蕃诸部多是人归心不归，他们与宋人保持一定的距离。董毡抓住这一有利时机，派大将鬼章（亦果庄）率军数万进入河州、洮州、岷州等地，策反吐蕃诸部，与木征呼应，打击宋军，欲夺回失地。被策反的赵、常、构三族集结于西山，袭击伐木之宋军，杀死宋使臣张晋等七人，并投书宋将景思立，且书中出言不逊，以激怒他，伺机击败。果然不出所料，景思立见信，怒不可遏，不顾左右劝阻，决心与鬼章决一雌雄，于是开赴踏白城（河州西北）。鬼章率兵二万，分筑三城抗击宋军，战斗异常激烈，打了近一天，宋军被打得溃不成军，惨遭失败。其将领景思立、王宁、李元凯和降宋吐蕃首领包约（即瞎药）皆战死，士卒死伤数千人。

踏白城战役，是宋廷发动熙河战役以来，吐蕃诸部对宋作战规模最大的一次战役，也是吐蕃取得的最大一次胜利，宋廷为之大震。当时，王韶奉召进京途中，得知宋军兵败踏白城，便急返秦州，率兵至熙州，在河州集中溃散的宋军，攻击吐蕃人占据的要塞，消灭了鬼章的有生力量，迫使木征降宋，再次平定了河州。木征降宋后，赐名"赵思忠"。

宋军踏白城之败，使时局更加动荡不安，在河州西南的岷州吐蕃各部，尤其在酋豪大僧温遵率领容、李、龙等族，聚众围攻岷州，宋将高遵裕带领宋军和归附蕃将包顺（俞龙珂）的部众合力反击，方解岷州之围，温遵被迫率部降宋。

吐蕃诸部在熙河地区的联合抗宋虽然失败了，但鬼章的主力并未撤出，仍然凭借有利条件，联合诸部，继续打击宋军，使这一带处于动荡不安的局面。鬼章的频繁活动，使宋军穷于应付，大伤脑筋，宋边官用了许多办法妄图制服，如调集军队镇压，并利用降宋的吐蕃部的首领等，达到"以夷制夷"的目的。同时，悬重赏缉拿、暗杀鬼章，或用官禄相诱，如鬼章自己归顺，则高官厚禄……但数年中仍然无可奈何，只好于熙宁十年（1077年），授鬼章为"廓州刺史"作罢。

董毡遣鬼章在熙河一带联合吐蕃诸部，收复失地，虽然取得了一些胜利，但最终不是宋军的对手，宋廷采取恩威兼施的手段，使吐蕃或兵溃逃散，或分化归附，在这种局势下，鬼章率部撤出岷州。

宋哲宗元祐元年（1086年），董毡死，养子阿里骨（又称鄂特凌古）继立，被宋廷封为河西军节度使、校检司空、宁塞郡公。第二年，他派兵攻袭洮州，被宋军击败，旋又"奉表谢罪"，宋仍抚慰。唃厮啰家族对阿里骨的袭位甚为不满，唃厮啰之兄扎实庸咙的后人溪巴温的几个儿子，如陇拶、构拶、溪赊罗撒、益麻党征等，打着"复国"的旗号，组织人马反对阿里骨的统治。宋哲宗绍圣三年（1096年）阿里骨死，其子瞎征执政。第二年，被宋廷封为河西军节度使、检校司空、宁塞郡公。瞎征同其父阿里骨一样，通过高压手段来维持统治，因此，各部均对他怀有二心。他听信谗言，杀死多智多勇的叔父苏南党征，还迫害上层人士，其中一个名叫篯罗结的贵族在临危之际辗转来到河州，投奔了宋洮西安抚使王瞻，并献"王瞻以取青唐之策"。宋哲宗元符二年（1099年），宋军由河州出发过黄河，取邈川，"瞎征自青唐脱身来降"。这时唃厮啰上层又拥立陇拶为主。王瞻军至青唐，陇拶又降。宋军占领湟水流域后，改邈川为湟州，青唐为鄯州。

王瞻孤军深入，虽取得了成功，但后援难继，不能久处。两个月后，吐蕃诸部得到"夏人十万"的支援，一举夺回了鄯州，王瞻军被迫退保湟州。当地吐蕃首领又立陇拶的弟弟溪赊罗撒为主。宋徽宗建中靖国元年（1101年），宋廷授溪赊罗撒为"西平军节度使、邈川首领"。宋徽宗崇宁二年（1103年），宋朝再次出兵河湟，次年四月攻取青唐，溪赊罗撒奔走西夏。

宋徽宗宣和七年（1125年）以后，金兵大举南下，宋朝江山危在旦夕，无暇西顾，由北宋陕西经制使钱盖寻找到唃厮啰的后裔，赐名赵怀恩，任命他措置湟鄯事。两年后的宋钦宗靖康二年（1127年），金灭北宋，开始将军事战略重心从中原向西部转移。南宋高宗建炎四年（1130年），金主派右副元帅完颜宗辅经略陕西（包括今甘、青、宁），占领熙州。第二年，金将完颜宗弼（金兀术）、阿卢补继续西进，巩、洮、河、乐、西宁、兰、廓、积石等州先后降金，从此泾原、熙河两路为金人所征服。在金人强大的武力威胁下，赵怀恩也离开住地到川中，后到阆州（四川阆中），归附南宋。至此，青唐唃厮啰政权灭亡。

唃厮啰政权统治河湟期间，特别是在唃厮啰和董毡时期，在内外施政方面制定了一些较为得体的措施，使河湟地区的经济和文化都有长足的发展。据李远《青唐录》记载，当时邈川一带"川皆活壤，中有流水，羌多依水筑屋而居，激流而硙"；宗哥川则"川长百里，宗河行其中，夹岸皆羌人居，间以松篁，宛如荆楚"。贸易也是唃厮啰的重要经济支柱。西夏崛起后，传统的丝绸之路受到严重威胁，来往于宋朝和西域的商队和贡使只得绕道青唐，改走青海故道。当时，在青唐城东就居住着好几百家往来做生意的于阗、回鹘商人。所以《宋史·吐蕃传》说："厮啰居鄯州，西有临谷城通青海，高昌诸国商人皆趋鄯州贸易，以故富强。"根据藏文史籍记载，河湟地区是藏传佛教后弘期"下路弘传"的发源地，对藏传佛教在西藏再度弘传起了重要作用。唃厮啰迁到青唐后，开始在青唐城西建寺院。此外，在河州建有"积庆寺"，在青海湖海心山岛上也有建有佛院。佛塔则遍布各地。唃厮啰执政者不仅大力提倡佛教，而且自己也信奉佛教，国主处理军政大事的宫殿旁就供有高数十尺的金冶佛像。这些都是河湟地区藏传佛教得以兴盛的重要原因。

蒙藏凉州会谈

1206年，成吉思汗统一了蒙古各部，建立了强大的蒙古汗国。其后蒙古军东征西讨，先后攻灭了西夏、金。1235年，蒙古大汗窝阔台的次子阔端率军西进，进攻陇蜀。1237年，阔端统军北上，驻兵凉州，与吐蕃对峙。

当时，蒙古的主要注意力在西亚和东欧，想以和平方式解决西藏的归顺，东可牵制南宋，西可解后顾之忧。于是在1239年，阔端派部将道尔达（也称多达那波）等领兵入藏，侦察西藏军事实力。这支蒙古军在拉萨北面只遭到寺院武装的小规模反抗，便以武力攻占了热振寺，屠杀僧众数百人，继又烧毁了杰拉康寺。从此以后，这支蒙古军在拉萨一带留驻达两年之久，也再未与当时僧俗势力发生武装冲突，而且还同他们开始和平的接触和频繁的交往。当道尔达详细了解到前后藏僧俗势力割据、藏传佛教各派间势力交错的情况后，觉得蒙古军队难以派兵长期统治。1240年，道尔达便率兵撤回凉州，向阔端建议选用当地的宗教领袖协助蒙古统治卫藏全区，曰："现在卫藏地方以噶丹教派的寺庙为最多。达垄教派（即达隆噶举）的僧人戒律清整，止贡教派（即止贡噶举）的京俄大师最具法力，萨迦教派的班智达（即萨班·贡噶坚赞）学富五明。"他请求阔端在这些人当中选用一个。蒙古对于自己征服或准备去征服的地

萨班·贡噶坚赞铜像

区，采用笼络当地首领或宗教领袖来帮助其统治的策略，是成吉思汗以来一贯采用的政策。于是阔端又派遣道尔达和杰门带着礼物和信件，邀请萨班·贡噶坚赞到凉州去和阔端见面商谈卫藏归顺蒙古之事。

萨班·贡噶坚赞于藏历第三绕迥水虎年，宋孝宗淳熙九年（1182年）出生在后藏萨迦地方，原名叫华旦东珠，幼年随伯父学习佛教教义并受沙弥戒，起法名为"贡噶坚赞"。后从喀且班钦·达纳西拉学习声明学和注释学，打下了进一步学习佛教经义的基础。贡噶坚赞天赋聪颖，9岁开始说法诵经，18岁学习《俱舍论》，23岁跟从印度班智达释迦师利及其弟子僧迦师利等上师，学习法称的《释量论》第七部因明论著，掌握了佛学逻辑学的基础知识。之后，贡噶坚赞进一步钻研《现观庄严论》以及声明、工巧明、天文历算、诗词、韵律、歌舞、修辞等大小五明。25岁从释迦师利受比丘戒，取法名萨迦班智达·贡噶坚赞（简称萨班）。印度佛学界的绰叨噶哇等30人与其辩论，失败后作了萨班的弟子。从此，萨班·贡噶坚赞名声大振，35岁时始任萨迦寺的寺主。

根据有关史料记载，萨班接到阔端的邀请信时，已是63岁了，要踏上从西藏到凉州这样一条艰苦漫长的道路，是极为不易的。从阔端来信的口吻来看，非去不可，且不可延误。于是，萨班作出了决定，携带自己的两个侄子，即10岁的八思巴和6岁的恰那多吉，由萨迦动身，途经拉萨前往凉州。经过长时期旅途跋涉，终于在1246年八月抵达凉州。

萨班抵达凉州后，并未能与阔端

阔端与萨班会谈

立即会见，因为当时阔端恰好去和林参加选举贵由继任蒙古大汗的王公大会去了。据志费尼的《世界征服者史》记载，阔端曾在这次大会上争取做大汗，因他体弱多病，没有得到王公们的拥护，最后贵由被立为大汗。阔端从和林回到凉州时，已是1247年初，直到这时，萨班和阔端才在凉州举行了具有历史意义的会见。阔端代表蒙古汗廷，萨班代表西藏地方，共同达成了西藏归顺蒙古汗国的协议。阔端与萨班会晤后，对萨班印象极好。萨班不仅有萨迦派教主的地位，而且佛学知识渊博。阔端扶植萨迦派，命其管理西藏一切政教事务，萨迦派从而取得了在西藏各地方僧俗势力中的领导地位。阔端还特意在凉州为萨班修建了幻化寺（俗称白塔寺），作驻锡之所。双方在达成一致意见以后，由萨班写了一封致西藏各地僧俗领主的公开信，即著名的《萨迦班智达致蕃人书》。

萨迦派带头归顺蒙古，已赢得了阔端王的欢迎和信任，这些从这封书信即可看出。萨班叔侄三人，受到优待和特殊礼遇，西藏各教派僧众领袖审时度势，权衡利弊，不抱幻想，归顺蒙古是大势所趋。顺者昌，逆者亡，蒙古强大军事实力是无法相抗衡的，这也是这封信重点强调之处。另外信中还说明：西藏归顺蒙古，萨迦派已受命管理西藏政教事务，原当地官员的姓名及属下百姓户口数目，一律登记造册，一式三份上报阔端王府，一份交萨迦法王，一份由各地官员自存，愿归顺者保留官职，否则后果自负。贡赋形式和数量已确定，各地长官征收后，偕同萨迦使者上交蒙古王。蒙古王室就这样通过萨迦派，开始统治了西藏。统一合乎历史潮流，符合藏蒙两族人民共同愿望。西藏归顺蒙古，对于后来忽必烈完成全国大统一，具有重大的意义。

萨班在凉州的6年间，在宗教活动方面，正如蒙藏文史籍《胜教宝灯》云："亲授王大乘发心经，大悲空智金刚灌顶等法，使蒙古国之人成就供养（三宝）之德，弃绝不善业道，皈依教宝法。"《黄金史》云："万众之乐，遵奉了萨迦班智达的法谕，在边远的蒙古地方首次弘扬了教法。"《金轮十幅》云："这是佛教最初在蒙古弘法开始。"同时，阔端对于萨班弘扬佛法，也很赞成和支持。在凉州城外他为萨班特地建造了宫邸和幻化寺，广设道场，供给一切所需。如萨班讲经时，要由四名翻译把他的话分别译成蒙古语、畏兀儿语、汉语及当地的安多藏语。这种讲经场面之大，听众之多，前所未有。

1251年即藏历第四绕迥金猪年十一月十四日，萨班在凉州圆寂，享年70岁。他所参与的凉州会谈的成功，为推进中华民族的团结统一作出了重大贡献。

中统元年（1260年），忽必烈在上都开平继汗位，即封年仅25岁的八思巴为国师，赐玉印。至元二年（1265年），八思巴奉命为组建西藏地方政权返回西藏，扩建萨迦寺，建立苏本、曲本、森木等组成的"喇章"组织，经管其私属财产和承办所交事宜。自此萨迦王朝历代法王均设置"喇章"机构，而对萨迦寺的寺务，则另委堪布处理，开创了萨迦昆氏家族为主的法王体系和萨迦寺堪布体系二者分开的制度。至元五年（1268年），八思巴完成西藏地方建政的神圣使命，返京途中，授意"萨迦本钦"释迦桑布征集卫藏十三万户的大量人力物力，在元中央政府的巨大财力援助下，兴建萨迦南寺。抵京后，向忽必烈呈其仿照藏文创制的蒙文新字共42个字母，"帝大悦，遂始赐僧人（八思巴）统国之权（所创蒙文，即刻于石碑，以世代留传。此碑现存泾川县王母宫）"。接着忽必烈于至元六年（1269年）二月下诏将蒙古新字颁行天下。七月，又下令各地设立教授蒙古新字的学校。八思巴因造字有功，至元七年（1270年）被封为"帝师"，称"大宝法王"，赐玉印。至元八年（1272年），忽必烈迁都北京（时称大都），改国号为大元，正式建立元朝中央政权，设总制院（1288年改名宣政院），掌管全国佛教事务和藏族地区的军政事宜，命八思巴以国师身分兼领总制院。之后于至元十三年（1276年）返藏，由真金太子出资举办有7万多僧众参加的曲美大法会，后又主持萨迦南寺大殿开光仪式，自任萨迦寺第一代法王。至元十七年（1280年）八思巴在萨迦寺内圆寂，享年45岁。延祐七年（1320年），元仁宗又下诏全国各路（元制十路为一省）给八思巴修建帝师殿，并规定其仪制与孔庙等同。

八思巴的伟大功勋在于真正结束了从9世纪上半叶达玛禁佛以来的400年分裂、割据、战乱的局面。他不仅是一个继萨班之后伟大的政治家、思想家，也是一个佛学家和翻译家。他去世后，被元世祖诏谥为"皇天之下一人之上宣文辅治大圣至德普觉真智佑国如意大宝法王西天佛子大元帝师"，给予了高度评价。

元朝时，西藏正式成为中央政府直接管辖的一个行政区域。在宣政院下藏区设三个宣慰使司都元帅府，在甘、青、川西北藏区设吐蕃等处宣慰使司都元帅府（治所河州路）；在今四川甘孜州设吐蕃等路宣慰使司都元帅府；在今西藏地方设乌思藏纳里速古鲁孙等三路宣慰使司都元帅府管理藏区。另外，河西藏族直接由永昌路、甘州路、肃州路管辖。

明代甘肃藏区的土司及僧官

土司制度源于元代，发展于明、清，是历代封建王朝在西北、西南少数民族地区实行的一种特殊统治制度。也就是以"土官治土民"的方式，对边远地区各少数民族大首领"封以官位，授以名号"，通过土官管辖当地各族人民。土司作为封建王朝的命官，其职责是"各统其部落，以听征调、守卫、朝贡、保塞之令"。土司的职责还应该加上一条，即纳赋。每个土司要向王朝缴纳税赋。

河湟等甘青藏区一带，可"北拒蒙古，南捍诸番"，具有重要的战略地位。明占领这一地区后，十分重视经营，设置卫所，建立统治秩序。明代，在全国设置十五个都指挥使司，在边地增置行都指挥使司，下设卫所。其中河州卫、岷州卫、洮州卫管辖今甘肃南部的藏区，庄浪卫、凉州卫、永昌卫、甘州卫管辖河西地区的藏区。

河州卫土司 何锁南普，藏族，居河州西老鸦关，元授宣慰使司都元帅，明初归附，赐姓何，授河州卫土官指挥，明末传至何永吉。

韩哈麻，藏族，世居临夏韩家集，明洪武六年（1373年）归附，永乐年间授予河州卫镇抚。明末传至其七世孙韩完卜，为指挥使。

王且禄，藏族，世居河州乩藏，属乩藏部落，明洪武三年（1370年）归附，授予抚番头目，传至王揣目，以功授百户，后升正千户，明末传至王国柱，升为指挥佥事。

河州尚有属撒拉族的土司韩宝元、韩沙班二土司。

洮州卫土司 些地（也称江梯），藏族，卓尼人，藏文史料称姜太，祖籍后藏，姓噶氏，为吐蕃聂赤赞普后裔中的一支。噶氏有四子，老大名达热吉，其后裔噶·伊西达吉，系吐蕃赞普赤祖德赞的大臣。后来噶·伊西达吉作为征收赋税官员，在川北、玛曲一带活动，被当地蕃人拥主为豪帅。噶·伊西达吉有五子，老大一支中的些地和傲地二人，于明成祖永乐二年（1404年）率部北上，途经岷山，征服了迭部达拉沟等十八族，迁至洮河北岸上下佐盖地区，最后在卓尼定居，成为当地大首领。些地率迭番达拉等族归附于明，随些地迁来的十二掌尕与外四掌尕共同形成了部落集团。因些地征服边陲有功，诏令入京，于永乐十六年（1418年）授予世袭土官指挥佥事兼武德将军。明武宗正德年间，些地玄孙旺秀进京谒见武宗皇帝，被赐姓杨，改名洪。至明末传至杨国龙。

永鲁劄剌肖，洮州卓逊族头目，明永乐年间以功授土官百户，明末传至永子新。

昝南秀节，底古族蕃人，明洪武十一年（1378年）率部归附。洪武十二年（1379年），督修洮州边壕城地（今临潭新城）。洪武十九年（1386年），随指挥马煜征迭州，以功授洮州卫世袭中千户所百户，其子卜尔结于洪武二十年（1387年）袭职。永乐三年（1405年），赐姓昝。宣德五年（1430年）以功授洮州卫百户。明末传至昝承福。

岷州卫土司 马纪，元至正年间因防守哈达川九族有功，授指挥使。其子珍明，明洪武间以功授世袭土官百户，明末传至马国栋。马氏世居宕昌城。

后能，明镇守指挥，其弟二子后成于景泰年间守御洮州。后成子后璋，于成化年间征乌斯藏有功，授世袭土官百户，明末传至后承庆。世居攒都沟。

赵党只管卜，明洪武年间归附，授世袭土官百户，明末传至赵应臣。世居麻童里。

后祥古子，洪武二十八年（1395年）以功授世袭百户，明末传至后希魁。世居间井东。

绰思觉，革那族人，明宣德年间授土官副千户，赐姓赵，明末传至赵宏基。

庄浪卫土司 庄浪卫鲁土司，始祖脱欢，成吉思汗后裔，为元世祖忽必烈的侄重孙，元末任平章政事左丞。朱元璋派大将徐达攻打大都时，"顺章与太子诸皇孙夜半逊国去，公（脱欢）率数十骑扈从不及，遂流落河西……"于洪武五年（1372年）率诸子部落投诚，被安插在今永登连城。从此，逐步成为当地有名的土司，至明末为九世鲁允昌。三世土司失伽，因功补指挥同知，赐姓鲁。改名鲁贤，从此便以鲁土司称呼。

河西藏区，包括今天祝、肃南及其他藏区，在明代由庄浪卫、凉州卫、永昌卫、甘州卫、镇番卫等管辖。庄浪卫管辖今天祝乌鞘岭以南藏区，凉州卫管辖今天祝岭北、古浪、武威等地藏区，永昌卫管辖今肃南皇城、永昌一带的藏区，甘州卫管辖今山丹、民乐、肃南马蹄、甘州、高台、酒泉南山等地的藏区，安定卫管辖今敦煌、青海西北藏区，镇番卫管辖今民勤一带藏区。

明永乐三年（1405年），明后军左督都、平羌将军宋晟招降了蒙古把都帖木儿、论都儿灰部落5000人，带来马、驼、牛、羊共16000头（只），明成祖赐把都帖木儿姓名为吴允诚，赐伦都儿灰为柴秉诚，被安置在今武威南营、新华一带，后子孙繁衍，一支迁到今武威金沙吴府村，后融入汉族；一支进入天祝，同藏族一块游牧，后融入藏族，始有丹玛部落之吴千户，吴氏后裔被封为土千户。其后裔，即今天祝丹玛、祁连、毛藏等地的藏族吴氏，自称"加哈尔"，"加哈尔"即蒙古部"察哈尔"之意。

藏族地区的土司制度有自己的特点，主要是土司和寺院领袖相互结合，统治当地人民。明廷在确立土司的同时，也大力扶植藏传佛教势力，这既适应封建王朝的需要，又适应藏族政治、经济、宗教上的特点，调整藏族内部的关系，稳定藏族地区，使土司成为封建王朝驯服的统治工具。

甘肃藏区的土司，大都为武职。每个土司都有一定数量的土兵。这些土兵，平时用来管束当地人民，一旦发生战争，朝廷便可随时征调，听从朝廷的指挥。

每个土司有一定范围的辖地，土司人马平时从事畜牧或耕植，负责守卫地方，如辖区内发生暴乱等事件，土司派兵镇压，确保地方安宁。

明朝时，土司定期进京朝见皇帝，并要献上贵重的土特产，以示忠心。主要贡物除金银珠宝外，还有良马、虎皮、虎骨、鹿茸、麝香、熊掌等珍奇异物。朝廷则回赐绸缎、茶叶等。这种朝贡表示臣属的关系，赏赐则是"以示羁縻"，也是经济上的一种互市的特殊方式。

土司领地内的要塞关口，平时均有土兵把守，遇有战事，重点防御，保卫其领地不受外来侵犯。

明朝建立后，对藏区的施政，继承元代的政教合一体制，对藏族着重于怀柔和羁縻。在宗教上摒弃元代在较长时期内唯萨迦独尊的政策，支持藏传佛教各派，采取"因其习尚，用僧俗化导"及"多封众建"的政策，对各地区、各教派的土官和宗教上层人士普遍给予册封，以协助其治理各地区的广大僧俗群众。

从《明史》、《明实录》中得知，明初，主西宁僧纲司，以三剌为都纲司。后又立河州番、汉二僧纲司，后在藏区册封了三位法王、五位王、二个西天佛子、十八个灌顶国师。在甘肃藏区封授的有：

成化年间，授岷州圆觉寺后氏僧"宏济光教大国师"。

正统年间，封岷州卫领占伦卜为都纲。

万历八年（1580年），封洮州垂巴寺阿旺老不藏为僧纲，杨永禄为著路寺僧纲。

永乐年间，洮州麻尔寺巴殿旺秀，以功加封禅师，世袭僧纲。

封岷州黑峪寺栋柱坚措为僧纲。

明朝时期，岷州大崇教寺封有国师，河州宏化寺封有国师、僧纲；灵藏寺封有禅师、都纲。封庄浪红山寺僧阎氏为都纲，清转世为阎家佛，民国时驻天祝赛拉隆寺。封今天祝达隆寺第二世活佛罗桑曲吉丹巴为国师。宣德初年凉州卫庄严寺（今白塔寺）

僧锁南坚参被敕封为"妙善通慧国师",正统八年(1443年)由其侄锁南巴继袭。锁南坚参原为凉州广善寺(今大佛寺,即天梯山石窟寺)住持,后维修白塔寺,朝廷赐寺名为"庄严寺"。

天祝藏区还封了阿岗、玛切、扎德、嘉格戎等一批囊索(囊索,为内哨,即为内政官),由僧人充任,下管头人及部落。

明代甘肃藏区的茶马互市

明仿宋制,也实行茶马互市。明太祖洪武三年(1370年),在秦州置茶马司,运汉中茶至秦州,以易甘肃南部藏马。其后又置河州茶马司、洮州茶马司,设大使、副使各一人。后废洮州茶马司,以河州茶马司代。上马每匹换茶40斤,中马30斤,下马20斤,为马价最低时期。洪武二十五年(1392年),在河州等卫以茶30多万斤,换马10340余匹,平均30斤茶叶换马一匹。后实行金牌制,由明廷向各卫、部落颁发金牌,以作信符。金牌篆文上曰"皇帝圣旨",左曰"合当差发",右曰"不信者斩"。金牌由两半合成,上号藏内府以为契,下号降诸番,三年一次,遣官合符,以防伪诈。金牌共41面。洮州火把藏思囊日等族,牌4面,纳马3050匹;河州必里卫西番29族,牌21面,纳马7705匹。西宁卫牌16面,纳马3050匹。上马易茶120斤,中马70斤,下马50斤,严禁私人交易,违者死罪。洪武三十一年(1398年),与西部少数民族(主要是藏族)以茶30多万斤,换马13118匹,至洪武末年,易马13500匹。明成祖永乐十一年(1413年)设甘肃茶马司于甘州(今张掖)。朝廷每年派官进行巡抚,严禁私茶出境换马并广设马市,用货币在各地买马。令藏族"以马为地赋(同

岔口驿马

田赋）"，实行"计地贡马法"。明神宗万历十六年（1588年），放宽马禁。规定易马定额，河州2500匹，岷州1160匹，甘州1000匹，庄浪800匹，临洮1800匹。以上几个地方基本就是今甘肃藏区。

河曲马

明廷为什么把茶马看得这样重呢？《明史》说得非常清楚："番人嗜乳酪，不得茶，则困以病。故唐、宋以来，行以茶易马法，用制羌、戎，而明制尤密。""当时是帝绸缪边防，用茶以马，固番人心，以强中国。"用番人日常生活离不开的茶，达到控制番人的目的。同时通过这种长期的特殊的民族贸易形式，加强了藏汉民族的交流，达到了政治上"彼得茶而怀向顺，我得马而壮军威"的目的。

明代，藏区对外贸易主要为马，公养、私养的养马业发展起来了，其马种还是来自藏区，主要是今甘南藏区和河西藏区。除马之外，藏区畜种主要是牦牛、藏羊，是生活的主要品种，同时黄牛、犏牛的数量也不小，供应农区使用。

随着经济的发展，促进了贸易，藏区大量的畜产品、药材、工艺品涌入汉区，而汉区的茶叶、粮食、食盐、布匹、绸缎等日用品也进入了藏区。也是这时期，藏区的建筑、冶炼、铸造、手工业技术也有了很大的提高。

明代，朝贡也是一种特殊的交流形式。由于"多封众建，"高僧、头人源源不断地涌向京城，每年达数千上万人，队伍十分庞大。后来规定每三年贡一次，每次三四人。藏区贡者携带珍宝，而朝廷赐给的茶叶、彩缎十分丰厚。一方面朝廷笼络了藏区，高僧头人又抬高了自己的身份，同时又增进了交流。

清代甘肃藏区的政教合一制度

清朝建国后,"画土分疆,多沿用明制",为了加强对少数民族的统治,在中央设置了掌管民族事务的理藩院,下设旗籍、王会、典属、柔远、徕远、理刑六个清吏司。其中典属清吏司掌管甘、青、川、藏活佛转世名号及藏区的政治、军事、经济、司法、朝贡、赏赉等事务;柔远清吏司掌管甘、青喇嘛年班进贡与西藏噶伦年俸等事宜。同时,在藏区或和藏区相近的地方设府、县、厅等机构,派遣流官治理。在今甘南、陇南藏区设置了河州、岷州、阶州、洮州厅、文县等,属巩昌府;大夏河流域的藏族部落划归循化厅,共同管辖今甘南、陇南藏区;在今华锐(今天祝等地)藏区设凉州府,下辖武威、永昌、镇番、古浪、平番及庄浪茶马同知(亦称茶马厅);在河西中西部设甘州、酒泉、高台、抚彝厅等,统治今肃南藏区。陇南、河州藏族,一部因"改土归流"及汉族移民大增,开始逐步融入汉族及其他民族。至清代中后期,已基本形成今甘肃藏区的范围。

清政府延续元、明时期的土官、土司制度,雍正四年(1726年)后强化千百户制度,对藏区实行分化瓦解、分而治之的方略。在藏区清查户口,划定地界,"因俗设官",封授土司,确立千百户制度,赐予千户、百户头衔。后因感到千户地盘大、人口多,对朝廷统治存有极大威胁,便采取措施,缩减千百户管辖的人口。当时今天祝藏区(不含鲁土司八族)5000余人,1000多户,就有松山王千户、夏玛琼擦千户、毛藏车千户、旦玛吴千户等统领,平均每个千户管辖200多户,较前势力大减,而且这些千户分别有武威、平番及庄浪厅管辖。永昌县辖五族,300户左右,由流水沟千户约束。张掖、高台的藏族,由红崖营、抚彝厅管辖。今甘南藏区则由拉卜楞寺和卓尼土司两大政教合一的集团管辖,其中的千户也从控制而论,势力大大缩小。

清代的土司、千百户,分文职、武职两种。他们作为朝廷命官,承担"世守地方,保境安民"的职责。同时还要上贡纳税,"或比年一贡,或三年一贡。各因其土产……牛马皮货"。千百户拥有朝廷授予的合法权力,既是各部落的大首领,又是中央王朝统治各地的代理人,拥有武装、司法权,对广大人民实行统治。

支持和利用藏传佛教,在藏区继

续实行政教合一的统治，这是清朝政府的一大战略国策。顺治时期，就大力扶植藏传佛教，修建寺院，发展宗教势力。顺治十年（1653年），清朝从册封阿旺·罗桑嘉措为五世达赖喇嘛开始，册封达赖转世系统，册封班禅转世系统，使他们从原来单纯的宗教领袖逐步变为政教合一的领袖。格鲁派寺院集团的势力，不断渗进藏区的地方政权中。政教合一制度，起源于元代，发展于明代，兴盛于清代，是寺院和地方权力集于一人或宗教势力、地方势力紧密结合的一种制度，这是藏区政治制度的基本形式。其实质是僧俗封建统治者以神权为依托，依寺院为据点，对本区域内的教民和属民实行联合统治。

甘肃藏区的政教合一政权组织形式，主要有夏河拉卜楞寺辖区、卓尼杨土司辖区等。

拉卜楞寺统辖区，由嘉木样活佛主宰一切，虽有官府机构，但要通过嘉木样才能办理朝廷事务，实际上官府的影响很小。

拉卜楞寺建于清康熙四十八年（1709年），寺主为嘉木样，清代共转四世。拉卜楞寺的政教合一组织，经过清代200余年发展，才逐步健全完善。建寺之初，虽有河南蒙古亲王的支持，但管辖范围只有拉卜楞地区十三庄。寺内由赛仓·阿旺扎西负责管理教务，德哇·洛桑顿珠负责管理嘉木样和寺院事务，华热哇负责管理嘉木样的食宿，设管家（聂日哇）一人，负责日常杂务。设立了赤哇（法台），主管全寺宗教事务；格贵（护律僧官），负责执行戒律，维护寺院秩序；翁则（领经师），领导众僧诵经；吉哇（总务长），管理全寺财务；郭尼尔（管家），负责殿堂的财产。这是一世嘉木样时拉卜楞寺院和嘉木样拉章（活佛府邸）组织的雏形。

在第二世至第四世嘉木样时，寺院发展很快，成立了措钦措都和仲贾措都两个会议组织，负责处理全寺事务。措钦措都为全寺最高权力机构，以嘉木样为中心，由总法台、总僧官、总财务长、总经头、大管理长、亲王管家、僧众代表五人、秘书等组成，负责全寺宗教、财物等重大事项，下设监狱。仲贾措都为嘉木样囊欠组织，意为"嘉木样座前会议"，建立于四世嘉木样时期，由襄佐、司食、司服装、经务、秘书、承宣、嘉木样代表、管家等官员组成，负责嘉木样日常生活及嘉木样大囊的事务，后发展成为管理拉卜楞寺院内外政教事务，即管理108属寺和部落的政教合一的最高权力机构。

拉卜楞寺寺属部落有拉德、穆德、曲德、拴头四类。

拉德，意为神民，来源于甘、青、川边境的蒙古族、藏族的王公贵族的土官从自己属部中献给寺院的"香火户"。这类部落有河南蒙旗十一支箭地、拉卜楞寺附近十三庄、桑科七族、甘加六族、科才、欧拉、尼玛、阿坝六族、多合尔部落等。

穆德，意为政民。依属的部落大多是拉卜楞寺发展中在该部落建立属寺后，利用教权所控制的部落。其土地所有权归当地土官、头人。政民对寺院没有人身依附关系。这类部落有阿木去乎、扎油、博拉、下巴沟、美武五族、三乔科、阿万仓等。

曲德，意为教民。这些部落主要由世袭土官、头人管辖，宗教上受拉卜楞寺强有力的影响和控制。这类部落主要有麦科尔、上作格浪哇、牙端木、唐科尔、上南那、经科尔、木拉小俊、曼龙、下卡加、色强、尕让、香利卡四庄、浪加等。

拴头和拉卜楞寺有密切关系，在重大事项和节庆上互有往来，有这种关系的地区主要是青海循化境内的科哇乃门、拉马吾建等，其居民皆为撒拉族。这种往来主要表现在政治上，宗教上则没有任何关系。如拴头地区同其他村庄发生纠纷、斗殴事件时，拉卜楞寺给予支持和保护。

随着政教合一制度的进一步强化，前三类的区别变得不明显，一切听从嘉木样的指令，部落的政治、军事、宗教、司法等大权，接受嘉木样和寺院的绝对掌管。部落内派有代表或头人传达、发布嘉木样命令。代表、头人都从嘉木样的80名随从中选任，基本条件均为家庭富有、精明干练、绝对忠诚于嘉木样。代表管理部落政教两方面的事务，而头人仅管理部落政治事务。一般情况下，派往牧区部落任职的称"郭哇"（头人），派往农区、半农半牧区任职的称"更擦布"（代表），二者任职时间均为3年。

牧区头人下设"格尔岗吾"，意为帐圈的领导。这种组织，其人员依所辖部落大小而定，这个基层头目并不世袭，而是由头人任命部落中的头面人物担任，下设传令一人。部落有事，头人召集"格尔岗吾"会议，传达命令或商讨决定。其下有大部落，大部落又辖数个小部落。类似"格尔岗吾"的组织，在农业区和半农半牧区部落由嘉木样代表、僧官主持，下设喇嘛洪布（头目）会议，这是该地的最高权力机构，下辖各部落头人，部落下设类似村长的"三木喜"（意为有主见的人）和传令员、炊事员、打罚群众者共僧俗四人组成。

卓尼杨土司辖区也是政教合一统治，但政大于教，朝廷通过土司施政；而拉卜楞寺是教大于政，僧侣集团起主导作用。

杨土司辖区的基本情况是："政属于土司，教属于都纲，兄任民长，管理政务，弟任寺主，主持宗教，土司长子例袭土司，次子例袭僧纲，遇独子时，土司得兼僧纲，政教合而为一。"

据《明实录》等史籍记载,明成祖永乐十六年(1418年)授卓尼番族头人些地(江梯)领世袭指挥佥事兼武德将军衔,实授洮州卫卓尼土千户,于其地成立番族土千户所。这就是卓尼最初设立的地方政权机构——土司衙门。土司衙门的长官集政治、军事、民政、司法各项权力于一身,实行世袭集权专制。从些地内附时起,到明末,共传8世,整个清朝传11世,共267年。土司衙门的内部机构设置不同于其他正规千户所。土司是最高统治者,其名义上虽隶属于陕西都司巩昌府洮州卫军民指挥使司,但实际上直接由朝廷驾驭,实行封土"自治"。土司下设头目两人,总管三人,分别掌握军政事务。大总管统管总务,二总管管理钱粮财务,三总管管理衙门内部杂务。头目统领传号四人,轮流在门卫处值班,为土司传达内外事务,处理属民中的一般纠纷案件。衙门内初设房科,由土司的秘书——红笔师爷联络管理,主要负责办理土司对外文书。房科内设九人。其中掌案一人;经书、笔帖式各二人,专管文稿起草;文书四人,专管抄写。

土千户所的基层组织有旗(掌尕)、族两级,旗长称长宪,管理征收的钱粮及民案纠纷的处理,遇有战争,领兵筹粮;族由小头人负责管理本族事务。

土司衙门内部的人选均从内十二掌尕内产生,普通人员由大总管选拔,头目、传号、长宪均由土司悬牌任免。各旗长宪、总管由地方选举,经土司圈定后,发"嘎书"(藏汉两文委任状)委任。

十六掌尕是土司的嫡系部属,虽然也为村级组织,但不属任何旗下管理,直接隶属土司衙门,有城区内十二掌尕,郊区外四掌尕。每掌尕有小

卓尼博峪土司衙门遗址旧照

卓尼僧纲衙门

头人一人，由土司亲自指定。城区十二掌尕的头人在政治上享有特权，遇要事可集中后直接去衙门谒见土司，可直言陈谏，衙门内其他人员无权阻挡，当时称其为"参马都司"。

卓尼军民土千户所最盛时辖境面积达35000平方公里。共辖领16个掌尕、48个旗、520个族、15000余户，近10万人。

在明永乐年间头人些地受封土司的同时，其弟傲地即为禅定大寺寺主。自此成为惯例：土司长子袭任土司，次子承袭僧纲；如遇单传，则由土司兼任僧纲。

僧纲衙门作为具有政权性质的机构，不仅统治教区内的各寺院、僧侣和教民的一切事务，而且对土司辖地的属民有间接地统辖作用，用宗教神权来束缚属民的意志，协助土司衙门顺利推行其政教合一制。所以，土司和僧纲两个体系，是卓尼政教合一集权的并存实体。

僧纲本身在其作为宗教中心的禅定大寺内另设衙门，即禅定寺内部机构"戴"、"拉"、"西"中称"戴"的组织。僧纲衙门的权限不仅在于管理寺院的一切教务，而且统辖管理17个教区内教民、僧侣的所有事务。通过对其属寺、教民的严格控制，协助土司稳固政权，推行政教合一制度。

僧纲衙门之区主要可分为17个教区（藏语称为"奥岗"），包括尼、什、麻昂、吉隆、朱仓、居果、遥萨、唐乃合、卡瓦、隆西、果玉、赛仓、完格、申藏、玛隆、昂茂、华吾、赛吾等17个奥岗。每个奥岗内又有属其统辖的子寺和教民（藏语称为"扎吉"或"拉代"），这些教民除承担本地寺院派送僧侣学徒的义务外，还无偿担负寺院的所有农牧业劳动。耕种寺院香火田地者，要给寺院纳粮交款，遇有战争，还要出兵。

僧纲衙门内的主要办事机构称尚

署楼，由17位办事员组成，直接对僧纲负责。这17位办事员是由17个教区——奥岗各推一名代表产生，这个机构同时执行僧纲和法台的有关人事任免及其他事务决定，一套人马，服务于两个组织。将政务和教务连接在一起，其性质既有房科秘书的具体办公性质，又有联席议会性质。每位代表平时还兼任禅定大寺各学院的总务财会职务，他们既是僧纲衙门内实施政教合一制度的具体办事人员，又是各奥岗在统治中心的长驻派员。

清朝建立后，凉州府藏区有了进一步发展，康熙时武威、古浪、永登有藏族部落50余族。雍正元年（1723年），青海发生蒙古亲王罗卜藏丹津反清事件，清政府进行了严厉镇压。首先，清军对青海华锐藏区跟随罗卜藏丹津反清的部分寺院上屋、部分部落，一一打击平叛并烧毁了郭隆寺、嘉多寺等。接着清军进攻今天祝藏区，其重点是赛什斯八族，在棋子岭、桌子山、天王沟、松山、毛毛山、石门等地，烧毁了先明寺、石门寺、阿岗寺等。这次平叛的扩大化，使华锐藏族一蹶不振，大伤元气。后由于清政府政策的调整，到乾隆时有所恢复。凉州府平番县（今永登县）27族，古浪8族，武威21族，永昌5族，镇番（今民勤县）1族，共计62族，1万余人。这时，实行千百户制度。

清乾隆十八年（1753年），始设庄浪茶马同知，其职能为管理藏区，兼司茶马，时有乌鞘岭以南平番县34族。咸丰时，凉州府武威、古浪、平番各县藏族皆由庄浪茶马同知管辖，为36族，14寺院，这就是今天祝藏族自治县行政区域的雏形。

清宣统元年（1909年），庄浪茶马厅藏族部落有36族、14寺院，僧俗共2256人。

清乾隆时，今天祝藏区得到了恢复和发展，雍正年间的平叛所留下的伤痕得以抚平。藏传佛教得以迅速发展，出现了章嘉·若贝多吉、土观·罗桑曲吉尼玛等高僧大德。他们被清廷封为国师、呼图克图、禅师等，紧密了藏区和清廷的关系，使社会稳定，各种矛盾缓和，经济有所发展。

这种稳定和发展过了130年之后，今天祝藏区遭受了接二连三的灭顶之灾。清同治四年（1865年），河州回民领袖马占鳌起事反清，起义军一部于次年七月攻入天祝境内。由于清政府在这次对广大回族人民的残酷镇压中，采取"以回制回"、"以汉制回"、"以番制回"的反动政策和阴谋手段，造成了回民同汉、藏、土等民族间的相互仇杀，使人民的生命财产受到惨重损失，10余座寺院被烧毁，数万人被杀，逃亡者不计其数，幸存者仅千人。第二年又逢大旱，田禾枯焦，农牧双遭灾害。天灾人祸，使天祝陷入了非常荒凉、贫困的境地。后经光绪十四年（1888年）招垦，人口才增加到2000人。

整个清代，天祝藏区一直处于"发展、破坏、恢复"的循环之中。直到清末，人口也仅有1万余人。

历史上天祝藏区形成了36族（部落），在清代因战争、灾害等多种原因，部落也不断变化，从大部为血缘关系的部落向地缘关系的部落发展。由于县府直接通过寺院、千百户管辖，没有形成统一的大部落联盟，只有以寺院为中心的两个以上部落的小块联盟，有较明显的政教合一的性质。如松山八族是以达隆寺为中心的，夏玛五族是以夏玛寺为中心的，石门四族是以石门寺为中心的，南山五族是以大水寺为中心的，嘉雅五族是以红沟寺为中心的等等，均为小区域的部落联盟。部落是维系藏族的民间社会组织，其一代一代传下来，全靠获合法地位并具有法律效用的社会规范——习惯法，用来约束、节制其成员，使之履行自己的权力和义务。

在清代，今天祝藏区的土千户有松山的王千户、毛藏的车千户、旦玛的吴千户、夏玛的琼擦千户等。赛什斯八族由连城鲁土司管辖，鲁土司通过活佛、头人统治属民。

民国时期的甘肃藏区

公元1911年，孙中山领导的辛亥革命推翻了清王朝在中国的统治，从而结束了数千年封建帝王统治中国的历史。时居五台山的清朝国师、华锐章嘉六世派遣大喇嘛都吉为专使，代表青海各寺院表示拥护民国。民国元年（1912年）3月24日，刚就任中华民国临时大总统袁世凯任命护理甘肃布政使赵维熙为甘肃都督。自此，甘肃纳入共和政体。同年9月，华锐著名活佛土观七世噶桑丹却尼玛在拉卜楞寺宣布拥护共和，袁氏即封土观以"圆觉妙智静修禅师"名号，赐坐黄帏车并赐白银5000两。民国3年（1914年）11月，拉卜楞寺嘉木样大师晋省，代表所辖区藏族群众赞助共和。12月，袁世凯颁给第四世嘉木样"广济静觉妙严禅师嘉木样沙特巴呼图克图之印"（银印）。随着宗教上层领袖的表态，各藏族部落也纷纷表示拥护共和，反对帝制。

民国成立后，于中央设蒙藏事务处管理蒙藏事务，后改为蒙藏事务局，直隶于国务总理。民国3年（1914年）5月，又以大总统令改事务局为蒙藏院，直隶于民国大总统。到民国17年（1928年），国民政府定都南京后，则改立蒙藏委员会，专管蒙、藏、回疆事务，隶行政院。

蒙藏委员会与国民政府各部同等，采取委员制，设正副委员长各一人，委员若干人。下设总务处、蒙事处、藏事处、参事室、秘书室、编译室、调察室、蒙藏教育委员会等。

在地方上则推行改土归流、编制保甲的政策。当时甘肃设七道，其中兰山道的临潭、岷县、导河等县辖今卓尼、临潭、岷县、宕昌、迭部等地藏区；海东道循化县辖今夏河等地的藏区；陇南道文县、西固、武都等县辖今文县、武都、舟曲、宕昌等地的藏区；河西道（旋为改甘凉道）武威、古浪、平番、镇番、永昌、张掖、民乐、抚彝等县分辖今天祝藏族自治县及肃南裕固族自治县的皇城区和马蹄区的藏区；边关道（旋为改安肃道）的酒泉、高台辖今肃南裕固族自治县西部东乐（纳）克等藏区。

民国元年（1912年）2月24日，甘肃省临时议会成立后，提议土司制度和千百户制度非民所宜，欲效法云南、四川，实行改土归流。接着省议会又提出停止自元代以来对寺院喇嘛实行的"口粮衣单"制，将其中部分改为喇嘛学习汉文之奖金。民国3年（1914年）改洮州厅为临潭县，辖拉卜楞地区的青海循化厅改为循化县，阶州州判改为西固县（今舟曲县）。这一年，省裁庄浪茶马同知，设庄浪茶马理番委员，由平番县县长兼任理番委员，管辖今天祝藏区。民国5年（1916年），省政府在牧区推行"草头税"，取代了清朝的贡制。

这一时期，虽然没有了皇帝，但封建社会的基础没有受到任何触动。总统换了一次又一次，无力顾及民族地区，社会十分混乱。当时还存在着复辟和反复辟的斗争。藏区也同样，虽然宗教界上层发表了拥护共和的声明，但政教合一的统治仍然存在。虽然省参议会提出对土司要改土归流，但土司制相沿已久，在民族地区早已根深蒂固，在各种封建势力的重重阻挠下也未能实行。就甘肃藏区的主要地区来看，仍然是清朝政体的延续。主要表现在拉卜楞寺院所属地区，政教合一统治机构比清代更趋于严密，统治方式、规章更加完善。就卓尼地区而言，土司仍享有崇高地位。但推翻清朝、结束帝制、实行共和对藏区尤其是对宗教上层、土官、部落头人有着深刻的影响，动摇了政教合一统治，整个社会也处在动荡、分化、改组的前夜，朝着"共和"的方向发展。河西走廊及甘肃南部的文县、武都、岷县、宕昌县等藏区走得更快一点，变化就深刻一些，部落制被削弱了，封建地（牧）主经济发展很快。

　　民国16年（1927年）4月，中央准置拉卜楞设治局（相当于县级），民国18年（1929年）1月，又将拉卜楞设治局更名为夏河设治局，旋置夏河县。从民国23年（1934年）开始，甘肃省在县的建置之上，又设立"行政督察专员公署"，简称"专区"。民国25年（1936年），设7个专区。民国26年（1937年），置卓尼设治局。到民国33年（1944年），全省共设9个专区，领73个县。今岷县、临潭、夏河、玛曲、卓尼等藏区属第一区（岷县专区），今天祝、肃南（张掖以东）藏区属第六区（武威专区）。今肃南（张掖以西）藏区属第七区（酒泉专区），今文县、武都、宕昌藏区属第八区（武都专区）。今甘肃藏区分属岷县、临潭、夏河（包括玛曲）、卓尼设治局、平番（辖天祝）、张掖、临泽、高台、民乐、酒泉、文县、武都、西固等县管辖。时今迭部县属卓尼，舟曲县属宕昌，碌曲县分属卓尼、夏河等县。

　　民国25年（1936年），庄浪茶马厅（辖今天祝）建立天祝乡（取境内天堂寺、祝贡寺两寺首字），设8保101甲。民国27年（1938年）7月26日，省府在夏河之黑错（今合作）召开临潭、夏河、卓尼三县局保安会议，省府代表、三县局负责人、藏族头目、寺庙代表及拉卜楞保安司令黄正清等参加了会议，决定编组保甲，发展交通、经济。

规定以地域为单位，不论汉、蒙、藏，混合编组，乡镇保甲人选，就各地土官、寺僧、总管、头人则依原有职级加以委用。民国31年（1942年），夏河县（含玛曲、碌曲一部）始编保甲，共编14个乡镇。卓尼县（含今迭部县、碌曲、舟曲等地一部）从民国33年（1944年）始编保甲，至民国36年（1947年）全县编成1镇、9乡、85保、890甲，共8397户，44732人。其他藏区，如文县、岷县、武都、宕昌、肃南等地，民国时期汉化程度增强，实行保甲制时间较早，阻力也较小。如20世纪30年代，宕昌马土司、宕昌麻童赵土司、岷州赵土司、岷州后土司等已改土归流，势力大减，逐渐汉化，甚至有的融进汉族中。

　　实际上，夏河县虽编成了保甲，但直到1949年基层组织仍然是部落制，其性质仍然是政教合一，乡保有名无实。卓尼推行保甲制，足足用了6年时间，可见阻力很大，土司地位十分牢固。

　　民国建立后，藏族地区的政教上层纷纷表示反对帝制，拥护共和。对于这些高僧大德、达官贵人，中华民国均授予各种头衔，以便羁縻之，从而通过他们达到统治该地的目的。

　　民国元年（1912年），大总统袁世凯封华锐土观七世·噶桑丹却尼玛"圆觉妙智静修禅师"名号。

　　民国2年（1913年）1月23日，袁世凯加封那木喀（萨木察）呼图克图以"般若圆修"名号。

民国3年（1914年）12月，袁世凯封第四世嘉木样为"广济静觉妙严禅师嘉木样沙特巴呼图克图"名号。

民国17年（1928年），国民党甘肃督办委任黄正清为"拉卜楞番兵司令"（1933年改名为拉卜楞保安司令）；委任卓尼土司杨积庆为"洮岷路游击司令"（1932年改为保安司令）。

民国21年（1932年）7月25日，甘肃省政府聘请第五世嘉木样为省政府顾问。

民国23年（1934年）3月13日，国民党政府颁赐五世嘉木样"辅国阐化禅师嘉木样呼图克图"册印。

民国25年（1936年），杨丹珠被国民政府敕封为"禅定寺辅教普觉禅师丹珠呼图克图"。

民国26年（1937年），省政府任命杨复兴为"洮岷路保安司令"。

民国26年（1937年）6月16日，中华民国加赠嘉木样五世以"辅国阐化正觉禅师"称号。

民国29年（1940年），国民党政府委任五世嘉木样为"蒙藏委员会委员"。

民国37年（1948年）3月15日，甘肃选举事务所宣布阿芒仓活佛（黄正明）为夏河地区国大代表；马全仁为卓尼国大代表。黄正清、杨复兴、杨世杰为藏族国大代表。杨生华当选为立法委员。

民国38年（1949年）1月5日，国民党行政院颁赐阿芒仓活佛为"辅教宏觉禅师"。

另外，整个藏区凡拥护共和之民族宗教界上层，被封为呼图克图者83人。"选"为省、县参议员之类者也有一定数量，直接提任乡长、保长者不计其数。

民国政府已注意到民族地区的封闭、守旧、落后。牧民们只知道活佛、头人，只知道给活佛献贡，给头人纳税交费，而不知国家及官府。这些都不利于国家对民族地区的施政、开发，因此，政府采取了许多措施以图改变落后面貌，达到"开化"、"汉化"、"分化"之目的，其主要措施有：

兴办学校 在甘肃藏区内设了许多小学，让藏族子女上学。如卓尼、夏河、天祝开始出现了学校。同时，在兰州大学开办了边疆系，加授藏文课，培养民族工作人才。还选派一批上层中的青年人到南京等地的各类学校接受教育，然后返回原籍，参与当地的工作，充当国民党统治阶级的代理人。

发展交通 藏区山大沟深，交通十分不便。控制藏区，开发藏区，首先要有公路，否则一事无成。民国时期，修了兰州至临夏、夏河、黑错的公路，后又修了夏河至岷县、夏河至卓尼的公路。在河西，甘新公路穿境而过。这几条主干线，路况虽很差，但毕竟勉强能通车，这样，利于交流，利于贸易，利于发展，更利于统治阶级直接控制藏区。

发展邮电、卫生 藏区信息闭塞，不利施政，20世纪40年代开始在夏河设邮政，同时设立卫生院，清除边民之疾病。

发展贸易 藏区有丰富的畜产品、中药材、木材等，但运不出去，藏区需要的日用品也运不进来，既不利于国家，又不利于人民。

为达到分化瓦解、歧视排挤的目的，国民党统治阶级在要塞驻有重兵，随时出动镇压"反叛"。同时，利用和控制藏族的自卫力量，遇事可"以夷制夷"，了却事端。民国政府对全国藏区采取不同的施政方针，在甘肃藏区内，支持这一派，压制那一派，又表面抚民，实则进行分化，力图瓦解。因此，残酷地压迫、剥削藏族人民，使藏族人民更加陷入水深火热之中。为了有效地控制甘肃藏区，设置了如下机构：

拉卜楞保安司令部 拉卜楞保安司令部，名义上直辖于甘肃省政府，然而事实上该部军官多半是寺院里的僧官，谁也不能否认这是拉卜楞寺的武装组织。司令由黄正清担任，司令部下编成三个骑兵团，共有官兵3500余人，军马无数，快枪1600余支，火枪1300余支。

嘉木样五世活佛的父亲，汉名叫黄位中，省府委任拉卜楞各番总办，管理各土司头目。

夏河设治局 虽有夏河县，但实际权力还是以嘉木样为中心的政教合一制度起作用，县的势力还很微弱。虽成立了乡，但基本不起作用。而嘉木样加强了组织，仍有效地统治藏区。民国时成立的嘉木样办公厅就是一例。

洮岷路保安司令部 民国21年（1932年），甘肃宣慰使孙蔚如委任卓尼土司杨积庆为洮岷路保安司令，自此由保安司令部替代了土司衙门，统领卓尼地区的一切政治、军事、宗教大权，仍集政权、神权、族权于一身。内部机构除仍保留原土司衙门的机构外，又增设了八大处。其基层仍设"旗"，旗长仍称"长宪"。这实际上以貌似纯军事组织的名称给土司加上了一个现代头衔，属民改称土司为"司令"。

洮岷路保安司令仅任两届，即卓尼十九任土司杨积庆与二十任土司杨复兴。统治时期从民国17年到民国38年（即1928年—1949年），共21年时间。

卓尼设治局 民国26年（1937年），"博峪事变"爆发，国民党甘肃省政府借查处事变之机，决定在卓尼成立设治局。同年10月，卓尼设治局在岷县专员胡守谦和保安四团团长吉猛的亲自主持下正式成立。初由临潭县县长薛达兼任设治局长。

民国33年（1944年）北山事件中，洮岷路保安司令部接受整编，撤销了原设的八大处，改设秘书、副官、军需三个室，一个警卫连，降低了机构级别。设治局的力量得到加强，实力和影响扩大。至此，编查户口、组建乡镇保甲工作才得以全面展开。

卓尼设治局成立后，国民党中央又在卓尼成立了其分支机构卓尼区党部和三青团分队部，并成立了司法处、卫生院、银行办事处、商会等机构，由设治局通过保安司令部负责办理交通、教育、医药、卫生、商业、合营养马等事业。至此，卓尼政教合一的制度逐步解体，在设治局、司令部并驾齐驱的双重领导下进入"改土归流"的初级阶段。

民国31年（1942年），甘肃省政府为了适应当时的抗日战争形势和社会民意的需要，由省社会处通令全省各署（市）遵照其颁发的"组织民众"、"训练民众"等规则，开展社会民意工作。次年2月，卓尼地区即组建成立了农会、商会、教育会，分别由民主人士郝应隆、李斌、马全仁任理事长。继而在全县又成立农村基层农会32个。

民国34年（1945年），根据民国政府"还政于民"的倡议，全省县级临时参议会相继成立，卓尼也于同年3月开始筹备成立卓尼设治局参议会。参议会从地方较有声望的民主人士中物色精选合格人员充任参议员，规定每乡、镇各一人，每个团体组织两人（其中一人为候补参议员）。

卓尼设治局临时参议会后改为正式参议会，在卓尼仅存在了五个年头，共召开大会16次，虽为卓尼的进步做出了一定成绩，但也为民国政府的统治而效尽余力。随着1949年9月卓尼的和平解放而自行解体。

甘肃藏区的解放

1949年4月21日，中国人民革命军事委员会主席毛泽东、中国人民解放军总司令朱德发布"向全国进军"的命令。中共中央军委命令，将十八兵团、十九兵团编入第一野战军建制，开赴西北战场作战。7月1日，中国人民解放军第一野战军司令部、政治部联合发出消灭胡宗南、马步芳、马鸿逵军队的战斗动员，指示一野10个军，进入甘肃陇东境内，展开以追歼马步芳、马鸿逵军为目的的陇东战役。先后解放合水、灵台、宁县、正宁、泾川、崇信、华亭、张家川、镇原、平凉、清水、天水、秦安、庄浪等县。8月4日，一野司令彭德怀发布进军兰州、歼灭马步芳军的作战命令，又解放一批县城。8月19日，一野三路大军会师于兰州城郊，形成对兰州城的包围。8月22日，解放临夏。8月25日拂晓，一野开始向驻守兰州的马步芳军发起全面总攻。6时许，首先占领沈家岭，10时攻占狗娃山，至17时又攻占营盘岭、窦家山、古城岭、马家山。至此，兰州以南、以东各主要阵地均被人民解放军占领，马步芳部全线溃退。26日凌晨2时，解放军攻占兰州西关，并控制黄河铁桥，切断了马步芳军退路。5时许攻入城内。7时，兰州全城解放。10时，解放军渡过黄河占据白塔山阵地。至此，兰州战役胜利结束。这次战役，共歼灭马步芳军2.7万余人，俘2.4万余人。

9月3日始，一野一兵团、二兵团进行河西战役。二兵团三个军从兰州出发，六军为右路，经松山、大靖、土门西进；三军、四军为中路，沿兰新公路攻击前进。一兵团从临夏直捣西宁，北越祁连出扁都口，进入河西走廊。

9月3日，永登解放，时属永登的天祝藏区也宣告解放。至28日，河西解放，祁连山北麓的藏区均被解放。

9月11日，任谦受彭德怀派遣，在康君实、李殷术陪同下，在岷县与国民党政府甘肃省保安司令部副司令兼甘肃师管区司令周祥初、省第一行政督察专员公署专员兼区保安司令孙伯泉、洮岷路保安司令杨复兴等谈判成功。周祥初、杨复兴等率部6000余人及各县通电起义。岷县、临潭县、卓尼县和平解放。彭德怀复电嘉勉。

9月20日，国民党政府甘肃拉卜楞保安司令黄正清少将起义，夏河县包括碌曲、玛曲、合作解放，建立夏河县人民政府。10月12日，东藏十部落代表致敬团，由团长黄文源率领到达临夏，19日在兰州与张宗逊等领导座谈。11月5日，卓尼四十八部落藏民致敬团杨复兴、杨生华一行抵兰。是月，天祝藏区致敬团赴兰，欢迎解放军。

12月10日，西固县（今舟曲县）解放。12月11日，文县解放。

这样，从1949年9月至12月，甘肃藏区全部解放，甘肃藏族的历史翻开了崭新的一页。

1950年5月6日，天祝自治区（县级）成立。这是全国解放后第一个实行民族区域自治的地方，后改为天祝藏族自治县。10月1日，卓尼自治区（县级）成立。1952年2月，中国共产党甘南藏族自治区临时工作委员会成立，7月1日中共甘南藏区工作委员会成立，辖中共夏河工委、中共卓尼县委、中共临潭县委。同年中共洮源工委和欧拉工委成立。1953年在洮源、欧拉两委的基础上成立碌曲工委和玛曲工委。1953年10月1日，甘南藏族自治区在夏河拉卜楞成立，甘肃藏族主要聚集地皆实现了民族区域自治。1955年，甘南藏族自治区改为甘南藏族自治州，1956年州府迁至合作。至2007年，州辖碌曲、玛曲、夏河、卓尼、临潭、迭部、舟曲七县和合作市。

岁月风云

康熙皇帝……策，使甘肃……末期，各种社会……化，社会动乱的……以爆发，雍正元年……夏，青海蒙古和……藏丹津欲复……梦破天后，欺骗……个别寺院上层及……部落反清……十月

罗卜藏丹津反清事件与甘肃藏区

清康熙时期，清廷通过一系列的安抚政策，使甘肃藏区走向稳定、发展，尤其采取"以教化导"的策略扶植藏传佛教，使寺院发展到了一个鼎盛时期。但到了康熙末期，各种社会矛盾的日益深化，潜在隐患随时可以爆发。雍正元年（1723年）夏，青海蒙古和硕特部亲王罗卜藏丹津欲复"先人霸业"的美梦破灭后，欺骗蒙古部众，煽动个别寺院上层及藏族、土族部分部落反清。十月，清廷授年羹尧为抚远大将军，改贝勒延信为平逆将军，调兵遣将，备战征剿。于是，甘肃藏区的部分地方，也成了这一战事的战场。

据《清实录》、《甘肃通志》、《甘宁青史略》等记载，清军进剿的重点是今天祝桌子山、棋子岭、金强、毛毛山南北等地，其中对桌子山反复征剿，以谢尔苏为首的诸部落虽进行了坚决的抵抗，但面对训练有素武器配备好的官军，损失非常惨重。

桌子山，远视状如长桌，其周围森林密布，清军一面砍树开道，一面攻击前进，有时则纵火焚林，不择手段。桌子山南麓石头城，前有大通河，四面峭壁，唯有一羊肠小道可通，反清群众一部聚城内迎战。岳钟琪留兵一万，据守西山各隘口。以一万人奔袭东山阿罗等部，后留部分官兵据守，率余部突袭石头城，正面强攻不下，便夜遣敢死队，编筏渡河从后山攀登而上，潜出其背，两面夹攻，破城而入，擒斩5000余人。土司鲁华龄发兵1000人，其中500人由千总带领从新站（今属甘肃永登）向西深入，自率500人由牌楼沟入攻，杀死500余人，夺获牛、羊、马无数。

罗卜藏丹津反清一事，本和此地藏族无关，但由于受到清军进剿青海藏区寺院、部落时受到影响，甚至是煽动，再加清军边将无恶不作，天祝藏区多次发生杀官劫饷事件，清官员认为庄浪藏族直接参与了罗卜藏丹津的反清事件，便不分青红皂白，调兵遣将，进行惨无人道的杀戮。

当年跟随年羹尧亲自参加征剿的一随员，在《读书堂西征随笔》中记载:"某守备领兵百人,至此地掠其衣装,淫其妇女,"他们"搜番女数百人,裸而沓淫之,稍厌则弃旧而易新者,兵多每人奸一人,不舍昼夜,番女有不胜者苦而死者,而番人始怨。"

虽然罗卜藏丹津的反清势力很快被剿灭,但天祝藏区遭受的惨重损失,却在长时间内无法恢复。由于剿灭了番人,将庄浪千户所改为"平番"县,谢尔苏八族交连城鲁土司管辖。天祝先密寺从此销声匿迹,后建在今门源县内。由于这一事件的牵连,大部分寺院遭到严重破坏,宗教特权也受到一次打击,康熙中期的那种发展景象已不存在。

清代甘肃藏区的反清起义

清代后期,饱受苦难的藏族人民为了生存,在甘肃南部、祁连山南北等地掀起了一次又一次的反清武装抗争,沉重打击了腐朽的清政府,有力地配合了白莲教、太平天国的反清斗争。

清道光二年(1822年)正月,黄河南岸贵德、循化(当时夏河归循化管辖)一带的牧民,突破清政府新规定的游牧范围,乘黄河封冰越河北移。二月,陕甘总督长龄逼令牧民重返黄河南岸。三月,副将丁永安,提督齐慎兵由东、北两路向草地围剿,屠杀藏民200余人,抢劫牲畜2万余头,今属甘肃藏区的夏河、玛曲等地受到了很大损失。道光二十五年(1845年)四月间,陕甘总督布彦泰派兵渡过黄河,进军到黑错(今合作)搜索年前藏族反清首领索努脱巴等人。黑错地区藏族人民英勇阻击,杀死清军数十人,击败了清军先行人马。

五月,布彦泰令西宁镇总兵站柱率兵再渡黄河,沿途藏族进行了顽强抗击。清军到达黑错四沟村,当地藏族人民在索努脱巴等人的率领下,聚众1800余步骑,打死官兵数十人。十一日,在西宁镇总兵站柱、知府庄俊的带领下,清军再次进攻河南藏区,从那沙力庄、更力、迭庄开始"清剿",沿途男女老少,多死于清军刀下,村庄烧毁无数,牛羊抢劫一空。清军行至索莽古鹿地方,遭到藏民抵抗,清军用火炮轰击,藏民被迫撤退。在黑错山口,清军受到藏民马队的袭击。清军分两路进军,一路从南山攻入,一路从格河(即合作河)沙沟包抄,藏民在清军优势兵力和火炮的攻击下遭到失败。清军进入黑错寺后,放火烧毁寺院和附近30余处村庄,藏族群众退到美武岗岔地方,凭险据守,后大部投奔拉卜楞，少部退到川北。

七月，黑错四沟藏族农牧民和黑错寺僧再次掀起反抗活动。西宁镇总兵因剿办不力，被清政府发配新疆，由西宁办事大臣达洪阿亲率大军前来镇压，洮州同知长官照磨唐宝璐协同卓尼土司杨元、卓尼着逊千户杨国成奉命从洮州西北进攻。黑错四沟藏族人民多次打退清军的进攻，杀死杨国成。但因四面受敌，众寡悬殊，藏族人民的抗击再次遭到失败，反清起事者首领索努脱巴及大部群众被杀害。事后，清军对黑错四沟复又清剿，所过村庄尽为焦土，老弱妇孺亦遭杀戮。

尽管藏族群众遭到了清政府的血腥镇压，但各族人民并不屈服，他们联合起来，不断发动反抗斗争。

同治二年（1863年）四月，四川南坪地区藏族人民发起反清斗争，进攻甘肃文县野猪关，文县白马峪藏民迅速响应，合攻西固（今舟曲）、洮、岷等地。接着西固藏族人民揭竿而起，纷纷参加了起义，打击清军。陕甘总督沈兆霖派遣副将李玉珍协同洮岷土司进行武装镇压，在清军和土司的联合围攻下，反抗又遭失败。但在数年中，西固、文县不断爆发反清斗争，直到同治六年（1867年）七月，临洮镇总兵周建武率重兵围剿，才镇压了起义。

光绪六年（1880年）三月，西固瓜咀沟藏族古旦巴率领藏族群众4000余人反清，先后攻占武坪、峰迭等堡寨，继而进攻西固。清河州总兵沈玉遂、兰州道刘璇领兵击之。杀其首领哈力双柱等多人，连陷武坪、峰迭。藏军聚集西岔，围攻大寨子，遭清军袭击，被迫退至水泉后分散，分别向八楞、小阶庄、落木山撤退。清军分三路进攻八楞、东西岔等地，藏军退守阳山。清军多方调军，分路围剿，并无进展。又调沈福田、马占鳌回军协同攻击。在清重兵的包围之下，起义最终失败，首领古旦巴等被捕杀害。

光绪二十二年（1896年）夏，迭部达拉罩子沟藏民串连四川包座、双寨、甲供等地藏族起来反清，陕甘总督杨昌浚令松潘总兵夏毓秀进行镇压。

在甘肃南部藏族人民此起彼伏举行起义反抗清政府统治的同时，天祝及祁连山南北的藏族人民也为了生存，发动了声势浩大的反抗斗争。

道光二十三年（1843年）五月，天祝及祁连山一带的藏族人民，不堪忍受清王朝的苛捐杂税和边境清军的武装劫掠，群起反抗。起义军攻入清军驻扎要地，烧毁营房，杀死官兵。陕甘总督富呢杨阿调兵镇压，并勾结蒙古、藏地方头目和寺院上层，一面派"勇骑"进行疯狂镇压，一面指派代表出面调解言和。这样，在清军的武力围剿和政治诱降下，起义队伍很快被瓦解，反抗斗争归于失败。

道光二十五年（1845年）六月，

清廷巡边总兵庆和及其随行官兵在金羊岭无故追捕宰杀牛羊，引起大通（包括今大通、门源）藏族人民的强烈不满，遂爆发反抗清军的斗争。整个祁连山南北的藏族人民奋起反抗，集结兵马2000，在群科等地向巡边清军发起进攻，杀死总兵庆和及其随行官兵，凉州军马场的藏、汉牧工也参加了斗争。陕西巡抚邓廷桢、甘肃提督胡超等率军镇压，被起义军打败，胡超因此被革职。起义波及今河西、西宁、永登等地。次年，林则徐奉命从武威至西宁，指挥清军大肆清剿。在清军的残酷镇压下，起义军且战且退，至琉璃沟一带继续抵抗，终因寡不敌众而失败。

封建王朝在河西的连年用兵，再加上疯狂地掠夺和压榨，使各族人民遭受了极大损失，不得不起来斗争。咸丰元年（1851年）七月，天祝和高台南山等地的藏族部落自反抗西宁廪生李国栋以来，河西地区藏汉人民联合反抗清廷的斗争接连迭起。咸丰二年（1852年）夏，藏族首领阿里克公住和才旦多吉率领当地藏族群众反清，邻近四周的汉族也纷纷响应，起义军很快发展到2300多人，在镇羌、松山等地攻击清军。义军迅速扩大，至青海门源、祁连、大通、互助及甘肃武威、永昌、古浪等地活动，打击和动摇了清朝在这一地区的统治。清廷调派数万兵力分路堵截，疯狂镇压，起义军死亡700多人。阿里克公住被俘，才旦多吉率余部逃往肃南、青海等地，起义失败。

奋起抗击宁海军

拉卜楞寺原属甘肃省西宁府循化厅管辖，其政教实权掌握在拉卜楞寺嘉木样活佛的手里。民国5年（1916年）2月23日，拉卜楞寺活佛第四世嘉木样圆寂，其政教大权暂由大班智达阿芒仓活佛（摄政）掌管。拉卜楞寺襄佐李宗哲与阿芒仓活佛彼此猜忌，相互攻击，争权夺力，引起了一场轩然大波。李宗哲为了保持他的襄佐地位，极力投靠拉卜楞寺施主河南亲王和宁海军，三者互相利用，与阿莽仓对抗。寺僧对李宗哲的做法极为不满，在为期两天的僧众代表会议上，宣布撤消了李宗哲的襄佐职务，当场逮捕了河南亲王代表若巴曲南霍、襄佐堪布仓管家罗藏次成（会议代表）、卓匿谦昌（副官长）等5人。李宗哲会前闻讯逃奔西宁，向宁海军镇守使马麒诉说阿芒仓从中"挑拨是非"。民国6年（1917年），拉卜楞寺摄政阿芒仓与管家李宗哲互相控告于甘肃省督军张广建处。张广建令西宁镇守使马麒查办。马麒派西宁道尹黎丹调解未成，与藏军发生冲突，双方先后在甘加滩、桑科滩等地进行激战。藏军在宁海军机枪、大炮及优势兵力和西军统领马国良部的联合夹击下，屡告失败。阿芒仓被迫逃到阿木去乎，发动当地头人联络各部反攻。宁海军马寿派人诱降阿芒仓未遂，绑走阿芒仓的管家及阿木去乎头人火尔孜等三人，押至西宁。宁海军获胜后进驻拉卜楞寺。

宁海军为了彻底毁灭阿芒仓活佛供养地，于民国7年（1918年）11月以4000步骑，由卡加、黑错（今合作）向阿木去乎进攻，先后攻破了哲哇、安郭两村。马寿率兵大肆屠杀沙沟、卡加沟、隆瓦沟、上下儿沟十七族藏族村庄牧民，同时还烧毁了阿木去乎、隆瓦、德尔隆、卡加等地数十座寺院，并向无辜藏族群众摊派罚银100万两，致使藏族农牧民遭受了一场空前的灾难。阿芒仓逃至欧拉而亡。马寿迫使阿木去乎头人投降归顺后，撤兵至拉卜楞，下令派贡唐仓活佛为摄政，更登达吉仓活佛为襄佐，并废除了阿芒仓活佛。从此，拉卜楞寺大权便掌握在李宗哲一派手中。

拉卜楞地方虽已控制在宁海军手中，但嘉木样四世的转世灵童尚未找到，寺院没有寺主，且连年武装冲突，局势极不稳定，尚有后顾之忧，寺方

四世嘉木样

便令李宗哲、贡唐仓等从速寻找四世嘉木样转世灵童。

民国9年（1920年）农历二月十一日，经九世班禅大师卜算决定，由拉卜楞寺特派德哇仓活佛率领随员前往西康（今甘孜理塘地区），迎请时年5岁的五世嘉木样。

五世嘉木样·降央益西丹贝坚赞，汉名黄正光，民国5年（1916年，即藏历第十五绕迥火龙年）3月12日在西康省理塘县的营官坝采玛村出生。父贡保端主，汉名黄位中，世袭宣抚司，民国初年任东路保正。母格尔拉措。其叔名阿旺丹曾，汉名黄位吉，曾留学西藏，获"格西"学位，任过西康葛哇阿西寺襄佐。长兄罗桑泽旺，汉

名黄正清。仲兄庆饶丹珠,汉名黄正本。三弟阿旺将措,汉名黄正基。弟阿芒仓·季美慈成郎吉,汉名黄正明。

寻到嘉木样五世活佛后,贡唐仓督促他赴拉卜楞寺坐床。黄位中对拉卜楞地方被宁海军控制早有所闻,乃提出:1.嘉木样五世年纪尚幼,坐床后,寺院大事应由其叔父黄位吉代为掌握;2.拉卜楞地方所驻之宁海军必须撤退;3.原拉卜楞所属区域部落头人和百姓应与佛爷去世以前一样服从第五世佛爷。征得宁海军同意后,五世嘉木样随同家人于9月22日抵寺。同仁、临潭、卓尼部分群众和夏河各部落藏族群众约三四万人迎接五世嘉木样,时宁海军驻拉卜楞部队也虚假地列队欢迎。在拉卜楞寺,为五世嘉木样举行了盛大的欢迎仪式和隆重的坐床典礼。

嘉木样五世坐床后,宁海军继续控制着拉卜楞地区,并粗暴干涉寺院宗教事务;勒令寺院停收官房税(寺院供养费),另立茶棉粮局,专门征收粮茶税(一驮白银四钱)、担头税(收银无定)、草头税(每年每户收白银三至五两),均以皮毛折价浮收;随意撤换僧官,剥夺寺院职权。

民国13年(1924年)元月,宁海军利用拉卜楞寺两派之争,借口拉卜楞寺"购买枪支,阴谋造反"而罚银4万两、马1000匹,又令80个下秀每人缴枪一支,僧众每人捐献白银50两。僧众因无力缴纳而外避者2000余人。接着宣布取消黄位吉襄佐职务,另以甲那华仓活佛为襄佐,大权操在李宗哲手中。在各种条件具备后,宁海军首先查收了附近十三庄的枪支,迫使80个无枪支的下秀每人付现银100两;黄氏父子的枪也被迫缴出;逮捕寺院派到塔哇的正、副念尔哇黄祥、鲁秀娃巴以及欧拉等部落头人20余人。为了摆脱被控制的困境,拉卜楞寺秘密派罗占彪(即桑木旦)赴河州、兰州,向河州镇守使裴建准、甘肃省长陆洪涛控告。陆怕事态扩大,即派实业厅厅长车玉衡于3月初到拉卜楞寺查办。车玉衡奉陆洪涛之命,秉公处理。在

五世嘉木样

调解会上，黄正清当场揭露了宁海军所有的罪恶行径。后经车玉衡从中斡旋，宁海军被迫作了让步，停止抓人，释放了黄祥等人；停止收款。马寿被调回西宁，只是拉卜楞驻军未动。

民国13年（1924年）5月，黄位中借班禅来兰州的机会，率嘉木样及其家属离开拉卜楞，摆脱了宁海军势力的控制。他们在兰州朝拜了班禅，并拜见了甘肃督军兼省长陆洪涛等军政要员，要求伸张正义，敦促宁海军撤离拉卜楞地方。各方人士虽然表示赞助与同情，但由于马麒一再推托，未能解决实质问题。黄位中鉴于以上的原因，认为官方靠不住，今后必须靠武力解决，乃发动所属各部落组织藏兵听候调遣，并率嘉木样及其亲属于民国14年（1925年）年底离开兰州，在裴建准派军保护下，取道临夏回到甘南美武地区。4月，拉卜楞藏族僧俗联络美武、双岔等部落，并得到青海、四川的一些部落援助，调动各地藏兵约万余人，先后与宁海军马麒所率人马展开激战。欧拉部落表现英勇顽强，给宁海军以沉重的打击。马麒回到拉卜楞，遭藏军两面夹击，随即自动撤到桑科滩。

桑科藏民惨遭杀害，拉卜楞寺及嘉木样的财产被抢窃，阿木去乎、黑错、德尔隆、卡加、隆哇等寺院及沿途村庄均遭破坏。甘加战役失败后，嘉木样和黄正清暂住在卓尼恰盖寺，后又转移到临潭县莲花山。接着黄位中与宫布才旦、拉毛加布在卓尼县沙冒叶成滩召开各部落头人会议，研究加强兵力，两次组织进攻。四川省西北部之阿坝六族、若尔盖十二部落和三乔科声援参加，共集结藏兵近2万人。甘川两省为之震动，甘肃省长陆洪涛和四川省长杨森分别电呈北京段祺瑞政府。陆军总长吴光新电告陆洪涛，遂派凉州镇守使马廷勷、河州镇守使裴建准、甘州道尹马继祖、检查厅长张某会同查办。黄正清等听此消息后，乃集结兵力于桑科滩，准备迎接委员们的来临，结果于8月26日拂晓，遭到马

黄位中夫妇

军偷袭，藏军从梦中惊醒，仓惶上马应战，伤亡惨重。

同年10月初，查办委员通知马麒听候处理。宁海军驻拉卜楞部队头目马寿见势不妙，乃于10月15日威胁拉卜楞寺十八昂谦及僧官当事者数十人，随同到西宁向马麒呈禀：拉卜楞此次事变，不是马镇守使主动，而藏民确因嘉木样活佛暂不回寺，群众集会迎佛归寺，竟有不肖之徒从中鼓动，攻击马军，咎由自取，马使负保护地方之责，不能不出兵弹压……等等，以此想达到混淆黑白、掩盖罪行的目的。查办委员们因畏惧军阀实力，无法调解。民国14年（1925年）秋，黄正清、罗占彪、黄祥、杨真如、邵成熙等9人组成代表团赴兰州向各方呼吁。陆派出的四大员及主动出面参与调停的兰州绅士邓隆、车玉衡调解，毫无结果。代表团再赴宁夏晋见国民军总司令兼甘肃军督办冯玉祥。冯电令第二师师长兼甘肃省长刘郁芬查办，仍无法调解，又成僵局。直到次年，亦无结果。黄正清等人为了取得各界舆论支持，分别电告北京北洋政府、蒙藏委员会和省内外各方人员，以及全国各大报馆以求公断，希望得到彻底解决。

拉卜楞寺于4月22日集合僧俗数千人，前往宁海军营交涉，却被武力当场击退。28日，马麒率万余人配以大炮、机枪，由甘加滩进攻，一直扑向拉卜楞寺，打死僧俗许多，寺院附近房舍被毁，驱散住户上万。他们还于8月26日再次攻打桑科滩，帐圈老幼数百人遭到杀戮。30日又进军卡加沟，军队驻扎马隆寺。宁海军残忍、野蛮的本性在此暴露无遗。

民国16年（1927年）春，宣侠父同志调走后，刘郁芬指定贾宗周处长（中共甘肃特别支部成员）负责处理此案，西宁又派魏敷滋等人参加。经过宣、贾两人先后周密调查、做艰苦细致的工作，又经双方多次商讨，签订了《解决拉卜楞案件的条件》。4月，宁海军撤离拉卜楞地区。甘肃省政府派国民军的一个保安大队进驻拉卜楞，恢复了社会秩序。随后成立了拉卜楞设治局，张丁阳任局长。设治局除管理十三庄外，还辖有桑科、甘加、科才、尼玛、欧拉、阿木去乎、黑错、上下卡加、沙沟、火尔藏、上下襄拉，连同临潭县之美武、博拉、多哈尔、加木关、下巴沟等17个村庄、部落，比原来的拉卜楞地区扩大了一倍。不久，国民党拉卜楞党部成立，"藏民文化促进会"由兰州迁到拉卜楞。嘉木样活佛也返回拉卜楞寺，受到广大僧俗群众的热烈欢迎。此次反对马麒为首的宁海军的压迫，终于以宁海军撤出拉卜楞、寺院重新恢复正常的宗教活动而告终。

民国17年（1928年）3月，拉卜楞设治局改为夏河县。4月，马仲英掀起河湟事变，甘肃省任命黄正清为"番兵游击司令",后又改为"拉卜楞保安司令"。黄位吉任拉卜楞寺襄佐,黄正本任堪布,黄正明为阿芒仓四世活佛。

马仲英途经甘南

马仲英,原名马步英,是西宁镇守使马麒七叔父马海渊的长孙,马麒堂弟马宝的长子。马宝原在宁海军骑七营当营长,因不喜戎事,长期在河州老家休养,营中事务便交由马仲英代为主持。

民国13年(1924年)北京政变后,冯玉祥出任西北边防督办。民国14年(1925年)春,甘肃督军陆洪涛病发不能理事,屡电辞职。其部下陇东镇守使张兆钾、旅长李长清各怀野心,明争暗斗,想取而代之,甘肃局面动荡不安。8月,段祺瑞令冯玉祥兼为甘肃军务善后事宜。冯玉祥即派暂编第十师师长刘郁芬率部入甘。刘郁芬入甘后,先后铲除了封建势力和地方武装张兆钾、孙繁锦、包玉祥、宋有才、黄得贵、韩有禄等异己。凉州镇守使马廷勷、西宁镇守使马麒感到危机重重,遂密谋策划反冯,并勾结奉军张

作霖,扰乱国民军后方。加之国民军进入河州后纵容兵将寻衅肇事,民怨沸腾。于是,在马麒的暗示下,为了反抗国民军,马仲英于民国17年(1928年)3月从西宁返回河州,率众起事,与国民军相抗,号"黑虎吸冯军"。不满国民军统治的回族群众纷纷加入马仲英部队。马仲英部队很快壮大起来,遂于同年3月、5月、6月三围河州城。

民国17年(1928年)10月,马仲英率部6万,由河州西南出槐树关,经甘南藏族聚居的美武、斜藏地区,向临潭进发。10月24日,攻下临潭旧城。洮泯路游击司令杨积庆奉甘肃省政府之命,派杨楒、杨锡龄、赵希云率所辖骑兵,分别驻守土门关、岷县和旧城。杨积庆闻马仲英已由捷径夺取临潭县旧城后,即令部属退守洮河南岸,以图自保。

马仲英占领临潭旧城后,致书杨积庆,敦请到旧城会晤,共谋反抗国民军之计。杨积庆拒绝了马仲英的要求,积极做好堵截的准备工作。马仲英攻取卓尼后,烧毁杨积庆的衙署,以示惩罚。

尔后,马仲英南下岷县闾井休整。同年11月下旬,马廷贤带着家眷、亲信数十人和随从驮队退走甘肃藏区。行至完禾沟,因侍从打死群众狗一事被斜藏、完冒藏民劫走金银财物,掳走马廷贤之爱妾。马廷贤仓慌逃至岷

县，向马仲英求援。时值马部在岷县被国民军截击，便回师临潭。马廷贤借势向土司杨积庆索要他的小老婆及所劫去的全部财物。杨积庆因其人已被下属处死，只得否认事实，予以拒绝，于是马仲英部纵火烧掉卓尼禅定寺，寺内600百多年来的典章文物、精美的艺术品，在火海中荡然无存。接着又在卓尼的阿子滩、砂冒、申藏，洮河沿岸的大华路、玉古及夏河的什拉、参多一带抢劫、烧杀，以泄私愤。

12月，国民军吉鸿昌部由天水、陇西开赴临潭，师部进驻县城。马仲英退走藏区。19日，吉鸿昌部冯安邦旅直抵旧城，回族群众四处逃散。夏河地区藏兵阻击马仲英入境，被击败。马仲英部入县城在全歼卓母山的守兵后，放火烧毁了拉卜楞寺院的宗喀巴佛殿，杀害了贡唐罗哲仓大师，即率部西走青海。

马仲英西走后，冯安邦部除留吴团协助卓尼杨锡龄拟办善后外，余皆撤出旧城。长川有个丁喜哥，曾为马廷贤带过路，向吴团谎报长川有土匪。吴团与藏兵向长川发起进攻。藏兵首先接火，不能取胜。国民军集中全团兵力激战，团长阵亡，长川堡未能攻下。冯安邦即调全旅兵丁攻下长川。在打扫战场时，发现清真寺有许多妇女、小孩，冯安邦立即停止剿杀，于12月30日，撤离临潭，经岷县开赴兰州。

卓尼博峪事变

卓尼杨土司，自明永乐年间开始世袭相承。到光绪二十八年（1902年），杨积庆承嗣土司，即第十九代土司，统管四十八旗，兼卓尼禅定寺护国禅师。

杨积庆懂得藏汉两文，颇晓中外之事，精明干练，为下属所敬重。民国18年（1929年），冯玉祥任西北边防督办，任命杨积庆为洮岷路游击司令，辖三团藏兵，一团团长杨锡龄，二团团长姬从周，三团团长杨英。

杨英凭着土司对他的信任，无视他人，骄横跋扈，逐渐引起公愤。民国25年（1936年），姬从周奉杨积庆土司之命给胡宗南运盐粮，得到胡的赏识。胡宗南遂委姬从周为"前方剿匪司令"。后因土司一贯不愿部下有外任，未能就职，便引起姬从周的不满。姬从周因以作战勇敢，引起杨英嫉妒，相互摩擦，以至发展到要"清君侧"、阴谋火并的地步，这就埋下了博峪事变之根由。

民国19年（1930年），鲁大昌由川

边到卓尼，住禾多寺，被杨积庆土司尊为上宾，准备扶助他搞起一支武装，作为自己的策应力量。此事经杨锡龄与其叔杨楒再三劝阻，杨积庆乃赠枪送鲁大昌出卓尼。于是鲁大昌怀恨杨积庆小看了他，要伺机报复。民国21年（1932年），甘肃省在临洮召开军事会议。在会上，杨锡龄揭露了鲁大昌在岷县私种大烟、横征暴敛、纵兵殃民的劣迹，鲁大昌更是怀恨在心。在杨锡龄回卓尼的路上，鲁大昌军将他枪杀于洮沙（今临洮北）。鲁大昌在杀害杨锡龄后，加紧了对杨积庆的陷害活动。红军过境迭部，鲁大昌告杨积庆私通红军，开仓供粮；杨积庆通过卓尼"安息日会"购买武器，允许在其辖地建立教堂的行为，鲁大昌告他私售国土，换取武器；替杨积庆出家的莫尔当活佛去内蒙搞佛事活动，鲁大昌又告杨积庆勾结日本，有汉奸之嫌。

其时，土司秘书方秉义因犯有过失，遭到杨积庆拘禁。方秉义越狱逃往岷县，被鲁大昌保送到兰州警察训练所受训。

民国26年（1937年），方秉义在兰州联络临潭土绅陡剑平、李识音、王鼎等人，积极搜集杨积庆的"劣迹"。

新编十四师师长鲁大昌由庐山受训回来，知道他的部队即将调离甘肃，便借口后方不宁，要求国民党允许他留一部分军队在甘肃南部，进而控制卓尼地区，以图对杨积庆进行报复。

民国26年（1937年）农历七月初七，鲁大昌派兵驻守临潭新堡。7月27日，鲁派团长陡得海、方秉义、王鼎等带领便衣队40余人，到博峪与姬从周部会合，假借奉上级之命协助"革命"，借姬从周对杨积庆的不满，威胁其共同干掉土司。姬从周只得跟他们去干。随即姬从周与方秉义、安国瑞、常永华等，诱骗在博峪的大小头目，放出监犯，杀了杨英，同时向土司衙门进攻。

当夜，杨积庆突闻枪声大作，急忙将孩子推向炕角，在猛烈的一阵射

杨积庆

杨积庆烈士纪念馆

击暂停后，逃出住地，躲避在山神林。姬从周得到消息，领兵向山神林搜索。杨积庆误认为是自己部属在寻找他，便出来打招呼。姬部当场将杨积庆用乱石打死。

事变中，杨之长子杨少余夫妇等5人被杀害。其余眷属被软禁于力赛官邸。

次日，国民军在博峪召开会议，会上宣布了杨积庆的"八大罪状"和铲除封建土司制的"革命意义"，并成立"卓尼维持委员会"，推举姬从周为主席，方秉义等为委员，并贴出标语，发出通电。随后，他们便日夜花天酒地，庆贺胜利。

杨积庆被杀后，"长宪"（相当于乡长）赵希普和杨锡龄之长子杨景华等人闻讯后，在禅定寺发出鸡毛信，调动北山诸旗、朱扎七旗、车巴诸旗藏兵报仇平乱。杨积庆之三夫人，因愤欲赴兰州鸣冤，被阻，吞金自杀。

北山总管杨麻周接到鸡毛信后，带领精悍藏兵200多人，分两路（一路从玛路巴龙、达子多；另一路从草岔沟、上卓）向卓尼开进，到达卓尼，禅定寺僧及附近藏族人民都赶来参加。杨氏所辖藏族兵马云集卓尼附近之洮河两岸。农历八月十三日黎明，北山总管杨麻周率领麻利娃、柴尕和武装青壮年藏兵数百人，一破莫耳桥，再战石媳妇，三克博峪村，击溃维持了20天的"维持委员会"。杨麻周派兵数十人，驻扎博峪，追回杨氏财产，并亲赴力赛接回杨的大夫人杨守贞等亲属，移居禅定寺僧纲衙门。

英勇抗击鲁大昌

解放前的碌曲尚无县的建制，一切事情均由四大部落（双岔、吉仓、阿拉、十二部落）头人管理。民国21年（1932年），双岔毛日寺院活佛尕藏

罗日加措去西仓寺院居住。他的出走直接影响到双岔头人拉代的利益，拉代极为不满，即差人向岷县鲁大昌求援。麦西、阿木去乎等部落与十二部落亦有草山纠纷，也想借此夺回双方争持的草原。鲁大昌对碌曲早已垂涎，今日相邀，正中下怀，即以调解为名，于民国22年（1933年），令旅长梁应奎率骑兵旅、特务团及鲁大昌儿子鲁明的手枪营，从岷县出发经临潭，过阿木去乎，驻扎麦西，大有一举吞没碌曲各部之势。十二部落首当其冲。部落头人加毛集大小头人歃血为盟，共议对策，集藏兵千余人沿洮河两岸布防，分寨把守，并主动出兵洮河北岸，在兰甸沟阻击来敌。

兰甸沟在洮河北岸，沟长10里，西南距西仓30里，中以兰甸梁为界，梁北以麦西为邻，是从麦西通往西仓的必经之路。29日清晨，鲁军顾团率领前哨部队进入兰甸沟，设防兰甸沟的拉仁关、多哇部落的藏兵在然加道饶的带领下手持长矛，跃马冲入敌阵，伏兵也四面出击。鲁军仓惶应战，与后续部队失去联系，一时乱了阵脚，狼狈逃窜，落荒而去。此次战役共消灭鲁军80余名，伤20余名，俘虏20名，缴获枪20多支。鲁部顾团团座亦在此次战斗中被击毙。

鲁部初战失利后，锐气顿挫，于是在麦西重整旗鼓，以图再举，当晚出兵夜袭兰甸沟。十二部落因胜利而轻敌麻痹，加之纪律松驰，缺乏军事常识，战斗后轻易撤出兰甸沟，致使鲁部不费一枪一弹，占领了兰甸沟后，再出桑地沟，大队人马直奔西仓。5月30日，鲁部接连攻下西仓根岔、西仓加禾及西仓寺院，并抓获22名僧人，除久买公去乎一人逃脱外，其余全部被杀。活佛土罗贡尔亦被害致死。寺院除大小经堂及3个囊欠供鲁部驻扎外，其余全部付之一炬。西仓寺院有大小经堂15座，囊欠18座，寺内有紫、白檀木佛塔各8座，还有3丈高的大铜佛，道光皇帝所赐金印和"智度寺"金字匾及佛经等大量文物、典籍均毁于一旦。鲁部接着在登知山神林搜捕去隐藏的僧俗群众30余人，当场被杀害。通过这次惨绝人寰的暴行，碌曲人民认清了封建头人"打怨家"、引狼入室所带来的深重灾难，各部落自动联合起来向鲁大昌展开了大规模的游击战。阿拉、西仓、双岔部落出兵偷袭鲁军营部。他们利用地形打阻击，放冷枪，用各个击破的办法，弄得敌人如惊弓之鸟，坐立不安。鲁部梁应奎骑兵旅为了避免陷于泥潭，自动撤军洮河北岸。在撤到牙藏沟门的则岔时又遭袭击，鲁部三营文书当场毙命，随后翻阿拉山，过麦西，出加木关，经临潭撤回岷县。救援鲁军的双岔头人拉代在双岔战斗中亦被鲁部打死。

鲁大昌在碌曲的暴行，也引起了社会各界人士的极大愤慨，纷纷伸张正义，谴责鲁部的暴行。国民党甘肃省政府在舆论的压力下派军界人士邓宝珊、拉卜楞保安司令黄正清前往碌曲查办。查办结果：西仓寺院出白洋2万赔偿鲁部损失（因鲁部烧寺院互相抵消）；十二部落出白洋2万赔偿鲁部人命。十二部落的群众含冤出售自己的牛、羊、马匹还了这笔冤枉债，换来了碌曲地方的暂时安宁。

红军长征过藏区

民国24年（1935年）8月底，中国工农红军红一方面军根据中央北上抗日的方针，离开川北阿坝草原，沿包座河北进，克服重重困难，于9月4日来到了甘南藏区迭部的达拉沟俄界（今高吉村）。

俄界藏语意为八个山头。坐北朝南，依山傍水，风景秀丽，世代居住在这里的十余户藏族人依山势修建了藏式搭板房，过着农林互补的生活。

毛泽东和司令部住在村东头的三座木楼房内，并向左路军发出《中央为贯彻战略方针再致张国焘令其即行北上电》。9月12日，党中央在俄界召开了政治局扩大会议，参加会议的政治局成员有毛泽东、周恩来、张闻天、博古、王稼祥、凯丰、刘少奇、邓发；列席会议的有蔡树藩、叶剑英、林伯渠、杨尚昆、李维汉、李德，一军团林彪、聂荣臻、朱瑞、罗瑞卿，三军团的彭德怀、李富春、袁国平、张纯青等。毛泽东在会上作了《关于与四方面军领导者的争论及今后战略方针》的报告，阐述了北上的任务和到达甘南后的战略方针。会议还作出了《关于张国焘错误的决定》，并决定成立中国工农红军陕甘支队，彭德怀任司令员，毛泽东任政治委员；由毛泽东、周恩来、王稼祥、彭德怀、林彪组成五人团，作为红军最高领导核心；由李德、叶剑英等人组成编制委员会，进行部队的编制工作。在俄界期间，还发出了《为执行北上方针告同志书》。

俄界会议在红军长征途中具有重大的历史意义。俄界会议是在红一方面军走出雪山草地的严酷困境和暂时摆脱了国民党军围追堵截的情况下召开的。通过此次会议，中央红军重振旗鼓，进一步统一了北上思想，重新编制了红军，成立了坚强的军事领导，对四方面军张国焘的错误行为进行了坚决、灵活的斗争。

俄界会议后，红军沿达拉沟继续前进。9月14日，红军到达下迭最大寺院旺藏寺，除先头部队外，大部队和

俄界会议遗址

1981年，俄界会议遗址被甘肃省人民政府公布为省级文物保护单位，2006年被国务院公布为全国重点文物保护单位。

中央机关都住在这里（毛主席住在茨尔那村）。为了打下腊子口这个具有战略意义的关隘，毛泽东同志在这里明确指出："北上抗日很重要，一定要突破腊子口，不能再回草地。"9月15日，司令部命令红军第二师为前卫，第四团为先头部队，向甘南、岷县一带前进，要在两天之内夺取腊子口。第四团由旺藏出发，渡白龙江，经九龙峡（即石门）直至麻牙寺。一支小部队佯攻代古寺，大部队突进然尕沟，以杨土司在崔古仓所贮粮食作了战前补给。崔古仓原称谷卡，是卓尼土司杨积庆设在迭部的一处粮仓，红军过境前土司将藏兵秘密撤走，为红军补充给养提供了方便。9月16日，红军前卫消灭了沿途构筑工事的敌人和伏兵，扫清了通往腊子口道路上的障碍。就在后续红军撤离黑拉、吾乎两村过程中，一小撮土匪从山上扑下来，与十余名红军战士展开了肉搏战，红军战士因敌我悬殊，地形不熟，最后被迫退到悬崖绝壁边缘，跳崖捐躯。为了怀念烈士英灵，当地藏族人民将此地亲切的称为"红军崖"。

9月16日下午4时，红军前卫接近了天险腊子口。腊子口位于迭部县东北部腊子河峡谷，东西两侧石壁对峙，中为一条长30米、宽8米的隘口，两侧石壁下是水势急湍的腊子河，通过河上小木桥与东侧悬崖下栈道相连接，别无他路可行，真有"一夫当关，万夫莫开"之险。

为了阻击红军北上，鲁大昌奉蒋介石和驻甘肃绥靖公署主任朱绍良电令，早在岷县、腊子口、西固一带修筑工事，重兵把守。9月17日，红军前卫团由黑朵通过黄土梁的丛林，直插腊子口，军团领导聂荣臻、左权同志亲临前线观察指挥，团政委杨成武动员大家说："我们左面是杨土司的两万骑兵，右面有胡宗南的主力部队，我

岁月风云

63

们北上抗日的道路，只有这一条……"指战员们纷纷表示："坚决拿下腊子口！"决定由红六连担任主攻任务。晚9时，王开湘团长带领一、二连攀上山崖，迂回到敌后，配合六连，进行包抄。以杨信相连长为首的红六连十二名勇士，主攻腊子河上的桥头堡，为大部队发起总攻开辟道路。接连发起五次进攻，均未成功。毛泽东同志不断打来电话，询问战况。17日凌晨2时，战斗停息下来，增派十余名苗族战士，登上悬崖峭壁，爬到敌人掩体工事后面，一齐抛出手榴弹。手榴弹在敌人的掩体里炸开了花，敌人乱作一团。这时，一、二连也随之赶到，上下合力齐攻，桥头堡被六连炸毁。腊子口的第一道防线被打开后，朱立沟口第二道防线亦被摧垮，敌军全部溃败，我军胜利通过腊子口。并沿朱立沟追击残敌，翻过达拉山（即岷山）直指岷县旋窝、大草滩。精疲力竭的逃敌，正准备在那里做饭，又被我军包围全歼，红军乘胜向哈达铺开进。

红一方面军在哈达铺大整编后，红军的面貌为之一新。接着，通过渭水封锁线，越过六盘山，10月胜利到达了陕北，光荣地完成了战略转移的伟大任务。

1980年，经中共中央同意，由中共甘肃省委和甘肃省人民政府在腊子口建立腊子口战役纪念碑。碑建在坪台之上，坪台四周围以栏杆。碑高5.5米，边宽1.4米，下部为碑座。碑身正面阴刻由杨成武将军题写的"腊子口战役纪念碑"八个大字。背面为碑文，全文如下：

一九三五年九月十六日，毛泽东、周恩来同志率领的中国工农红军第一方面军，在举世闻名的二万五千里长征途中，越过雪山草地之后，突破了国民党重点扼守的腊子口天险，打开了通往陕甘革命根据地的胜利道路，实现了北上抗日的伟大目标。

腊子口战役的辉煌胜利将永远彪炳我国革命史册！

在腊子口战役中光荣牺牲的革命烈士永垂不朽。

甘肃省人民政府
一九八〇年八月二十一日立

民国25年（1936年）7月2日，红四方面军与红二、红六军团在四川甘孜会师，同时将红二、红六军团改变为红二方面军。在党中央和朱德及红四方面军广大指战员的坚决斗争下，迫使张国焘取消了伪中央，同意北上，由朱德、徐向前、董振堂分别率领左、中、右三路大军向甘肃挺进。8月1日走出草地，到达包座。8月5日向甘南藏区进发，并派5000人从川北、阿坝、玛曲的齐哈玛一带佯攻青海，牵制马步芳东进，完成任务后随大军北上。红二、红四方面军进入甘南后，沿红一方面军的行进路线，过腊子口，翻越达拉山，攻占哈达铺，随即发起二郎山战役，包围了岷县城。鲁大昌部旅长李中方在岷县西川起义，加入红军。红军一部沿洮河西进，经卓尼西尼沟、纳浪和临潭杨华桥、新堡，进入临潭县新城，接管了县政府，满街刷上各色标语，县城出现一片新气象。红军占领了冶力关、扁都、王家坟（龙元）、流顺、羊永、黄虎族，击败了地方商界组织起来的"商团"武装，占领了旧城。

红四方面军在临潭期间，每到一地就张贴布告标语，大力宣传红军北上抗日，挽救民族危亡的主张。同年8月9日，在千人参加的群众大会上，正式宣传建立了"中国抗日救国军甘肃第一路军"，委任了司令，并成立了县苏维埃政府，推举了县长。同时，成立了县工会、县农会，在王家坟、冶力关等地还成立了乡人民委员会。

9月30日，红四方面军分五个纵队继续北上，李中方中途叛逃。此时，马步芳一部向临潭方向进攻，在西凤山发生激烈战斗。红军顺利撤离临潭，最后到达会宁，三军胜利会师。

红军长征途中，三大主力都途经甘南藏区，给当地的藏、汉、回等各族人民留下了不可磨灭的印象，播下了革命火种。

迭部腊子口战役纪念碑

甘南农民大起义

抗日战争时期，以蒋介石为首的国民党统治集团，推行消极抗日、积极反共的政策，激起了全国人民的反对。同时，国民党政府还以抗战为名，巧立名目，增加税费，百姓不堪重负。民国29年（1940年），甘肃南部发生旱灾，粮食歉收，而苛捐杂税却有增无减。各地农民不堪忍受，民怨沸腾，纷纷起来抗丁抗粮。

民国32年（1943年），继王仲甲、马福善在临洮起义之后，甘南卓尼水磨川寺活佛金巴加木措（俗称肋巴佛），带领当地藏、汉、土各族人民，于2月23日在临潭冶力关泉滩誓师起义，公推肋巴佛为司令。起义军分编为两个师，提出了"反对国民党，接洽共产党，抗日反蒋"和"为饥民而战"的口号，因而被称为"饥民团"。在准备攻打临潭县城（新城）时，宁定（今广河）巴羊沟起义的东乡族"深眼窝司令"马木哥前去会师，协同作战。2月24日，起义军在羊沙选拔精干青壮年300人为先锋队，跟随肋巴佛直奔新城。25日拂晓，趁四路八乡群众赶"早营"（即赶早集）入城的机会，包围了县城。县保安队和警察听到枪声，个个逃匿。起义军在枪支不多的情况下，以斧头、长矛和砖石为武器攻下了县城，打开监狱，放出犯人，缴获了不少枪支弹药，首战告捷。

义军旋即撤离县城，开往石拉路、大桥关山区地带进行休整。起义军发展势头迅猛，临潭东、西乡一带的饥民纷纷响应，其中有王子寿、窦巨川率领的铁城乡（今陈旗乡）、石门乡一带的饥民300多人，主动向肋巴佛靠拢。起义队伍很快就发展到4000多人。农历三月初一，起义军正式从石拉路、大桥关出发，向岷县进军。途中，在临潭三岔沟与岷县专区专员胡受谦的保安队发生了遭遇战。农民军因缺乏武器，战斗经验不足，被敌人机枪火力压在一个小山嘴上。正在紧急关头，肋巴佛赶到，立刻组织火力，向敌人发起还击，并命令后续部队登上两面山顶助战，一时四面旗帜招展，人声鼎沸，吓得敌人不敢前进一步。这时，农民军大部队已向东山后面转移了。当天，农民

甘南农民起义烈士纪念碑

军全部撤到了临潭的梨园、磨沟一带。次日，突破石门口敌人的封锁，分两路越拉尕城山、大岭山，到达甘沟、冶力关和渭源县峡城一带，与王仲甲、肖焕章、毛克让率领的临洮、康乐和和政等地起义军数万人，在门楼寺举行了大会师。推举肋巴佛任副总司令兼番兵司令。接着，发出讨伐国民党的檄文，严明了纪律，向武都进军。

以王仲甲、肋巴佛、马福善等为首的各路大军，沿九甸峡、新堡和柏林向岷县前进。战梅川、经闾井、入武都境，起义军刘鸣部首先攻克宕昌和武都西部要塞西固（今舟曲），守敌杨得亮落荒逃走，县长杨凯儒被迫开城。起义军在城内张贴安民告示，开监释放囚犯，开仓救济贫民，任命王奠远为城防司令，龙一飞为县长。留300人驻守西固，余部急速进军武都。各路军到达武都村坝地区后，国民党武都守军营长张英杰，率独立营300多人宣布起义，在武都与主力部队相会合。临洮人王德一（人称王阴阳），率领在甘泉镇起义的百余名起义军，也前来会合。这时，各路军云集村坝，共计近10万人，马7000匹。由于张英杰未能及时占领武都城，失去良机，武都专员孙振邦已提前调来各县保安队固守城池。半月之后，胡宗南、朱绍良、范汉杰部以50多个团的兵力围追堵截，迫使起义军放弃攻战武都的计划，回师北上。此时，起义军内部分歧愈演愈烈，到草川崖后，逐步走向衰败。在张英杰做了总司令之后，内部进一步分裂，加之国民党军队的围追包剿，起义军在礼县、武山、岷县、会川等地一退再退，士气大减，部队四分五裂。不久，肋巴佛带领一部分起义军在卓尼北山一带密林中，辗转隐藏，转入地下。接踵而来的就是敌人的搜捕和大屠杀。农民军领导人王鼎臣、任效周、王万一就在此时因叛徒告密被捕，在冶力关泉滩英勇就义。邢生贵也被押到临潭新城后惨遭杀害。他在刑场上唱着激昂的洮川花儿，壮烈殉难。

一次以汉、回、藏、东乡、保安、撒拉、土等民族的农牧民参加的轰轰烈烈的武装起义，曾波及甘肃20多个县，坚持了10个月之久，由于没有先进政党的领导而以失败告终。

民国35年（1946年），肋巴佛与甘南起义军的部分领导人肖焕章、毛得功、马继祖、郭化如等同志先后取得联系，并参加了由夏尚忠等同志领导的游击队，不久，经高健君、牙含章介绍，光荣地加入了中国共产党。民国36年（1947年）农历四月，肋巴佛赴延安学习，途经平凉安国镇，因车祸不幸遇难，时年31岁，为中国革命献出了宝贵生命。

卓尼北山事件

民国32年（1943年）8月，在临潭冶力关搜捕、屠杀起义人员的国民党第三军军长周体仁，电邀卓尼洮岷路保安司令部派人参加"剿灭残匪"的军事会议，卓尼即派参谋长杨一俊等30多人赴会。卓尼北山土官杨麻周和广大农牧民决心与国民党以武力相对抗。杨麻周一方面授意部落小头人杨才尕对国民党军队进行袭击，另一方面亲自急赴卓尼劝杨复兴司令及其母杨守贞迁至北山，与国民党决一死战。

杨守贞为参加冶力关会议人员安全考虑，拒绝了他的要求，将他暂时留在卓尼。是时，杨才尕组织40名藏族青年夜袭了周体仁第三军二十一团一个营，将敌营长和百余名士兵全部消灭。同时，数百名藏族群众打死打伤周体仁部警卫队300多人，致使周体仁恼羞成怒，立即下令解除卓尼参加会议人员的武装，押送军部审讯，就地枪杀参加会议的营长杨赛高等人，并下令对康多的多麻寺、水磨川寺及北山一带烧杀抢掠。同时，岷县专员胡受谦动员五个骑兵连包围禅定寺，威逼交出杨麻周。周体仁军部坐镇临潭新城，继续"清剿"。经临潭绅士马志清、赵明轩从中斡旋，最后以没收北山全部枪支、刀矛、马匹，罚款10万白洋以偿命价，将杨麻周等人解省惩办为条件做了处理。经过这次事件，北山康多人民被弄得十室九空，一贫如洗。

文物古迹

郎 木 寺

郎木寺位于碌曲县郎木乡，全称为"噶丹协珠班格卓卫林"，意为"具喜辩修白莲解脱洲"，俗称"郎木寺"，意为"虎穴仙女寺"。

郎木寺于藏历第十三年绕迥的土龙年（清乾隆十三年，1748年），由曾任过第五十三任噶丹赤巴的坚木参盖创建，经历代赛赤的不断扩建，相继建成了大经堂、居巴札仓（密宗学院）经堂、丁科尔札仓（时轮学院）经堂、印经院佛殿、曼巴札仓（医学院）经堂、灵塔殿、弥勒殿、马头金刚殿、护法殿、大佛塔、怙主殿、莲花生殿、大金瓦殿和狮面佛母殿等组成的完整的藏式建筑群。现有四大札仓八大囊欠。四大札仓为闻思学院、喜金刚学院、时轮学院、医药学院。郎木寺学院全套采用西藏哲蚌寺郭芒札仓的教程，分10个学级：即2个《因明初级》班级、《因理论》和《悟慧》上下班级、《律部学》上下班级。学习方法上则学僧请师讲授，并参加札仓的辩经活动，通过辩难使学僧熟记经典，掌握佛学逻辑推理的方法。学僧在通晓五部大论后，才有资格考取拉仁巴学位。

闻思学院始建于公元1742年，公元1752年基本建成。创建者坚木参桑

碌曲郎木寺全景

盖自任第一任法台。在施主丹增旺秀以及双岔六族、阿拉六部落等多方资助下，建成了这座规模宏大的宫殿式大殿。这座大殿，既是全寺的大经堂，又是闻思学院的殿堂。

经堂内，上首是历任法台的宝座，法台宝座的两侧是释迦牟尼塑像和宗喀巴大师、无量光佛、千手千眼观音菩萨像。经橱内供有金汁写成的《甘珠尔》和《丹珠尔》大藏经、宗喀巴师徒三人全集、历代嘉木样活佛全集和本寺历代赛赤的全集。

闻思学院全年法会及活动有：藏历正月的"毛兰姆"大法会12天，四季学期220天，中间学期60天，正理部法会15天，十月二十五日宗喀巴圆寂日纪念法会5天，十二月二十九日施食法会5天。

喜金刚学院（居巴札仓）是由二世赛赤洛桑坚木参桑盖集资，从西藏迎请俄仁巴·智华培杰尊者，仿照哲蚌寺上续部学院修建的。因此，这个札仓的一切法事规仪，包括修习规程、诵经音调、法乐吹奏法、施食制作法等等，均是按哲蚌寺居多巴札仓（上续部学院）的规程建立起来的。每年举行密宗胜乐、密集、大威德三尊自入法会，施供法会，大回遮法等的法行仪规，非常完备、严密、紧凑。

时轮学院（丁科尔札仓）是藏历第十五绕迥木龙年（清光绪三十年，1904年）由第四世赛赤洛桑丹增桑盖创建。并邀请拉卜楞寺丁科尔札仓的法台嘎道哇·阿旺扎西建立时轮金刚、毗卢遮那现证佛和普明三佛自入法会。

该札仓全年除了举行上述法会外，还要学习声明学、诗学、星象学等多种学科。其法行仪规和教程教规，完全按照拉卜楞寺时轮学院规程进行。

医药学院（曼巴札仓）是由第五世郎木赛赤·洛桑南木杰龙仁桑盖于1953年创建。

医药学院的经堂是该院僧人学习藏医药和从事宗教活动的场所。经堂宽5间，进深约7间，为藏式建筑。本院僧人除了参加一般的诵经活动外，分三个学级学习研究《四部医典》。讲述生理、病理、药物、配方、治疗等。通过讲述，系统掌握藏区444种疾病的分类法和诊断、制剂、炮制、外科手术等高难技术。

该札仓在藏历四月举行禁食斋戒和十六尊者修供法会。每月举行一次酬补仪规。每年藏历四五月间还要外出采药。该院的一切教程法规均依照拉卜楞寺曼巴札仓制定，考试制度较为严格。

天堂寺

天堂寺是天祝最大的藏传佛教寺院，其历史悠久，规模宏大，僧人众多，寺规严谨，名人辈出，为安多藏区的名寺之一。

背靠端坐的宝瓶山，前映苍翠的照壁山，右有洁白的双螺山，左有雄奇的法幢山，大通河碧波荡漾，从寺前滚滚而过，天堂寺所处的地方地势平坦，气候温和，森林茂密，物产丰富，俗有天祝江南之雅称。周围有藏、土、汉、回等民族生活。寺院前身为唐宪宗（806年—820年）时期所建的藏族原始本教寺，称阳庄寺。500多年后，即元至正二十年（1360年），西藏藏传佛教噶举派噶玛噶举第四代黑帽系活佛噶玛·若贝多吉（1340年—1383年）进京路过此地，传说他降伏了大通河毒龙，并在扎西滩建镇龙塔108座，遂得名"却典堂"，意为宝塔滩，并将本教寺院改为噶举派寺院。

另外，还有一种传说，这条河里有一种叫"吉"的动物潜伏在水底，专吃过往的人畜。后来，诞生于吉勒（指大通河）附近的华锐扎部落的瑜伽大师扎贡·曲吉多吉从修行地——青海湖海心山来到这里，他在岸边施法，将"吉"引出水面，并用一头"卦尔毛"（犏乳牛和黄牛杂生的母牛）和一匹马做诱饵。"吉"一看水面有牛和马，在大师高超的密法的驱动下，身不由己地浮出水面，眼睛盯着牛和马。这时，正作密法的大师将一盘绳索抛过去，紧紧地缚住了"吉"的全身，拉到岸上时"吉"已死去，然后埋在今天堂寺左面叫"萨干当"（意

天祝天堂寺

为大滩）的地方，上面用土填高并立起了俄博，这个土丘称"吉达"，意为镇葬"吉"的标记。后来那头母牛和马被放生到两条山沟。马放生的地方叫"达宗"（今达宗沟），牛放生的地方称"卦尔毛"（即今卦毛沟）。

明崇祯十二年（1639年），丹玛慈诚嘉措大师应德尔格囊索的邀请扩建了寺院。清顺治四年（1647年），青海湟源东科寺第四世东科佛·多居嘉措应寺院和当地莫科、加定、朵仓等藏族部落的邀请，大规模扩建寺院，修成大经堂。从此，东科佛成为天堂寺寺主。顺治九年（1652年），五世达赖赐名为"却典堂扎西达吉琅"，意为宝塔滩吉祥振兴洲，汉音译为"朝天堂"寺，后演变为天堂寺。天堂寺规模宏大，俗有"自古天堂八百僧"之称。

至1949年，天堂寺占地1000余亩，有经堂、佛殿、囊欠等近30座，整个寺院栉比鳞次，雄伟壮丽，具有浓郁的藏族风格。当时有活佛10人，僧人及其他人员540人。但是，寺院没有逃脱1958年、1966年之劫难，几乎全被拆毁，大量文物珍宝不知去向。至2007年，有僧侣62人，驻寺活佛2人。有释迦牟尼佛殿、时轮经堂、宗喀巴大殿（俗称千佛殿）、密宗殿、讲经院、文殊殿等。大经堂已于2008年动工修建。

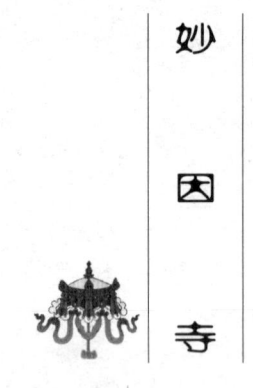

妙因寺

妙因寺，原称大通寺，藏语称大通多吉羌拉康，意为大通金刚持寺。坐落在永登县连城镇鲁土司衙门右侧。始建于明初，明正统六年（1441年）重修。明正德二年（1507年）三月二十二日敕谕更名为妙因寺。

关于妙因寺的来历和创建，民间有一个十分神奇的传说故事：很早以前（约在北宋时期），印度有一位叫德洛巴的佛教大成就师，他供奉着一尊一拃高的紫金色金刚持佛。这是一尊能飞的佛像，人称"飞来佛"，非常神奇。后来，他将这尊佛像赠给了亲炙弟子那若巴大师，作为修炼时的供奉像，被布拉哈日寺庙作为主依物。那若巴大师圆寂后，他的大弟子，在印度学习的西藏高僧玛尔巴大译师将那若巴骨灰、骨饰和金刚持佛像带回西藏南部卓吾隆寺。后来这尊佛像被西藏潘域那烂陀寺第十八代法王带到那烂陀吉祥瑞寺供养。当时，萨迦和止贡两派正在相互诅咒争斗，蒙古察哈尔王乘机出兵占领了西藏。此王东返时，带走了许多有加持神力的所依物和那若巴的骨灰，包括这尊金刚持佛像。到库库尔塔山坡下时，察哈尔王让随从带着佛像、骨灰、所依物先行。因为察哈尔王带走了西藏的神器、法物、佛像，"神鬼"非常不满，便紧跟驮队作祟。西藏山南的山神奥德贡嘉等越过大山后，便将驮物牲口翻倒，乘机将骨灰、所依物等埋于厚雪中。唯独这尊神奇的金刚持佛像，在宝帐怙主和明妃及天龙八部的护卫下乘机飞走，在八堡川窑街上面的红山嘴一棵柏树顶上停留了七天七夜。此后，又沿大通河来到桌子山顶停留了三天三夜，看到连城具有吉祥瑞德之兆和可教化的众生，便在城中一棵旃檀树上停留了三天三夜。第四天早晨，被人发现后报告了鲁土司，土司感到非常震惊，便去观看，看见佛像悬在树顶上约有半度，周围五彩光环在闪烁，如同笼罩着球形的虹轮。土司看后不由想起了从前一天开始，这里曾出现闪烁的金光，充满香气，大通河水发出异样的声响，他还做了吉祥之梦，便认为这一定是他们行善所致。因此，信仰藏传佛教的土司便隆重供养、虔诚朝拜。当时天上撒下曼陀罗花，百鸟啼啭，梵乐悦耳，连城顿时呈现出一片吉祥瑞和的情景，人人感叹，个个礼拜，"飞来佛"神奇的传说传遍了四面八方。土司和官员们商议如何将佛像取下来供养时，有的说砍倒大树即得，有的说爬上树取最方便，有的说祈祷请之，还有的说摇动大树抖下来等，众说不一。最后由土司决定上树取之，大家同意，便差人上树。刚准备上树时，奇异的事情发生了，佛像离开了树梢，上升停留在空中。这时，树下的一个黑人（宝帐怙主）说："你们若为了供养而请，就应设置供座和供品，并加以祈祷。这样，佛像自然会下来。"众人便拿了座伞、胜利幢、宝幡、各类乐器及佛像掩帷等，煨起桑烟。二位官员为首的众人齐声祈祷后，佛像闪烁着光辉，徐徐下降，正好落在座上。鲁土司想抬回家供养，选派了四人去抬，但根本搬不动，后又增加多人再搬，佛像好像重了上千倍，越发搬不动。这时，众人诚心祈祷，佛像突然发话说："我不想到俗人家去，给我在这里修一座小殿。"众人听了甚喜，用了一天的时间，修起了一座小殿，佛像便毫不费力地飞了进去，众人的内心产生了极大的信仰和崇敬。这个小殿便是妙因寺最早的建筑，称多吉强殿，本地人称多尔金昌。

又过了一段时间，有一位叫洛登巴的藏传佛教法师在此修行时，用原来落了佛的那棵旃檀树做大梁，修建了现在的多吉强大佛殿，并以"飞来佛"金刚持佛像为内藏，塑造了以金刚持佛为主佛的各种佛像。这就是妙因寺神奇的传说，至今流传在永登、红古、天祝等地。这个传说，和清代藏文版《大通金刚持寺志》的记载完全一致。

明代永乐年间，连城河桥一带称西大通，鲁土司得到了金刚持佛，便在衙门旁建寺，故名大通寺，藏语称多吉强拉康，意为大通金刚持寺。明宣德二年（1427年），连城土司第三世鲁贤扩建寺院，于同年七月二十六日建成三世佛殿。明宣宗赐寺名"妙因"，始称妙因寺，同时赐给寺院都纲裸古鲁监参印信一枚，剳付一张，"作善广济"图书一方，并敕谕地方大小官员及诸邑人等尊崇其教。明正统七年（1442年）重修。明成化七年（1471年），藏族高僧重修金刚持佛殿。至清代修建了多吉强殿、三世佛殿、大经堂、禅僧殿、宝帐怙主殿、金刚殿、鹰王殿、宝塔殿及2座佛塔，活佛府邸3座，尚有僧舍、茶所、仓库、山门等，占地面积10200平方米，其中建筑面积3200平方米，成为甘肃、青海、内蒙古等地有名的藏传佛教寺院。寺院殿堂内泥塑佛像、绘画、法器、大藏经等均于1958年被毁。1980年寺院重新开放，陆续修复了殿内佛像、绘画。1996年，鲁土司衙门并妙因寺被国务院批准公布为第四批全国重点文物保护单位。2006年至2007年，省文物局进行了维修，妙因寺得到了进一步保护。

拉卜楞寺

拉卜楞寺坐落在甘南藏族自治州夏河县拉卜楞镇，是我国藏传佛教格鲁派六大宗主寺之一，始建于清康熙四十八年（1709年），藏语全称"噶丹夏珠达尔吉扎西益苏奇贝琅"，意为"具喜讲修兴旺吉祥右旋洲"，简称"拉章扎西奇"，泛称拉卜楞寺。

清康熙四十八年（1709年），在拉萨的夏河籍著名高僧阿旺宗哲大师（即一世嘉木样）应青海和硕特前首旗河南蒙古亲王察罕丹津的邀请，东返故里建寺弘法。这年六月，在蒙古骑兵的护卫下，阿旺宗哲大师率弟子18人，经长途跋涉到达黄河源头扎陵湖畔时，由王子东珠旺杰率300骑士在此恭候欢迎，于八月底到达故乡。察罕丹津王主持举行了隆重的迎佛仪式，并敬献了金制曼陀罗、银制宝贝圣水瓶等珍贵法器和各种绫罗绸缎及牛、羊、马，作为大师的供养。当地许多藏族头人也献上金银珠宝、牛羊马匹，表示对大师的仰慕。大师当即决定把这些供品作为建寺的资金。同年九月，

拉卜楞寺

正是佛祖释迦牟尼的诞辰，法缘应时，大师如期抵达美丽富饶的泽央滩。这一年又是宗喀巴大师创建拉萨噶丹寺300周年，大师认为不应错过这一良机，于是派人到阿木去乎境内的年纪贡恩山下做了吉祥长净仪式和相地乞地仪规，作为建寺的开始。大师在察罕丹津王和扎萨克台吉的亲自陪同下先后去了阿木去呼、来周滩、郎格尔滩等三个地方，都没有选到一块非常理想的地方建寺。到了洒索玛地方的一座宁玛派寺院附近，据传发现寺院背面有一座形状十分奇异的小山，从山势断定有吉祥的兆头，于是大师测算方位，开山劈石，果然掘出了一个奇特的右旋白海螺，师徒及随行人员兴奋不已。第二天，太阳刚冒出山顶，他们在亲王府邸不远的山麓下，见一位藏族牧女在花木掩映、涓涓流水的泉边，背负水桶，蹒跚而行。他们便向牧女询问该处的地名，牧女回答说："这口泉水右旋如海螺，所以藏人统称扎西奇。"大师一行听了觉得十分惊奇，这又是一个祥兆！随即开始观山势地形。果然，西北后山犹如巨象伏卧，十分壮观。便选定大夏河之滨的扎西奇作为寺址。康熙四十九年（1710年），藏历铁虎年三月十五日晨，大师为创建拉卜楞寺举行了奠基仪式，参加仪式的僧俗群众万余人，河南亲王献上可容纳800人的方形帐篷一顶，暂代经堂。经过一年多，首先建成了

拉卜楞寺弥勒佛殿

80根柱子的大经堂，命名为"帖散琅"，即闻思学院。于康熙五十年（1711年）闰七月十三日举行了隆重的开光仪式，有300多名青少年出家受戒。嘉木样大师委派大弟子赛仓·阿旺扎西为赤巴（法台），洛桑东珠为襄佐（总管），华锐阿旺克却为领经师。寺院依拉萨哲蚌寺郭芒学院的制度施行。清康熙五十三年（1714年），嘉木样拉章（即府邸）建成，当地群众出自对大师的尊崇，便在地名扎西奇前面冠以"拉章"，变为"拉章扎西奇"而被广泛使用，成为寺院的名称。"拉章"一词，由安多口音"拉卜让"演化为"拉卜楞"，遂成为寺名、地名。

寺院自创建后的二百多年中，经历代嘉木样的精心组织、主持和其他高僧大德及甘、青、川、蒙古等广大

拉卜楞寺白度母佛殿

僧俗群众的支持，已拥有研习显密二宗及藏文化的六大学院（闻思学院、续部下学院、续部上学院、医药学院、时轮学院、喜金刚学院），还建有48座佛殿，嘉木样大师及其他活佛府邸30余所，藏经楼、印经院各1处，吉哇院（总部）6所，大厨房6所，讲经院2处，嘉木样大师别墅2处，普通僧舍500多院，经轮房500余间，大小经轮1000多个。全寺占地总面积1000余亩，其中建筑面积80余万平方米。全寺共有3600多名僧人，在甘肃、青海、四川、新疆、内蒙古等地有属寺108座，其管辖部落也遍布甘、青、川等地。

拉卜楞寺是安多藏区藏传佛教的中心，也是安多藏区的文化中心，是一座丰富多彩，千姿百态，博大精深，灿烂辉煌的文化艺术宝库。从建筑上说，一般经堂和塔为白色，佛殿为红色。其结构有石木和木土两种，外石内木，有"外不见木，内不见石"之语；其形式有藏式、藏汉合式两种。整个建筑群，从一层楼到九层楼，高

拉卜楞寺转经廊

低有致，布局合理，庄严巍峨，雕梁画栋，红墙黄瓦，金碧辉煌，风格各异，具有很高的建筑水平。几乎所有的经堂、佛殿四壁都绘有壁画，构思巧妙，刻划精细，线条流畅，色彩艳丽，栩栩如生。卷轴画（唐卡）、堆绣、刺绣等，使人目不暇接，眼花缭乱。佛像千姿百态、形象生动、工艺精湛，共有铜铸、木雕、泥塑、金制佛像大小3万余尊，仅1.70米以上的就有262尊，最高的铜佛达12米。

拉卜楞寺也是一座规模宏大、藏量极富的图书馆，藏书在10万余册，仅基本整理的就达6万余册。这些经典，除佛学典籍（显宗和密宗）之外，囊括人文社会、自然、技术等方面，大凡有关藏族大五明（工巧明、医方明、声明、因明、内明）、小五明（历

藏族史话

拉卜楞寺佛幢

算、诗学、词藻、声韵学、戏剧）的典籍，种类齐全，而诸如历史、哲学、文学、语言学、修辞学、医药学、天文历算、工艺美术等，也是应有尽有，其中不乏珍本、孤本、绝本。

拉卜楞自建寺以来，培养了数以万计的人才，其中不乏全藏区甚至全国著名的学者，他们以渊博的学识，丰富的著作，高贵的品质，为拉卜楞文化和藏族文化的继承发展，做出了重要贡献。

拉卜楞寺现为全国重点文物保护单位。

禅定寺

禅定寺亦称卓尼大寺，藏语曾称噶丹谢周林（意为兜率天讲修洲）、丹增达吉林（意为禅定兴旺洲）。坐落在卓尼县城洮河北岸的平地上，北靠巍峨神奇的阿米日公山，南临奔流不息的洮河。禅定寺建于元初，而辉煌于明、清，后于民国初年起屡遭兵燹，几度兴衰。原址有建于北宋时的宁玛派小寺一座，据传由宁玛派学者召干日巴率僧徒所建。宋宝祐二年（1254年），西藏萨迦法王八思巴应忽必烈邀请赴内地讲经传法，途经卓尼时，见此地极具祥瑞福德之兆，又加风景优美，便命弟子格西喜绕益喜负责建寺，于1295年在宁玛派小寺的基础上建成卓尼大寺。至明代永乐年间，该寺已成为安多藏区萨迦派宗主寺，极盛时有僧人5200余人。明永乐二年（1404年），当地藏族领袖江梯内附，于十六年（1418年）被授予世袭土官指挥金事兼武德将军，总揽政教大权。卓尼寺便得到了卓尼土司的大力支持，开创了此地政教合一的先河。明景泰六年（1455年），寺院堪布任钦龙布赴藏学习，明天顺八年（1461年）返寺，弘扬格鲁派教义，并将寺院改宗为格鲁派，改寺名为"噶丹谢周林"。清康熙四十九年（1710年），清廷赐"禅定寺"匾额，遂改寺名"禅定寺"，藏语称"丹增达吉林"。禅定改宗后发展很快，建立了参尼扎仓（显宗学院）、居巴扎仓（密宗学院）、萨里哇扎仓（天文历算学院）、欮巴扎仓（法舞学院），僧众最多时有3800余人。除四大学院之外，还有释迦牟尼殿、弥勒殿、药师佛殿、新旧大经堂、清净殿、护法殿、白伞盖佛母殿、生金佛殿、集密护法殿、菩萨殿、天王殿、法台寝宫、藏经楼等。佛殿中有泥塑、铜铸、铜质鎏金等精美佛像数千尊，殿堂内布满元、明、清光彩夺目的壁画、唐卡等，各种法器应有尽有。有许多元、明、清藏文经卷及本寺高僧大德的宗教、文史著作。尤其是清代由土司支持雕刻的卓尼版《甘珠尔》、《丹珠尔》的藏文大藏经闻名于藏区，是对藏族文化的贡献。

　　僧纲非活佛，但为禅定寺寺主。

禅定寺大经堂

寺内有五位传承活佛，即嘉当仓、伊犁仓、德哇仓、古雅仓、麻尔当仓。寺院组织严密，僧纲下设"戴"、"喇"、"西"三个系统，由世袭僧纲总揽全寺宗教教务和行政司法事务。"戴"为行政组织系统，即僧纲衙门，下设大小头目，分别管理寺内外行政事务。"喇"为寺院宗教组织系统，由总法台统领（有时由僧纲兼任），下有大管家和经师分别对所属四大扎仓宗教事务进行管理，主要负责经典学习、教规戒律的执行，重大佛事活动的安排和进行日常教务等。"西"又称为尚署楼，其性质相当于联系会议组织形式，参加寺院各项事务的管理、监督及协商。另有大管僧、吉哇（会计、总务）等具体执事人员。

　　禅定寺鼎盛时有108个属寺，17个奥岗（教区）。每个教区都有代表长驻

禅定寺寺门

禅定寺尚署楼，其工作是保持主寺与教区之间的联络和上呈下达任务。

禅定寺有自己的宗教节日和佛事活动，一年中最为隆重的节日是春节祈愿大法会，为期15天。期间，除诵经祈愿外，正月十四日跳法舞，十五日展献工艺品酥油花，十六日跳法舞，密宗院诵"吉卜尔"经，送"施食"，举行镇魔驱邪仪式。其次为四月祈愿大法会、十月二十五日纪念宗喀巴大师圆寂、十二月二十九日年终镇邪驱鬼法舞会等。

从元朝开始，在历代土司的支持下，禅定寺不断发展，宫殿雄伟，金顶闪光，桑烟缭绕，梵乐不断，在甘肃藏族史上留下了光辉的一页。至民国初，发生了河湟事变，禅定寺所有建筑及珍贵文物包括卓尼版大藏经印板都化为灰烬。到1949年新中国成立前夕，土司都重振宗风，重修了部分经堂、佛殿。20世纪60年代，寺

禅定寺闻思学院

院又遭到了严重破坏。1980年寺院开放，有僧人100多人，陆续修建了五座佛殿、三大扎仓（学院）、四大囊欠、三座白塔及僧舍等。中国佛教协会会长赵朴初题写了"禅定寺"寺名，砖雕于寺门顶端。

文殊寺

文殊寺坐落在张掖市肃南裕固族自治县祁丰藏区的祁连山脉的文殊山中，这里峰峦逐浪，森林茂盛，山花争艳，百鸟啼啭，景色宜人。这里是藏传佛教圣地，据传是文殊菩萨多次显灵之地，故该寺称文殊寺。这里的藏区称"东纳卡僧"，意为东纳三山口，寺院又称东纳嘉样寺，即东纳文殊寺。

文殊寺历史悠久，可分为两个发展阶段。第一阶段是开凿文殊山石窟初期，即十六国北凉至隋唐。文殊山石窟建在文殊山的前山和后山，有石窟百宗，寺庙三百，山上山下楼台殿阁举目皆是，号称"小西天"。始建于北凉的石窟寺，至北魏时已有一定的规模，后经过1000多年的不断修建，形成了一个规模宏大、功能齐全的石窟寺院群体。现保存较好且有重要文物价值的洞窟有前山的千佛洞、万佛洞、文殊寺窟和后山的千佛洞、古佛洞及禅窟。洞窟内有历代的壁画，尤以千佛洞内北凉时期的壁画和万佛洞内的西夏壁画最为珍贵。壁画中又以乾达婆（飞天）、紧那乐（乐天）最为动人，其采用西域凸凹晕染法，用笔粗犷，色泽浓艳，她们手持乐器，仿佛奏响了神秘佛国委婉动人的梵乐，在万里长空挥舞长巾，在和煦的清风中轻歌漫舞，其动作那样轻柔、舒展、

文殊寺石窟

文殊寺壁画

优美。万佛洞的壁画又是一番情景，其在西夏重绘时运用了中国传统线描技法，使佛、菩萨、四大天王、供养人及佛本生故事画等，显得庄重、流畅、优美。尤其是壁绘画的《弥勒上生兜率经变》图，更是技高一筹，构图对称，气势宏大，画风严谨，其中心人物即是菩萨，又是未来佛弥兜率极乐宫，主宰未来佛国世界的神奇景象，表现了很高的艺术成就。2001年，文殊山石窟成为全国重点文物保护单位。

唐宋后，文殊山主要部分逐渐变为藏传佛教寺院，这是文殊山石窟寺的第二个发展阶段。晚唐至北宋时，西藏僧人已在文殊山寺开展宗教活动，洞窟中的一些壁画具有典型的吐蕃风格。宋、元之间，在凉州的西藏萨迦派第四代祖师萨迦班智达·贡噶坚赞偕带侄子八思巴和恰那多吉到文殊寺朝圣，只见文殊山形似宝塔，佛光闪烁，显现出文殊菩萨之像，后寻回了在兵燹中遗失的一尊文殊菩萨像，化募修建了文殊菩萨殿，做了开光安神仪轨。元世祖忽必烈时修建了新佛殿，新塑了三世佛、十六尊者等佛像。此时寺院成为藏传佛教萨迦派寺院。元泰定二年（1326年），察合台汗国第六代汗位太子喃答失到文殊寺朝圣，见寺院衰落，殿宇倾颓，遂重修，并立碑以记此事。《安多政教史》记载：明万历年间（1573年—1620年），"第三世达赖喇嘛索南嘉措来到此处时，亲自看见了彩虹拥绕着骑狮的文殊菩萨，随从人员们也看到了白人牵着白狗。尊者在此居住了三个月，重新开挖了一座石窟，建造了文殊菩萨像，把这尊自然形成的文殊菩萨像作为藏装了进去。又建造了以尊者自用的金刚杵装藏的金刚手菩萨像；以佛陀舍利、达赖喇嘛自己的念珠、萨迦班智达的头饰等装藏的观世音菩萨像。尊者及比丘三百多人做了开光安神仪轨。"清康熙时，寺院又进行了维修，并在文殊菩萨像的前面修建了一座高大庄严的佛殿，内塑弥勒佛殿。青海湟源东科寺第四世东科佛多居嘉措做了开光仪轨。后向西藏第五世达赖喇嘛汇报了寺院情况，五世批示建立扎仓（学院），并赐寺名为噶丹措斯林（意为具喜积蓄寺），并授予了印玺。康熙十三年（1674年）新寺落成，取寺名"东纳克嘉木样贡巴"。乾隆时，青海佑宁寺三世土观任堪布。清同治四年（1865年），寺院部分毁于兵燹，后又重修。从明代开始，寺院改宗为藏传佛教格鲁派寺院。寺院集自然景色、石窟文化、民俗风情于一体，成为河西走廊旅游、观光的一个亮点。

凉州四部寺

凉州四部寺，藏语称"凉州岱玉"，意为凉州四个不同方向的四座寺，指东白塔寺、南金塔寺、西莲花寺、北海藏寺。寺院坐落在今武威市武威城四方（凉州区）。

白塔寺 又名百塔寺，藏语亦称夏尔智贝岱，意为东幻化寺，是萨迦班智达在凉州驻锡弘法的场所，也是萨班与阔端举行"凉州会谈"的地方。寺院坐落在凉州区东南40里的武南镇白塔村。寺院形成了一座佛城，南北440米，东西420米，占地面积184800平方米，城墙宽4米，高8米，夯土筑城，四方开门，周围筑有8座烽墩拱卫，城墙在1949年后被毁。佛城内有大经堂、三宝殿、金刚殿、钟鼓楼、佛邸、僧舍等建筑，寺前为松林、塔林及戏楼、商铺等。1251年，70岁的萨迦班智达在百塔寺圆寂，火化时出现了许多神奇的现象，并出现了许多舍利子。为了纪念他的业绩，修建了一座高达百余尺的灵塔，由八思巴做了开光安神仪轨。在八思巴时期，寺内有比丘千人，香火非常兴旺。元代，西藏萨迦寺先后派12人主持寺院工作。元末寺院毁于兵燹火灾，而逐渐衰败。明初复修，不久又遭火灾。明宣德四年至五年，由西僧妙善通慧国师索南坚参募缘重修寺塔，并请命于朝，赐寺名为"庄严寺"。清康熙二十一年（1675年），都督孙复斋和莲花山弥勒院绰尔只顾曲鉴璨捐资缮修，经8年完工。当时大经堂内供有2600尊佛像，左右各6层藏式壁画，极为壮观。民国16年（1927年），凉州发生八级地震，寺塔俱毁，现仅存约7米高的萨迦班智达灵塔塔基。2001年，被国务院公布为全国重点文物保护单位，并对白塔寺进行了部分修复，新建白塔100座。

金塔寺 藏语称洛昂岱，意为南部灌顶寺，坐落在武威市凉州区南营乡金塔村，因寺内有一座藏传佛教金顶吉祥宝塔，故称金塔寺。寺院建于萨迦班智达在凉期间（1246年—1251年），是萨班为阔端举行灌顶之圣地。主殿为大经堂，内有药泥塑的释迦牟尼和众声闻的佛像、宝塔，其右面是三世佛殿，中塑持金刚佛，右侧为度母，左为观音菩萨等三尊像和萨班、八思巴、八大菩萨及二尊忿怒明王的塑像。后殿高座上有萨班的塑像，像前有时轮坛城。吉祥塔（金塔）前的佛殿中央为无量寿佛像和文殊菩萨、持金刚佛；右面是四臂护法为首的三尊护法神等11尊佛像；左面有宝帐护法和吉祥天母等10尊塑像。门楼里塑有四大金刚。这座寺院最神奇的是吉祥塔，塔内藏有从乌仗那（今巴基斯坦境内）圣地饮光佛舍利子和莲花生大师加持过的圣物，空行母的各种圣物，无垢大师的念珠，檀香木镀金佛塔。每逢佛教节日，此地便出现彩虹、祥光、异香，天空响起佛乐，降下雨花。传说嘉庆十七年夏天，天空降下大雹雨，很多人看到吉祥塔顶发出了一道强烈的异光，将冰雹驱散。从此，凉州人便更加信仰、崇拜此寺。寺院毁于清末兵燹和民国16年（1927年）大地震。

莲花寺 藏语称努万茂岱，意为西莲花寺，坐落在凉州区松树乡莲花山村西。寺院依山而建，有佛殿十数座，建寺年代不详。宋、元间，萨迦班智达在原寺基础上进行了维修、扩建，同时在山顶建塔，改宗为藏传佛教萨迦派寺院。萨班在此寺给各族僧俗传授显宗经典，其妹索巴仁姆住寺修行。寺院毁于元末，明成化年间重修，后又毁于民国16年（1927年）大地震。民国22年（1933年）部分佛殿修复，山顶又重修了楼阁式的宝塔，高18米，共八角七层，全以条砖叠砌。

海藏寺 藏语称香嘉措岱，意为北大海寺，坐落在凉州城北。以前这

凉州白塔寺

里一片沼泽，据说是毒龙所居之地，萨班为阔端治龙病而降伏了毒龙，后重筑灵钧台修建了寺院，建有大经堂、佛殿、护法殿、僧舍、茶房等。明成化年间重修，有大雄宝殿、天王殿、无量殿。山门前是木质牌楼，正门上方门楣上书"海藏禅林"，轩昂壮观，巧夺天工，是康熙三十一年（1692年）三月修建，迄今已有300余年的历史了。牌楼四周，垂柳环绕，若值夏秋，每当日出或日落时分，有一缕青烟自牌楼东北角斗拱上袅袅而升，盘旋缭绕于青杨翠柳之间，成为凉州八景之一的"海藏烟柳"。

最为奇特的是在灵钧台有一泉井，人称海心，传说与西藏布达拉宫后面的龙王潭相连。每年正月十六、四月初八、五月端阳节等传统节日，甘、青等地的藏胞专程来此取圣水，敬献佛祖或饮用，以求治疗百病。

清人段永恩以一首《登灵钧台》盛赞海藏之美：

> 依旧灵钧结构工，
> 溪边流水绕台东。
> 双峰宝塔孤城里，
> 一角危楼夕照中。
> 拱翠梯山高入座，
> 参天松柏秀凌空。
> 登临最是春秋日，
> 才有风光便不同。

马蹄寺

马蹄寺位于肃南裕固族自治县马蹄藏区境内，临松山薤谷马蹄河的西北岸。藏语称达居贡噶丹旦曲琅，意为马蹄寺具喜圣法洲，是河西著名的藏传佛教格鲁派寺院。马蹄寺因马蹄殿内青石板上有两个明显的马蹄印迹而得名。

马蹄寺原包括南寺、北寺、金塔寺、千佛洞、上观音洞、中观音洞、下观音洞等7个石窟和寺院。共有石窟70多个，是甘肃境内著名的一大石窟群，其中普光寺有30多窟，规模最大，千佛洞次之，金塔寺最小。石窟最早开凿于十六国前凉时期，尚存有文物遗迹的有37个洞窟，保存有前凉、北魏、隋、唐、西夏、元、明、清时期的珍贵塑像500余身，壁画1200米。按藏传佛教称马蹄寺有南、北二寺，南寺称胜果寺，归青海省互助县佑宁寺土观呼图克图管辖，新中国建立前夕有僧人30余名；北寺称普光寺，受青海省湟源县东科寺寺主（也是天祝县天堂寺寺主活佛）东科呼图克图管辖，

藏族史话

马蹄寺石窟

新中国建立前夕有僧人30多名。

唐广德二年（764年）后，吐蕃占领河西走廊，接着吐蕃佛教（后人称为宁玛派）也陆续传了进来，形成了以沙州为中心的佛教译经中心。至宋代，藏传佛教各派先后形成，噶举派、萨迦派、宁玛派高僧都曾在河西弘法。如噶举派第二世祖师噶玛拔希曾在内蒙古、甘州、凉州等地传教，到过马蹄寺。宋淳祐五年（1245年），西藏萨迦派第四代祖师萨迦班智达·贡噶坚赞应驻凉州的蒙古王子阔端的邀请到达凉州，与阔端举行会谈，此后他再未返回西藏，一直在河西弘法，也到马蹄寺举行过佛事活动。

马蹄寺禅院由琼察格西饶布旦修建于明永乐元年（1403年）。永乐十四年（1416年），成祖皇帝敕赐"普光寺"寺名，时藏族僧人达600人。明万历年间，西藏第三世达赖喇嘛索南嘉措到达河西，甘州提督奉皇帝圣旨率百官、众军及群众在马蹄寺迎接。三世达赖喇嘛为马蹄寺举行了隆重的开光仪轨，并为群众赐福。清康熙四十七年（1708年），康熙帝敕赐"青连筏"三字匾额和紫檀塔一座。乾隆时又御赐黄龙袍、全副马鞍、银饰。在清廷的支持下，寺院十分兴旺。中华民国时，寺院有大经堂、小经堂、佛殿、密宗院、活佛囊欠、茶房等，时有寺僧100多人。

寺院所属部落为马蹄14族（部落），即东五族：琼西族、错敏族、曲西族、横错沟族、罗尔加族；西八族：大都麻族、小都麻族、瓦囊族、俄萨族、嘉卜斯族、盘徐族、琼察族、琼纳族；另加板大族。马蹄北寺石窟建在薤谷东侧的悬崖峭壁间，气势恢宏，巍峨壮观，主要洞窟有三十三天、藏佛殿、马蹄殿、马王殿等。"三十三天"是一个佛教词语，这是形容高耸入云之状，也是一个洞窟集群的总称。其自下而上共列7层共21龛窟，各层之间有隧道相连，至最高处为卓玛拉

康——救度母洞，即是三十三天了。藏佛殿洞窟构造复杂，规模宏大，深达33.5米，阔27米，高15米，有前堂、拜殿和三面连通的甬道，其内外佛龛达47个，有元代佛像和壁画。三十三天和藏佛殿是我国石窟史上的奇迹，其独特风格实属罕见。

马蹄寺三十三天

金塔寺建在大都麻乡刺沟的红砂岩上，分东西二窟，距地面60米左右，其中东窟规模稍大。两座石窟保存了前凉以来的彩塑260余身，壁画600余平方米。窟中有早期石窟才有的中心塔柱，直通窟顶。自坛基以上分二层，四面设像开龛，有全跏或立脚坐佛，身穿通肩大衣或半披肩袈裟，两侧为菩萨立像。最上层不再开龛，各塑有千佛一排，约10身。中心塔柱四周的一圈飞天，十分奇特，把圆雕和浮雕结合起来，以舒曼优美的姿态，悬空于壁间，飞舞在浩瀚的蓝天之上。

千佛洞共有8个编号洞窟，窟内保存有北凉、北魏、隋唐时代的珍贵壁画与造像，是研究我国早期石窟艺术的宝贵资料。尤其是1号窟内，中心柱正面龛内的一尊石胎泥塑立像，高达5.7米，身着通肩大衣，体态健美，面容慈祥，虽经后代重新装饰，但仍不失早期造像的魅力。有些专家根据文献记载考证后认为，这尊大像就是"北凉河西王蒙逊，为母造丈六石像"。6号窟内的三尊石雕像，即阿弥陀佛、迦叶、阿难，系唐代作品，佛像显得十分安详、庄重。

1958年，寺院部分建筑遭到了破坏，尤其是"文化大革命"中，部分石窟佛像、壁画又受到重创，石窟外的建筑荡然无存。1986年，修复了普光寺"三十三天"石窟佛殿和下层石窟的经堂。1996年，国务院公布马蹄寺石窟群为全国重点文物保护单位。

古城遗址

甘肃藏区虽然高山林立，江河纵横，气候严寒，空旷落后，但在西汉时纳入中央版图之后，也陆续建起了许多古城。这些古城或为军事据点，或为郡县首府，其沧桑岁月，历经了千百年之久，给后人留下了丰富的古城文化遗存。

八角城 位于甘南藏族自治州夏河县城北35公里甘加滩偏东央曲河和央拉河交汇的东北岸台地上。八角城，藏语称"卡尔央章"（雍仲），意为"万"字城。八角城由主城垣、外廓墙和护城河三部分构成。主城呈抹角空心十字形，除部分墙垣坍塌外，保存基本完整。周长2193.4米，面积20万平方米。墙体用砂石、黄土逐层夯成，有排列整齐的夹棍眼，基宽8.5米~15米，高12米~13.5米，顶宽5.2米左右。在空心十字的南端，城垣正中设城门，外包方形瓮城，门向东。在空心十字的东、西、北三个顶端各筑方形外凸的大型墩台，在抹角处又分筑小型墩台。

主城的外廓墙，时断时续，部分仅剩残迹，但墙体走向清晰可辨。

在主城和外廓墙之间有护城河，一般宽在30米~40米之间，深3.5米左右，从北部引央拉河入护城壕，分两支环绕主城。

这是一座雄伟而又奇特的军事堡垒，攻防兼备，其城形在中国古城池中实属罕见。根据目前出土文物推断，八角城始筑于唐，中经宋、元、明，至清代而废。根据藏文史料记载，此城由宋代唃厮啰政权甘南首领青宜结鬼章之孙结瓦龊筑城据守，后其子边厮波结投宋献城。2006年，国务院公

八角城示意图

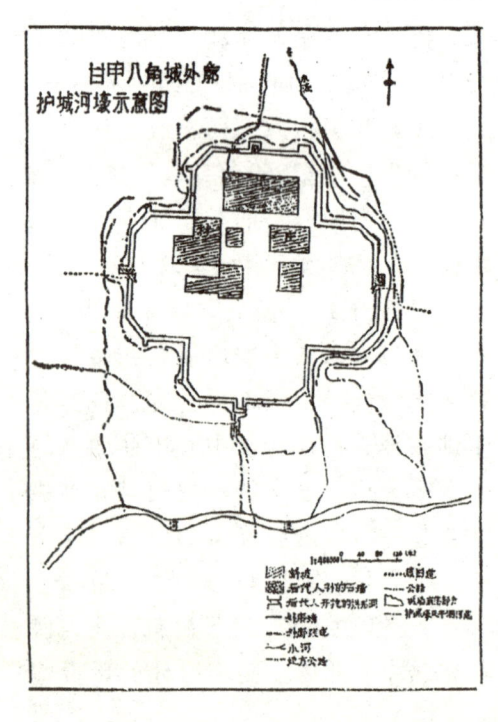

夏河汉代八角城遗址

布八角城为全国重点文物保护单位。

羊巴城 亦称阳坝城。位于甘南藏族自治州卓尼县卡车乡洮河南岸的羊巴村。城建在地势险要，踞山临水，三面绝壁，只有一径的录巴山支脉上，城内海拔2800米。城池部分是天然石岩和壁立的山崖，间以人工补筑。现存残破的东城墙264米，西山根残留50米，残墙高4.8米，基宽3米，收顶1米。整个城址呈不规则四边形，东西280米，南北320米，占地约9万平方米。现遗址地表瓦砾成堆，地下1米有条石、条砖铺设的街面及建筑物基地，出土了一批唐代文物。城中曾于清末出土了"八棱碑"，碑形八棱，故名，为唐代"天宝八载秋七月二十一日"筑战楼所立之碑。由此可证，羊巴城为唐代所筑石堡城无疑。

叠州古城 位于甘南藏族自治州迭部县东2公里的然闹村白龙江北岸平地上，城垣旧貌尚依稀可辨。西与北

羊巴城遗址

藏族史话

牛头城遗址

残垣各长1000多米，西残墙高3.6米，宽4.4米；北墙高8米，宽6.3米，长尚有20米，均系夯土板筑。遗址内外各种陶片俯拾皆是，还出土大量的器物碎片、大酒瓮、兵器、生产工具等。据考，古城为唐武德时所置叠州城。

西固城 即今甘南藏族自治州舟曲县城。古城坐落于翠峰山下白龙江北岸的冲积扇上，依山临水，地势险要，是古代陇西、武都通往康藏道的要冲。古城由苗彦茂始筑于宋绍兴二十年（1150年），元置蕃汉军民千户所，明洪武四年（1371年）改置西固城军民守御千户所。明洪武十四年（1381年），千户姚富扩筑为新城，设四门。明万历三年（1575年）增筑新城。至清光绪七年（1881年），西固城几经扩建，周长2218米。现残留早期西关城墙一段，长21米，高7.6米。

牛头城 位于甘南藏族自治州临潭县城西古战乡尕路田村和卓尼县阿子滩乡阿子滩村的三岔路口处高阜上。城址呈倒梯形，前低后高，上宽下窄，酷似牛头，故名。城垣周长935米，东南至西北长486米，最宽处245米，最窄处仅45米。部分城垣高12.5米，顶宽6.5米。城分前后两部分，后城面积约占全城的36%，中有内城门阙口，东、西、北三面各有一阙口。后城内和护城壕外尕路田梁建有烽燧多处。城东山下设"点将台"，有建筑痕迹。前城内城阙口两侧夯土筑台，有两座大型建筑遗址。

出土文物有莲花瓦当、供养人状瓦当、条砖、筒瓦、板瓦，其中以榫卯砖最具特色，另有陶罐、瓮、盆等器皿及青瓷、白瓷、铁质生产生活工具等。根据出土文物和遗址方位等推断，牛头城拟为东汉时的洮阳城或建于北魏时期。

赛尔霞沟堡 位于甘南藏族自治州玛曲县阿万仓乡以西约10公里的赛尔霞沟顶。古堡遗址坐东朝西，东、南、北三面环山，下临河谷，西扼木西合，为进入青海果洛的通道。古堡建于何时，尚无定论，不过一些研究藏族史的学者认为此堡是唐朝时吐蕃赤松德赞或赤德松赞率大军进攻陇右时的军事指挥部，史书称"玛曲大行军衙"。

马营沟古城 位于天祝藏族自治县抓喜秀龙乡西南马营沟口西侧马牙雪山北麓，史书称西古城。历经上千年的风雨侵蚀，城池已化为土埂，但遗址尚可辨认。古城呈正方形，东、西有门，城墙系夯土板筑。东西长150米，南北宽149米，大门宽7米，残存墙基宽5米，顶宽1.5米~2米，高3.5米，夯土层厚25厘米。城池已辟为饲草地，曾发现高足碗残片、黑釉瓷片、布纹瓦当等，专家据此鉴定为宋代古城遗址。

安门古城 位于天祝藏族自治县打柴沟镇安门村。安门，实为阉门，为长城的出口处。古城遗址东西长130米，南北宽100米，开南门，城墙残高2米。地表遗有大量的布纹瓦残片、灰陶残片，并发现一个灰陶纺轮。根据史书记载和汉、明长城，汉壕沟在此通过的事实，被认定为汉代古城遗址。

广秀城 位于甘南藏族自治州夏河县麻当乡大夏河西岸台地上。为古河州通往西南诸地的交通咽喉。古城地理位置优越，居高临下，势控大夏河谷东西通道。古城垣现已大部倾圮。西北与东北一段保存完整，残墙高8米，长200米，基宽7米，为夯土板筑，东北角设城门，西北当日卡大山有烽燧4座，有3道护城壕。整个城廓清晰可辨，周长889米。主城下且隆沟河与大夏河汇合处的平地上，依山根另筑一城。古城内有板瓦片、筒瓦、琉璃瓦、方砖、兽面瓦当、灰陶片、残石磨盘、宋代瓷碗残片等。根据出土文物，古城当为宋代建筑遗存。

光明女佛石刻像

天祝藏族自治县石门寺（藏语称雅尔隆贡）坐落于石门镇石门村一个金瓶似的小山上，约建于明末崇祯初年，是著名的藏传佛教寺院。据传六世达赖喇嘛曾任该寺赤哇（法台、主持）20余年，故石门寺在藏区、内蒙古一带影响很大。寺内现藏有一尊石浮雕光明女佛像。1958年，寺院被拆毁后，发现于墙壁中，后被僧人马旦增保护，逃过各种劫难，至今完好无损。

根据石浮雕像下端的汉文记载，这尊佛像雕刻于明成祖永乐十七年（1419年），距今已有590年的历史。

光明女佛，藏语称多吉帕姆，汉译为金刚亥母。佛像刻于高75厘米、

光明女佛石雕像

宽64厘米、厚24厘米的青沙石板上。佛像脸面圆中见方，双眼微闭，鼻直见棱，双唇紧闭，头戴嵌珠宝冠，半披肩袈裟，右臂自然下垂于右膝上，五指并拢，手掌向外，左手执莲花枝于胸前，左腿全屈，右腿稍屈，裸足，端坐于金辇上的莲花座上，由小猪拉动；龛壁围以云纹，左上角雕月亮，右上角为太阳。下端底部刻有藏文佛名，译成汉文为"光明女佛"。背以汉文铭"刻于明永乐十七年"。

佛像雕刻于似佛龛的圆形线条中，将岩画与石窟雕刻艺术巧妙地结合为一体，给人以神圣的感觉。佛像结构严谨，造型优美，线条流畅，手法朴实，与石窟艺术有同工异曲之妙。

据寺院老僧说，这是后来成为寺主的阿拉善南寺高僧阿旺多尔济于清乾隆年间受六世达赖喇嘛派遣，赴西藏学经后带回来的。

青铜牦牛

1972年6月的一天，天祝县哈溪公社峡门台生产队在组织社员修建饲养院的过程中，于地下50余厘米处，出土了一件青铜牦牛。青铜牦牛身长118厘米，前脊高61厘米，背高51厘米，臂高52厘米，腹径30厘米，尾长30厘米，角长40厘米，重75公斤。这件铜牦牛，在生产队仓库存放了一周后，便拉运到哈溪供销社废品收购站出售，当时具有一定文物知识的收购员一看，认定是珍贵文物，便拒绝收购，并叫他们请示公社领导。

后送公社入库保存，达6年之久。1979年秋，公社将青铜牦牛第二次拉进废品收购站，按废铜出售，价值人民币180元。1980年6月，时任天祝县文教局副局长的多识教授在哈溪下乡时得知青铜牦牛出土后的详情后，便立即返回县城与农副公司协商，并通知县文化馆前去征集，最后以360元的价格收回，安全保存至今。

这件铜牦牛的铸造，采用了写实的手法，立意别致，形象逼真。牦牛双目炯炯，凝视前方，牛嘴仰张，下齿外露，鼻孔张圆，其造型动中有静，静中有动。这件铜牦牛的出土，显示了古代藏族人民高超的冶炼技术、铸造技术和艺术水平。

1984年10月，青铜牦牛在甘肃省博物馆内展出，立刻轰动了文物界，也使在兰州参观访问的各国驻华使节们大开眼界。凡看了这件青铜牦牛的人，都啧啧称赞。

青铜牦牛也得到了考古学家、青铜器专家、历史学家、民族学家及文物爱好者的好评，他们都被青铜牦牛高超的铸造技术、生动的体态形象所倾倒。他们认为，这件罕见的大型青铜牦牛，填补了我国游牧民族这一方面的文物空白。其铸造年代最晚也在元代。

天祝青铜牦牛

1989年10月，青铜牦牛随众多甘肃珍贵文物，到日本秋田县展出，接着又在新泄县展出。它向日本人民展示了中国先民精湛的工艺和丰富的智慧，赢得了日本朋友的高度评价，为中国人民争得了荣誉。

人物荟萃

古代人物

潘罗支 潘罗支家族是吐蕃望族，西藏潘域人，其先祖东征、东迁至今四川松潘。吐蕃王朝解体后游牧至秦州一带，再至凉州。宋真宗咸平四年（1001年）任西凉府六谷蕃部大首领、盐州防御使兼灵州西面都巡检使。咸平六年（1003年），又任朔方节度使。咸平六年十一月，西夏李继迁攻凉州府，杀死凉州知州丁惟清，景德元年（1004年）元月潘罗支伪降，李继迁不疑。不久，潘罗支秘密集中6万吐蕃兵，与李继迁战于三十九井，李大败，中流矢，奔还灵州，第二年死。西夏由李继迁之子李德明继位，他用阴谋手段，收买了者龙十二族中的6族，于是年十月杀害了潘罗支。后有其弟厮铎都继六谷大首领。

唃厮啰 宋代宗喀藏族政权的缔造者，本名欺南凌温，号瑕萨，系吐蕃王朝王室后裔。吐蕃末代赞普达玛被弑后，吐蕃王朝解体，王室成员逃离王城，遂流落于高昌磨榆国，唃厮啰即生于此。12岁时，河州羌何郎业贤见其相貌奇伟，并访得其为吐蕃赞普的后人，即带回河州，安置于宛心城（今甘肃临夏境）。后被当地大酋豪耸昌厮均挈至移公城（后改循化城），欲于河州"立文法"，恢复吐蕃旧地。其时，宗哥大首领李立遵、邈川首领温逋奇得知后，即以武力将其劫持到廓州（今青海隆化境），"立文法"，并尊为赞普。后又至宗哥城，尊称为唃厮啰（唃，即佛；厮啰，即子；唃厮啰即佛子）。宋真宗大中祥符七年（1014年），率帐下归附秦州，宋授其为殿直充巡检使。次年，向宋贡名马，受赐锦袍、金带等，价值约7000金。是年，自称聚众数10万人，并派人向宋请求讨平西夏未果。大中祥符九年（1016年）与李立遵率众3万余攻打秦渭一带城寨，与秦州守将曹玮战于三都谷（今甘肃甘谷境），败归。三都谷战役后，与李立遵矛盾日深，以致破裂。天禧二年（1018年），请降于宋。宋仁宗天圣元年（1023年）后，王城徙邈川。后与宋贡赐不断，关系甚密。明道元年（1032年），被宋廷授宁远大将军、爱州团练使、邈川大首领。是年平息了温逋奇政变，并举族迁至青唐城（今西宁市），结束了受制于他人的政治处境，独立建立以藏族为主体的地方封建政权，确立了青唐主的地位。景祐二年（1035年），率吐蕃诸部以奇计大破西夏李元昊部将苏奴儿2.5万军，将西夏势力逐出湟水流域，被宋廷授为保顺军节度使观察留后。宝元元年（1038年），加封保顺军节度使。以后年老多病，国事委于子董毡。宋英宗治平二年（1065年）卒。

董毡 宋代唃厮啰藏族政权第二代主，唃厮啰第三子。汉文又名董戩。宋英宗治平元年（1064年），授顺州防御使。次年十月，父死后即位。执政后，执行唃厮啰所定的内外施政措施，继续巩固和发展政权。治平四年（1067年），宋廷"诏西蕃邈川首领保顺军节度使检校司空董毡除检校太保"，年底，入贡宋室，宋依治平元年赐唃厮啰例回赐。宋神宗熙宁元年（1068年）加太保，进太傅。熙宁三年（1070年）抄掠西夏境成功，获俘甚多，受宋奖赏。熙宁七年（1074年），派大将鬼章入河州协助木征进击宋军，杀宋将景思立、李元凯于踏白城。熙宁十年（1077年），派人向宋进贡，被授西平军节度使。后又以联宋攻夏功由常乐郡公晋封武威郡王。元丰六年（1083年）卒。其子为蔺逋叶，养子阿里骨。

赵阿哥昌 吐蕃乌斯掇族人，系诸羌豪富之一，世居临洮，属宋后赐姓赵。阿哥昌貌甚伟，勇猛过人。金宣宗贞祐年间（1213年—1217年）因军功授熙河节度使。蒙古阔端挥兵西征，于中统元年（1260年）任赵阿哥昌为叠州安抚使，课农安民。年80卒于官。

些地 约生活在元末明初，属藏王赤热巴巾派驻安多地区征税大臣噶·益西达尔吉长子的一系，与弟傲地同生于四川若尔盖的浪道（作格浪哇）。他们为寻找一块适宜发展农业的地方走出草地，过黑河、黄河，经作格曼玛（今属夏河县）直至洮州达高坡定居拓垦，转又迁徙雷马沟（今属卓尼县木耳乡），苦心经营，遂使财力、人力居当地各部落之首。其时，藏传佛教萨迦派在政治、宗教方面地位极高，些地兄弟为图发展，专程赴卓尼寺院朝拜，受到寺院的支持，遂成为卓尼头人。明太祖洪武十二年（1379年），沐英征洮州三副使之叛，些地率部随军建功。又于明成祖永乐二年（1404年）收复迭部18旗，调员守护茶马司，戍守地方尽职尽责，后赴京朝贡，明廷封他为正千户，并授世袭指挥佥事兼武德将军。由此，些地成为集族权、神权、政权于一身的卓尼世袭第一世土司与宗教领袖。

侯显 甘肃省临潭县人，生活在明洪武至宣德年间。自幼顽悖好动，背着家人沿路乞讨进京入宫充做小太监。永乐元年（1403年），明成祖派侯显选壮士、健马，赍书币赴藏迎请哈立麻等宗教领袖。陆行万里，历尽艰辛，始于永乐四年（1405年）十二月返京，历时三年。成祖封哈立麻为"万行具足十方最胜园觉妙智慧善普应佑国演教如来大宝法王西天大善自在佛"，领天下释教。侯显以奉使有功，从司礼小太监擢升为太监。他完成赴藏任务后，又参与了郑和的第二次、第三次下西洋活动。永乐十一年（1413年），成祖派侯显出使尼八剌（今尼泊尔）、地勇塔（今印度境内一小国），不辱使命，尼八剌王沙的新葛遣使入明，并表方物。永乐十三年（1415年）七月，明成祖欲同榜葛剌（今孟加拉）诸国通使，又命侯显率舟师出行，使明朝政府与榜葛剌等国建立了和平友好关系，其王赛佛丁遣使贡麒麟及多种方物。永乐十八年（1420年）九月，侯显再次出使榜葛剌，代表明廷调解榜葛剌与邻国诏纳朴儿的纠纷，两国化干戈为玉帛。这既表现了明廷在南亚诸国的威望，同时也显示了侯显高超的外交才干。明宣宗宣德二年（1427年）四月，由洮洲中千户所百户昝卜尔结护送，侯显第五次赴乌思藏并出使尼八剌等处抚谕，历时二年始返京城。由于侯显多次出使，为加强中央王朝与西藏地方的联络，密切藏汉民族关系，特别是对南亚诸国的邦交多有贡献。他多次出使西藏均从洮岷一路通过，并在其地有广泛的社会联系。其后，明帝派钦差二人随侯显一同返里，在故乡贡玛的旧寺址上修建了吐尔哇寺。这座寺院的土垣状如城池，稍呈圆形，故又称圆城寺。该寺由侯姓传承世袭，俗称侯家寺。

巴西饶巴尔 今甘肃省迭部县人，藏族，生活于宋末元初，是迭部名刹电尕寺创始人。巴西饶巴尔是八思巴最赏识的四大弟子之一，曾陪侍八思巴进京觐见忽必烈，得到忽必烈的赏识，赐予象牙印章、封诰及写有皇帝名号的锦缎旗幡等。巴西饶巴尔奉皇帝和尊八思巴之命返归故里，于13世纪中期（约1257年），在上迭电尕地方创建了迭部县境最早的藏传佛教萨迦派寺院巴西电尕寺（后改宗格鲁派），并发展成为迭部县境规模最大、影响最广的藏传佛教寺院。此后，巴西电尕寺的历世巴西洼活佛均成他的转世化身。

班丹嘉措 亦名仲钦班丹嘉措，通称仲钦巴，生于元朝末期，圆寂于明成祖永乐六年（1408年）前后。洮河北歇巴凑（今甘肃省临潭县人）地方人。与岷州班丹扎西、释迦巴藏卜同为促进藏汉民族友好的"洮岷三杰"。班丹嘉措4岁学习藏文，8岁已能钻研佛教密乘无上瑜伽部。史称其记诵敏捷，辩才无碍。后于永乐二年（1404年）觐见明永乐帝于南京，居留京师。1405年，他推荐班丹扎西作为明廷派赴哈立麻噶玛噶举派黑帽系五世活佛得银协巴处任翻译，并派岷州地区的藏族子弟送到京师培训，使他们成长为推行明廷民族宗教政策的人士。后又送释迦巴藏卜于朝，被永乐帝纳为义子。他在25岁时赴乌斯藏游学，曾在25位长者门下求教，成为名震一时的学者，尤通因明及般若精义，诗学造诣更为卓绝。晚年在岷州洮河之阴修建了曲宗班乔寺（汉名法藏寺）。由于他和萨迦、噶玛巴、帕竹等教派皆有联系，因而对明朝的民族宗教政策在洮岷地区的落实多有贡献。他的弟子众多，继承了他所推行的加强民族关系的事业，使河、洮、岷地区成为有明一代通向乌斯藏的枢纽。

一世嘉木样·华秀·阿旺宗哲 "华秀"，系"华秀"之"东"氏，或"党"氏十八大之系中"华秀"氏家族名，"阿旺宗哲"为基本名。相传他到西藏拉萨后，赴各寺供养朝礼，大昭寺中文殊菩萨含笑接受了他献的哈达，故有"嘉木样协比多吉"（"嘉木样"是文殊菩萨，"协比"为笑意，全意为"妙音笑金刚"）之称。他是藏传佛教格鲁派（黄教）六大宗主寺之一拉卜楞寺的创建人，即第一世嘉木样。

华秀·阿旺宗哲于清顺治五年（1648年）出生在今甘肃省夏河县甘加乡哇代地方。父名华本加，母名塔姆仙。7岁从伯父索南伦珠学读诵时，常要求举例说明，伯父依请教授，举一反三，稍说即悟，进步神速，不久即写诵熟练。13岁时，从曲却益西嘉措大师出家受沙弥戒，取法名洛桑坚赞。21岁时，启程入藏，进哲蚌寺郭芒扎仓学法。25岁取得"格西"学位。后又依章嘉一世和德塘慧施诸大德，听讲五部大论，同时潜心于声明、修辞、音韵诸学，均得其奥义。他博学多闻，慎思明辨。后参加在桑浦地方举行的夏季法会，于五天之中，立五部论宗，与会者有十一学院之大善知识，他辩才无碍，思路敏捷，对答如流，威仪安详，使会众信敬，由此声誉卓著。27岁于五世达赖喇嘛座前受比丘戒，从此夜间亦唯趺坐持瑜伽行。29岁入

一世嘉木样

拉萨续部下院学习密法。四年中各种法会未曾一日间缺。诵持生起圆满二次第广略两释，并遍参密权威宝增大师、嘉那化慧海、墨尔根喇嘛语自在觉慧、畅跋哇圆盛、娘惹寺主持法称等智慧圆融高僧大德，听讲大疏修学胜乐集密大威德三尊本续，受弥达罗派金刚鬘等灌顶法，渐生、百根、大海等三种修行结缘法，菩提道次第广略二论生起圆满次第三种教授等显密经论多种。另于四种续部曼荼罗之绘法、堆彩土法等之绘图、天轮、地轮、面供、纸供等制作法，均详细学习，受持实行，达到准确无误的程度。在立续部时，卫藏大德学者，共集问难，大师一一应对无碍，各方智者也就自然倾倒，极为敬佩。当时，藏王第巴桑结嘉措，挽留他任阿里梯当寺住持，或续部院堪布，均坚辞不就。33岁往增善山（一著名修行圣地，在郭芒扎仓背后）静修。20年间，远离一切名利，间为殷勤求法之善士传授共与不共法，以维宗喀巴所建正教法幢于不坠。53岁时，第六世达赖喇嘛以郭芒扎仓众僧之意，坚持请他出任该院之堪布，传授五部大论精义。其间又应众僧请求，著《五论广疏》（五部宗教哲学辩论注释），为该院传承讲授。甘肃、青海、蒙古和西康一切讲学之寺院，亦多以他的著述为主要教本。

他在西藏学习30余年，协助拉藏汗参与很多社会工作。因他是拉藏汗的上师，所以，在西藏政教大事中，他经常代表拉藏汗出面，与藏王桑结嘉措斡旋，受到当地僧俗人等拥戴。

清康熙四十八年（1709年），他61岁，受青海和硕特前首旗蒙古族河南亲王察罕丹津父子的敦请回籍，建寺弘法。同年六月从拉萨动身东返。九月抵河南亲王辖境。亲王举行了隆重的欢迎仪式，并献金曼陀罗，还有马、牛、羊、绸缎及珍宝用具多种，作为供养。

清康熙四十八年（1709年），系藏历土牛年，在宗喀巴大师创建噶丹寺300周年的纪念日，选为建寺之吉日，嘉木样遂让弟子做了吉祥长净仪式，所以历史记载以土牛年为拉卜楞寺建寺之年。康熙四十九年（1710年）选定扎西奇滩为寺址，亲率弟子举行了隆重的建寺奠基仪式，参加僧俗达万余人。河南亲王献出方开蒙古包一座，可容纳800人，暂代经堂，并征集僧徒300人。大师委任大弟子赛仓·阿旺扎西为僧官，华锐·阿旺克却为领经师（经头），并规定经堂制度等按哲蚌寺执行，辩经制度以郭芒院执行。大师亲自开示讲授辩论例证，并讲道次广论。大师、亲王以及其他施主均熬茶放衬，是为拉卜楞寺建立之始。

清康熙五十年（1711年）三月，河南蒙旗亲王派卡加六族运输木料，其他部落出差役，拉卜楞寺正式动工兴建。首先修建八十根柱子的大经堂一座，于同年秋完工。同时，河南亲王献出鲖运、巴运（今青海省河南蒙旗县境）和然多（今四川省若尔盖县境）的500户为神民。康熙五十三年（1714年），嘉木样大囊欠（佛宫）建成。康熙五十五年（1716年），修续部下院。

康熙五十年（1711年）四月，达赖瓦格尔曾巴（又名益西嘉措）赐嘉木样"郭芒额尔德尼诺门罕"封号及伞盖。康熙五十九年（1720年），清康熙皇帝册封嘉木样大师"扶法禅师班智达额尔德尼诺门罕"金敕金印，并准许穿黄马褂。大师时年73岁。

康熙六十年（1721年），嘉木样大师圆寂，享年74岁。河南蒙古族亲王夫妇及僧俗集献白银千两，修建肉身灵塔，并多宝严饰，以示崇敬。

一世嘉木样大师华秀·阿旺宗哲一生中，培养弟子甚多，其中著名者有达赖瓦格尔曾巴、米旺保拉哇（即藏王颇罗鼐）、土观二世、夏尔·噶丹加措、贡唐仓一世·更登彭措（为第七世达赖喇嘛的经师）、郎木赛赤一世·坚赞桑盖、火尔藏一世·华旦智化、赤钦·阿旺却丹（继更登彭措之后任七世达赖经师）、赤钦·南喀桑、赛仓·阿旺扎西、德哇仓一世·罗桑东珠、青海同仁隆务寺活佛一世·堪钦更登加措、昌都·帕巴拉佛、拉毛夏茸（青海一活佛）等有声望的高僧与活佛。

一世嘉木样一生著作甚多，主要有《因明疏》、《因明法程》、《现观庄严论之探讨》、《入中观之探讨》、《律经注》、《怖畏金刚释》、《生起次第自在成就法》、《圆满次第四种瑜伽文殊释》、《宗派纲目注释》、《佛历表》十四函等。《佛历表》是他在康熙五十五年（1716年）写成的。上起藏历第一绕迥第一年（1027年），下至成书之年，按纪年记载佛教大事，诸位高僧大德之永生、入灭及重要著作，各大寺院的修建情况也有记述，并收录同一事件的不同记载备考等，是一部研究西藏佛教史的重要著作。

德哇仓·罗桑东珠 藏历第十一胜生水牛年（1673年）生，西藏洛赤噶地方兰交部落人（今达孜县一带），族姓德让，父名格念。五六岁时随其僧叔在达孜县拉莫德庆寺学习藏文拼读及佛学入门经典。16岁入拉萨哲蚌寺郭芒学院，拜贡唐仓一世·更登彭措、根噶奥赛尔等高僧为师。他天赋聪颖，记忆非凡。25岁在拉萨祈愿大法会期间，与三大寺学者巡回辩论，其辩才博得僧众的广泛赞誉，随之声名渐扬。他年轻有为，精明能干，被任命为学院的德哇（西藏语称之"第巴"，系负责政务的僧职）。因此，后来其转世系统号德哇。金龙年（1700年）28岁时，受郭芒学院新任堪布嘉木样一世的法旨，担任相佐（掌管财经的僧职）。火狗年（1706年）34岁时被任命为学院格贵（司量法规的僧职）。土牛年

(1709年）随从嘉木样东往安多创建拉卜楞寺。金猪年（1731年）58岁时担任拉卜楞寺续部下学院法台。土马年（1738年）66岁时升任拉卜楞寺第三代总法台。木鼠年（1744年）卸职。火虎年（1746年）六月二十日圆寂，享年74岁。

罗桑东珠跟随嘉木样数十年，成为嘉木样政教事业的得力助手，是一位在拉卜楞寺历史上功绩突出、影响较大的人物。

他一生的主要事迹表现在以下几个方面：

第一，拥戴清朝中央政府，维护多民族统一，维护国家与西藏地方的稳定。在拉藏汗与第巴桑结嘉措发生冲突，第六世达赖仓央嘉措被废弃的两大政治问题上，嘉木样反对西藏上层密谋捕杀拉藏汗的计划，反对三大寺首领做出的关于抗拒朝廷要仓央嘉措赴京的命令的决议。罗桑东珠坚定地支持嘉木样的政治态度和果断抉择。一次，三大寺众头领聚集磋商，罗桑东珠代表郭芒学院参加会议。当会议做出决定并逼迫罗桑东珠表明态度时，他毫不迟疑地回答："若做出与大清皇帝和汗王拉藏的意志不相符合的决定，我们就不入这个行列！"语音一落，即转身离去，令在场者恼怒难抑。既使三大寺头领唆使僧兵以武力威逼，他也毅然与嘉木样共患难，终不屈从。他的忠诚、坚毅、才干深得嘉木样的赏识。水兔年（1723年），青海和硕特部首领罗卜藏丹津煽动蒙藏僧俗人民制造反清叛乱，青海境内多数寺院附之起事。这时嘉木样一世已经圆寂，拉卜楞寺面临着是非选择的考验。罗桑东珠和赛仓·阿旺扎西遵循嘉木样一惯的政治主张，没有加入到那场危害国家和民族利益的动乱之中。这是拉卜楞寺之后受到清朝支持而得以全面发展的一个重要原因。

第二，罗桑东珠为嘉木样的建寺弘法事业尽心竭力，在拉萨哲蚌寺郭芒学院，他先后担任三次职务，帮助嘉木样对该学院进行全面整顿，依众僧要求，敦请嘉木样撰写了对学院讲修起到辅助作用的般若、戒律、俱舍论方面的注疏著作。东来安多，他更是成了嘉木样的一侧臂膀。建寺之后，由于嘉木样年事已高，加之撰述著作及一系列社会事务，就将本寺工作的重担交给两大弟子。赛仓·阿旺扎西被委任为法台，主持全寺教务，罗桑东珠身任相佐，负责政务、法规、财经、基建等。其间，罗桑东珠结交各方僧俗首领并建立关系，为拉卜楞寺的发展创造政治、经济条件，制定寺院内外的一整套法规戒律，向社会各方募化筹集资金，主持完成了大经堂及净厨、嘉木样拉章宫、部分僧舍、续部下学院经堂等基建工程。

第三，建立嘉木样转世系统。嘉木样临终之际，大弟子赛仓·阿旺扎西等祈请师傅转生来世，但没有得到明确答复。之后赛仓与德哇仓之间就嘉木样转世问题意见各异，为此形成了他们两人为代表的两大派系。由于赛仓·阿旺扎西为法台，使得罗桑东珠的主张一时搁浅。转世一事延误了20多年。从客观实际讲，嘉木样为一寺之主，又是在藏蒙地区知名度很高的佛门大德，他的转世对拉卜楞寺的政治、经济、宗教诸方面都具有重要的意义。土马年（1738年），赛仓·阿旺扎西逝世，黄河南亲王王妃南佳卓玛推举罗桑东珠继任拉卜楞寺大法台。从此，罗桑东珠与南佳卓玛密切配合，使迎请事先选中的嘉木样灵童的计划积极付诸实践。当罗桑东珠的布署遭到赛仓一系僧众的强烈抵制时，他断然将其中的几名为首分子逐出了拉卜楞寺，暂时平息了纷争，为嘉木样二世坐床创造了条件。力排异议，促成嘉木样二世成功即位，是罗桑东珠为拉卜楞寺所做的最为重要的一件大事。

晚年阶段，由于他奔波操劳而体衰患病，曾一度在拉卜楞寺后山隐居静修。僧众念其对寺院的贡献，尊称他为"德甘仓"（意德哇老人家或德老）。

萨木察仓·阿旺南卡桑 甘南碌曲洮河岸边萨木察（亦作双岔）人，故称萨木察赛赤。藏历第十二胜生金马年（1690年）生。幼年出家为僧，受沙弥戒，赴西藏求学，在哲蚌寺郭芒学院和拉萨上密院读完规定课程，尔后转往哲蚌寺所属格泊静修寺潜心修炼，学识日渐渊博，成为有名高僧，曾任拉萨上密院和噶丹寺夏仔学院的堪布，于火虎年（1746年）升任为第五十代噶丹赤巴。藏历第十三胜生土蛇年（1749年），因藏王颇罗鼐之子珠尔默特那木扎勒在西藏掀起骚乱而于同年十二月十八日暴卒于拉萨，终年60岁。阿旺南卡桑生前多次表示要返回家乡。他过世后，其一位名叫洛日桑甘·罗藏丹增的亲属侍从僧将他的全部遗物带回萨木察，以了他生前返乡之愿。这就成为随后在甘南地区寻找灵童而建立萨木察赛赤转世系统的根据所在。

霍尔藏仓·华丹智华 出生在甘南大夏河畔霍尔藏部落（今甘肃省夏河县曲奥、麻当两乡境内牙秀部落）的世袭土官家中。该转世系统称之霍尔藏。童年时，华丹智华从当时来安多的西藏大活佛瓦索济仲哲、贡唐一世更登彭措等高僧为师，系统聆习显密教义。经多年勤奋修炼，在佛学上造诣深广，声望日著，次第担任拉萨上密院堪布、噶丹寺夏仔学院堪布。藏历第十二胜水虎年（1722年）晋升为第五十一代噶丹赤巴。土鸡年（1729年）逝世于西康。

华丹智华生前还担任过七世达赖格桑嘉措的经师，传授中观、俱舍、戒律方面的经论。他培养了任噶丹赤巴的阿旺荞丹、坚赞桑盖、南卡桑、察甘诺门罕罗藏丹贝坚赞等佛学名家。

贡唐仓·更登彭措 清顺治五年（1648年）出生于今甘南州玛曲县齐哈玛乡泽卫香部落。15岁赴藏，入哲蚌寺郭芒经院深造，先后从五世达赖喇嘛、赤钦·洛哲嘉措、嘉木样协比多吉等教主大德温习各种深广显密教法，考取了"拉仁巴"格西学位。火牛年（1697年）在嘉木样一世座前受金刚鬘大灌顶，并在拉萨大昭寺释迦牟尼佛像前与嘉木样同发返里弘法之宏愿。清康熙五十四年（1715年），出任噶丹寺第五十任赛赤，当时正值西藏战乱频起、政教上层矛盾日趋尖锐之时，他沉着应付，制定和完善讲闻仪规，筹资为宗喀巴之银塔饰金，主持修复蔡贡唐各寺，为南域宏坛寺制定寺规，使佛法兴盛，僧纪严明，学风纯正，因而名声大振，被称作"贡唐三寺"。更登彭措驻锡贡唐寺，弘传显密教法，佐助政教事务，成绩卓著，达赖、藏王无不钦仰，称作"赤钦·贡唐仓喇嘛"。他门徒众多，如七世达赖喇嘛、赤钦·阿旺其丹等。至康熙六十一年（1722年）担任噶丹赤巴任期即满。清雍正二年（1724年）在拉萨圆寂。

赛仓·阿旺扎西 于康熙十七年（1678年）生于青海同仁尼雅隆地方的赛氏土官家里。5岁时拜高僧为师学习藏文及佛学知识。10岁时离家入寺，正式为僧，系统学习佛法。16岁时随父前往拉萨，入哲蚌寺郭芒扎仓拜高僧顿珠嘉措为师，学习因明学。17岁完成了中观学级的学习。18岁时拜奥赛嘉措为师学习般若经，接着拜阿旺多吉为师学习《菩提道次第广论》，获得"模范僧徒"的称誉。数年后，完成了佛教显宗五部大论的学习任务。20岁时曾与20余名颇有造诣的高僧就五部大论进行了立宗答辩，轰动西藏。23岁那年，嘉木样·阿旺宗哲就任哲蚌寺郭芒扎仓法台，师生二人建立起了亲密的情谊。从此，他便长期追随嘉木样大师左右，更加勤奋学习。28岁时考取"格西"学位。29岁时开始学习密宗法旨。31岁时顺利考取了下密院的"俄仁巴"格西学位。32岁（1709年）时，随嘉木样大师回到了安多原籍建寺。第二年，在扎西奇滩建起大殿后，赛仓·阿旺扎西被任命为法台，并兼任经师，传播佛法，自此担任法台达32年。后在嘉木样大师的指导下，开始撰写因明学的入门教材《因明学概要及其注释》一书。康熙五十年（1711年），他创立了拉卜楞寺的祈愿大法会。并为拉卜楞寺制定了详细而严密的寺规。康熙六十年（1721年），嘉木样大师圆寂，他主持修建大师的灵塔。雍正四年（1726年）九月上旬，德尔隆寺僧众按照嘉木样大师在德尔隆挖掘玛久拉仲"伏藏"时要护持该寺的嘱咐，邀请赛仓·阿旺扎西到该寺，从此成为该寺寺主。乾隆三年（1738年）正月初十，赛仓·阿旺扎西圆寂。他一生勤奋好学，担任拉卜楞寺法台后，建立了二十五个因明学级以及多个般若、中观学级。他亲自主持每个学级的答辩和考试，为此付出了心血。在主持拉卜楞寺的政教事务期间，发挥了重要作用。他一生博览群书，著作丰富，主要有《因明学概要及其注释》、《因缘论》、《一世嘉木样大师秘传》、《四静虑论》等，其中，《因明学概要及其注释》后来被作为拉卜楞寺、塔尔寺、隆务寺等大寺的学僧必修教材，广为流传。

达隆仓·罗桑丹贝尼玛 明末清初人，出生于青海省夏琼寺附近的多巴村，是天祝达隆寺、积石山乩藏寺第二世达隆活佛。5岁时在乩藏寺坐床、学经，后到西藏哲蚌寺郭芒扎仓求学，曾在昂仁地方巡回辩经，在扎什伦布寺担任过密宗喇嘛。后根据班禅大师的授记返回安多，先后担任过韩达隆寺、天堂寺、先明寺、大通寺、佑宁寺等处法台。明崇祯初年，主持修建天祝石门寺后，又修建天祝松山达隆寺。为这两座寺院所属豁卡庄园之事，曾四次赴京觐见康熙皇帝，被任命为茶关司大喇嘛。因他经法高超，曾应召赴京，为康熙母后去逝超度，并为全国大旱作法求雨，深受皇帝宠信，被封为"呼图克图"，授权管理天祝等地的10余座寺院和18个部落，御赐全套马鞍辔1副，48两的黑金印和白檀木印各1枚，另有皇室文书、圣旨、匾额、虎牌等。还曾任过青海郭隆寺堪布，有著作和授记。

三世章嘉·若贝多吉 章嘉，原称作"张家"，后康熙帝改为"章嘉"，藏语意为"灰柳"。章嘉是藏传佛教格鲁派寺院青海互助郭隆寺（即佑宁寺）五大活佛之一。章嘉·若贝多吉为第三世章嘉，于藏历第十二绕迥火鸡年（1717年）正月初十出生在今天祝藏族自治县旦玛乡细水河上游珠嘎尔山下的一个牧民之家。3岁时被认定为二世章嘉的转世灵童，迎往郭隆寺坐床。7岁时在洛桑丹贝坚赞华藏布前受圆满居士戒和近世男戒。8岁时赴西宁与岳钟琪会晤，并奉雍正皇帝圣谕抵达京城。10岁时，皇帝为他在内蒙古多伦诺尔修建了善因寺。15岁时为雍正皇帝灌顶。18岁到北京后，雍正帝依照前世之例敕封三世章嘉为"灌顶普善广慈大国师"，并颁发诏书，赐予用80两黄金铸造的大印和金册，被封为掌印喇嘛。同年，奉雍正皇帝的命令随同第十七皇子护送七世达赖喇嘛格桑嘉措回西藏，翌年（1735年）藏历三月二十一日抵达拉萨。同年四月十七日，达赖莅临布达拉宫，登上了大宝座。这时，三世章嘉则在噶丹寺、哲蚌寺讲经弘法，他广博的佛学知识和机敏的辩经才能，赢得了众多名僧的赞赏，声名大震。又专程前往日喀则札什伦布寺从五世班禅受具足戒。五世班禅打算挽留章嘉常住西藏，宣扬黄教。但他是奉旨入藏，不可能久居。是年十月，传来雍正皇帝逝世、新皇帝乾隆继位的消息，他即离藏返京。回京城后，乾隆皇帝命他管理北京各寺庙的喇嘛，并封三世章嘉为"扎萨克达喇嘛"，同时赏用金龙黄伞。乾隆十六年（1751年），又赐给他"振兴黄教大慈大国师"印一枚。乾隆五十一年（1786年）钦定驻京呼图克图班次，章嘉为左翼班头，地位最高。

由于三世章嘉既在藏区、蒙古地区声望很高，又与乾隆关系密切，因此，他在清廷处理蒙藏事务时发挥了重要的作用。乾隆十五年（1750年），在平定了西藏珠尔墨特那木扎勒叛乱事件以后，在三世章嘉的劝阻下，乾隆皇帝决定将西藏的政教权力交给了七世达赖喇嘛，并授权达赖喇嘛管理西藏地方政务，一切重大事宜，概需事先呈请驻藏大臣和达赖喇嘛共同定夺。由此，藏传佛教格鲁派治理藏区的"政教合一"体制便确立起来了，新中国成立后才被废除。三世章嘉还曾多次肩负特殊使命到西藏、青海、甘肃、蒙古等处，处理重大事务。乾隆十九年（1754年），蒙古活佛哲布宗丹巴发动叛乱，乾隆皇帝遣三世章嘉前往劝解，他只用一封书信便使事件得以平息。乾隆二十二年（1757年），七世达赖圆寂，41岁的三世章嘉奉皇帝旨意赴西藏处理善后事宜，会晤了

章嘉三世画像（清）

班禅·华丹益喜，并和班禅为七世达赖的灵塔举行了开光仪式。乾隆二十四年（1759年），在他43岁时，与班禅一起认定嘉华嘉措为七世达赖的转世灵童，并得到了清朝中央政府的承认和册封。

乾隆二十年（1747年）和乾隆二十九年（1764年），三世章嘉·若贝多吉曾两次返回青海为其母亲和父亲奔丧，每次都受到青海僧俗民众的热烈

欢迎。并向佑宁寺、塔尔寺、广惠寺、夏琼寺颁发了乾隆皇帝赐给各寺院的匾额（其中塔尔寺的"梵教法幢"，至今尚存放于该寺大金瓦殿）。还为拉卜楞寺二世嘉木样活佛、广惠寺三世敏珠尔活佛剃度受戒，并为僧众讲经说法，听僧达数千人之多，其影响所及不仅在内外蒙古、新疆、青海、甘肃等地，就连远在伏尔加河流域的蒙古土尔扈特部首领渥巴锡等人也对他十分崇信。

乾隆三十年（1765年），三世章嘉奉皇帝之令在热河棒槌山对面修建了一座佛殿和坛城。是年末，乾隆皇帝驾临他驻锡地——北京嵩祝寺为国师祝寿。51岁时赴五台山闭关静修，修炼金刚瑜伽甚盛。55岁时参加了乾隆皇帝在热河仿建布达拉宫的浩大工程。56岁时，乾隆皇帝命章嘉为董事，并将大藏经译为满文，历时18年。63岁时，因班禅华丹益喜奉诏进京，亲自派专人赴青海恭迎。乾隆四十五年（1780年），三世章嘉奉旨前往多伦诺尔迎接班禅大师。是年七月二十二日，三世章嘉陪同班禅大师赴热河行宫朝见乾隆皇帝。十一月初一日，班禅圆寂，章嘉主持了超度法事。

三世章嘉·若贝多吉是清廷的高级官员，统领全国释教，被尊为国师。在其任职期间，为藏、满、蒙古、汉等民族的文化交流，为祖国大家庭的统一东奔西走，历尽艰辛。乾隆四十六年（1781年）夏，乾隆皇帝与三世章嘉一同登临五台山，在菩萨顶举行祈愿法会。乾隆五十一年（1786年）三月，乾隆皇帝去五台山，命三世章嘉在三月赶到五台山，一起在文珠菩萨像前举行祈愿法会。乾隆下山回京后，三世章嘉重病不起，于是年农历四月初二日下午在五台山圆寂，享年70岁。乾隆下令用7000两黄金在五台山镇海寺造大塔一座，安置灵骨。后施银1500两，由三世章嘉之侄拉科呼图克图去西藏为三世章嘉·若贝多吉做超度法事。

三世章嘉·若贝多吉门徒众多，其中如当时著名的佛教学者土观·罗桑曲吉尼玛、嘉木样·晋美旺波、敏珠尔·阿旺赤列嘉措等。

三世章嘉·若贝多吉本人是当时远近闻名的学者，他博览群书，精通大小五明，通晓梵、藏、汉、满、蒙古等语言，熟读藏传佛教显密经典，是一位博学多识的文学家和语言文字学家。他从9岁起就开始著书立说，一生著述甚丰，共撰写作品217篇（部），其中主要有《七世达赖传·如意宝穗》、《智慧之源》、《宗派建立论·须弥妙庄严》、《喇嘛神像记》、《造像度量经》、《藏文正字学·智者之源》、《北京白塔寺志》、《五台山胜地志》、《佛历表》等，皆为流传甚广的名著。三世章嘉·若贝多吉同时又是一位著名的翻译家。乾隆五年（1740年）将大藏经《丹珠尔》藏文版译为蒙古文，编著蒙古、汉、藏三种文字对照的字典《智慧之源》。这是一部沟通蒙古、藏、汉文化的字典，亦是翻译佛经的重要工具书，所包含的内容不只关乎宗教，而且涉及逻辑学、语言学、新字体、艺术、医学等诸多方面，为后世所瞩目。乾隆三十七年至五十五年（1772年—1790年），历时18年，三世章嘉奉乾隆帝的旨意，把藏文大藏经的《甘珠尔》译成满文。他还发现汉文大藏经中有《首楞严经》，于是在乾隆十七年（1752年）协助庄亲王将其译为满、蒙、藏三种文字，译成后刊为满、蒙、藏、汉文四体合璧本。这些译著为研究语言文字、历史、艺术、宗教、历算等具有重要的学术价值。

二世嘉木样·晋美旺波 二世嘉木样·晋美旺波，于清雍正六年（1728年）出生在青海同仁县境囊惹地方。父名俄项朗杰（语自在尊胜），青海尖扎（即今青海尖扎县）土官，母名索南木吉。5岁时，从诺布坚赞大师受居士戒（不出家的佛教徒所受的一种戒律）。7岁时随伯父东科活佛（名索南嘉措）居住，取名郭拉。从舅父罗追嘉措比丘学习藏文。13岁时在东科活佛座前受沙弥戒，出家为僧。

二世嘉木样·晋美旺波出家后，东科活佛倾其所学，传授菩提道次第和大威德灌顶等。大师聪明敏捷，才智过人，自幼擅写作，16岁以前就撰写

二世嘉木样

有《六严二胜》、《文珠法狮》、《阎罗法王》等赞文及道次讲记等，达500页之多。

当时，在拉卜楞寺方面，由德哇仓·罗桑东珠和河南蒙古族亲王王妃南佳卓玛主持嘉木样活佛的转世事宜。因以上师及护法之授记，见晋美旺波与授记相符，认定他为一世嘉木样活佛转世，遂于乾隆八年（1743年）七月十三日，迎至拉卜楞寺。坐床之日，各大善知识起立辩论，以正法为庆祝之仪。当时年仅16岁的二世嘉木样为众僧讲菩提道次，事理圆融，群僧皆为叹服。

22岁时，以三世章嘉·若贝多吉大国师为亲教师受足具戒，授赐"三宝无畏自在妙智精进"称号。25岁时赴西藏学法，供养达赖等活佛，大、小昭寺等佛殿及大小各寺僧众，各如其

分。旋入郭芒扎仓,以鲁本罗桑达吉(龙仁慧扬)法师为受业师。8年之中,心无外骛,不顾饥渴寒暑,专心致志,刻苦学习,遂通达五部、四续要旨精髓。尤以时轮金刚修法,遍求卫藏各处所有各教派传承以后,融会贯通,获"格西"学位。32岁时,完成了在藏学法任务,于清乾隆二十四年(1759年)五月二十三日,启辔东返。临行之际,西藏地方政府颁赐敕印,授予他"具善明教班智达诺门罕"称号,并赠送有服饰、伞盖、乐器、乘骑等堪布全部用具和氆氇四十匹。同年九月十五日抵达拉卜楞寺。次年,任本寺住持座(寺主),以无上方便法门弘宣五部大论要义。在36岁和38岁时,先后兼任青海佑宁寺和塔尔寺法台。

乾隆三十三年(1768年),晋美旺波42岁,内蒙古乌都斯王派丹卓华贡

乾隆御赐二世嘉木样"扶法禅师班智达额尔德尼诺门罕呼图克图"印鉴

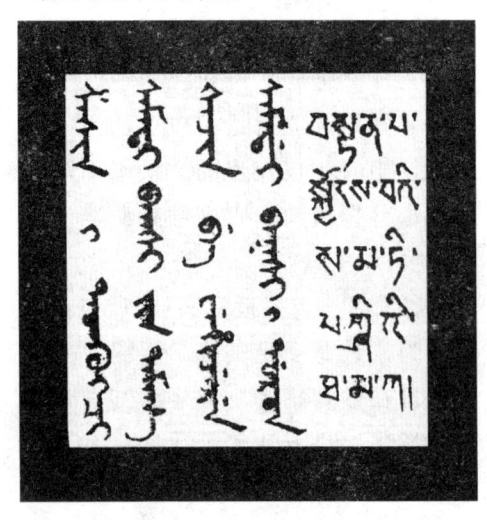

赞普诺门罕和华曲吉旦增成来,到拉卜楞寺敦请,并献银900两。翌年,赴东蒙四十九旗,讲经传法。之后,取道北京,从章嘉呼图克图金刚持,学习集密"五种次第明灯"。又从善巧密续之参珠堪钦,学弥多罗修行百根本灌顶法。

乾隆三十七年(1772年),晋美旺波在45岁时,返回拉卜楞寺。同年,清乾隆皇帝敕封他为"扶法禅师班智达额尔德尼诺门罕呼图克图"。

晋美旺波大师在其返寺后的十余年内,先后创建了丁科尔扎尔(时轮金刚学院)和曼巴扎仓(医药学院)。又因僧人逐年增多,原有80根柱子的大经堂已不能容纳,遂翻修扩建为140根柱子、可容纳3000僧人在内诵经的大经堂。同时,在辖区之内普遍建寺,如在阿木去乎建兜率法轮寺、日楚扎西庚丕寺、美秀尕若循寺、岔干维相寺、阿坝六族居巴寺、华锐土尔钦寺、美武旧寺,扩建了合作寺、曲藏寺、却曲夏尔寺、博拉安布塘寺、岗岔寺、扎油寺、西仓寺、达参寺、藏格尔寺、甘加白石崖寺、香里长寺、甘都寺、色强寺、金科尔寺、郭买寺等。或创立新建,或修葺旧有,前后共有40处之多。且均各适宜当地环境需要,分别建立清规法矩,以为轨范。所谓"拉卜楞寺属下一百零八寺",即是在这一时期由二世嘉木样·晋美旺波主持发展起来的。各寺下属的部落,随其

寺主都归拉卜楞寺院管辖，以拉卜楞寺为诸寺之母，确立了以显密二宗之讲授学习为主，以医药、历算、词章、音韵、书法、声明、雕板、印刷、绘坛、步法、歌舞等为辅的学习体系，建立了各个学院的考试制度。闻思学院建立了"多仁巴"制度，每年规定考取二名，并设立了十三个学级。在续部下院、时轮学院和医学院，各设三个学级，九个学期制度。同时，参考西藏各大寺院的规章制度，制定了本寺院的各个扎仓（学院）的规章制度。此外，晋美旺波还主持建立了各种法会，如正月"毛兰姆"（祈愿）法会、二月亮宝会、七月米拉劝法会等。

晋美旺波58岁时，再赴西藏，除在大、小昭寺等重要佛殿、达赖和班禅等重要活佛大德尊前、前后藏四大寺（哲蚌、色拉、噶丹、扎什伦布）及萨迦寺等处，普修无量广大供养（达7万两白银之多）外，并在各地弘传显密心要各法。法财之隆，无与伦比。在此期间，撰写第二世班禅善慧吉祥妙智大师传两函，并访学以前未学的各法。对于传承稀少之法，凡有余响可寻者，莫不奋勇勤学。对于稀有经卷进行抄写，共收集佛经万余部，于清乾隆五十一年（1786年），全部带回拉卜楞寺收藏起来。他返回拉卜楞寺后，修建了"寿禧寺"（即弥勒佛殿，花费了白银四万两。同时，还修饰了大经堂，做了柱套顶幕、幡幢及其他装饰品。给他的伯父东科活佛索南嘉措铸银像一尊。在他的故乡也修建了弥勒佛殿，塑造了弥勒佛像。

清乾隆五十四年（1789年），他兼任夏群寺（在青海化隆县境）住持方丈，时年62岁。清乾隆五十六年（1791年）十月二十七日，他在返回拉卜楞寺途中圆寂于甘都地方，享年64岁。弟子们护法灵归寺，修建灵塔，以示尊崇。

二世嘉木样·晋美旺波，继承一世嘉木样事业，终生奔走各地，弘扬佛法，遍迹于前后藏、安多、康区、东蒙等地，声誉甚高，弟子众多。其中著名者有堪钦·更登嘉措（即堪布藏活佛）、隆多珠旺（即隆多成就自在）、阿里活佛、土观·罗桑曲吉尼玛等，为一时俊杰，其他入门弟子，遍满蒙、藏之地。他的著作有《第一世嘉木样传》、《班禅洛桑华丹盖西传》、《塔尔寺志》、《入中论之探论》、《宗派论述宝鬘》、《般若八品之探讨摄要》等。

土观·罗桑曲吉尼玛 土观·罗桑曲吉尼玛，于清乾隆二年（1737年）诞生在今甘肃省天祝藏族自治县夏玛扎提彭措隆哇（即朵什乡直岔村）的一个藏族之家。6岁时被认定为二世土观的转世灵童，被迎至青海互助郭隆寺（佑宁寺）坐床，19岁时赴西藏拉萨谒见七世达赖，并入哲蚌寺郭芒扎仓学经。在拉萨历时7年，他主要拜二世嘉木样·晋美旺波活佛为师学习因明，还拜六世班禅和三世章嘉为师，学识渐臻渊深。乾隆二十四年（1759年）任西藏夏鲁寺法台，乾隆二十六年（1761年）返回青海，任佑宁寺第三十六任法台。乾隆二十八年（1763年）奉诏进京，年28岁，谒见乾隆帝与三世章嘉，并协助章嘉活佛管理京城喇嘛事务，任掌印喇嘛和御前常侍禅师等职，颇得乾隆的赏识，被封为呼图克图。三世章嘉·若贝多吉被晋升为大国师后，三世土观便成为大呼图克图，又被封为"静悟禅师"。曾参与章嘉国师主持的《四体清文鉴》、《满文大藏经》的编纂和翻译工作，因而受到朝廷的荣宠和佛教界人士的无比敬重，因而也提升了藏传佛教格鲁派在甘肃、青海的地位。乾隆五十一年（1786年）他从北京返回青海后，与青海塔尔寺寺主阿嘉活佛一起，共同建造了塔尔寺八座如意宝塔。乾隆五十四年（1789年）至五十八年（1793年），三世土观任塔尔寺法台，后来又任青海郭隆寺（佑宁寺）、天祝华藏寺、嘉雅寺、夏玛寺等寺院法台。他不仅在青海、甘肃、北京、热河、蒙古一带传经弘法，而且以渊博的知识、丰富的著述闻名中外。他精通梵、藏、蒙古、满、汉等语言文字。在他的著作中，以《土观宗派源流晶镜史》最负盛名。该书成书于嘉庆六年（1801年），全书分五章，是研究藏传佛教史的重要资料。有藏文刻版，并有汉文、英文译本，民国时期还有德、俄文译本。其他著作有《贡拢饶萨传》、《扎什嘉措及其弟子合传》、《阿旺曲吉嘉措传》、《塔尔寺志》、《佑宁寺志》、《章嘉国师若贝多吉传》等，其著作共有276部（篇）。

三世土观·罗桑曲吉尼玛是一位著名的翻译家，参与了蒙译、满译大藏经的工作。同时，他又是一位出色的诗人，在他的诗歌中有讴歌祖国锦绣河山和许多名胜古迹的诗篇，《土观三世诗歌选》一书早已出版。

三世土观·罗桑曲吉尼玛于清嘉庆七年（1802年）圆寂，享年66岁。

一世策墨林·阿旺楚臣 一世策墨林·阿旺楚臣，乳名丹巴，康熙六十年（1721年）生于卓尼县洮砚乡下达窝村。7岁时在龙元山岔道寺（阎家寺）出家为僧，故称岔道赤哇，取法名阿旺楚臣。后在禅定寺学经，拜扎巴谢珠为师。33岁赴藏深造，入色拉寺麦扎仓察道康参习经学法。由于他勤奋苦学，终于由"翁则"（领经师）升任为"堪囊"（寺院主持）。其时，乾隆皇帝要拉萨推荐一名精通显密两宗、德高望重的卸任噶丹赤哇，或相当于噶丹赤哇地位的喇嘛赴京主持雍和宫教务，驻藏大臣与西藏地方政府推荐了阿旺楚臣，并提升为噶丹东札仓曲结。乾隆二十七年（1762年）奉召赴京担任雍和宫大喇嘛和堪布达16年之久，深得乾隆皇帝之宠信，晋衔"堪布额尔德尼诺门汗"。

乾隆四十二年（1777年）西藏摄政王第穆诺门汗逝世，八世达赖年幼不能主政。二月二十八日钦派阿旺楚臣等离京赴藏。乾隆皇帝给阿旺楚臣加封"噶丹喜热图诺门汗"后，又晋封"雍和宫额尔德尼诺门汗"。七月五日抵达拉萨，担任达赖喇嘛的第十二任摄政藏王，并担任了八世达赖强白嘉措的经师，参任西藏噶丹寺策墨林。乾隆四十三年（1778年）任噶丹寺第六十一任赤哇。阿旺楚臣就任摄政后，因治理有方，迅即得到西藏各界的支持。在八世达赖亲政后，乾隆任命其主持商上事务，以协助达赖理政。乾隆四十八年（1783年）在色拉寺旁，独立捐资，建一小寺，乾隆赐"祥轮普渡"御书匾额等物，并赐寺名"寿宁寺"。乾隆五十一年（1786年）他再次进京。之后乾隆对西藏局势很不放心，复派他进藏摄政，同时给予特权，加封"噶勒丹锡呼图克图萨玛第巴克什"，加衔"衔宗禅师"。乾隆五十五年（1790年）八月再次回到西藏，协助达赖喇嘛理事，凡事须由他酌定。乾隆五十六年（1791年）圆寂于色拉寺，享年70岁，俗称为"摄政藏王"。

阿芒班智达·贡却坚赞 贡却坚赞于乾隆二十九年即藏历第十三绕迥木猴年（1764年）出生于多麦地区拉卜楞寺南面附近桑央之擦擦氏族，父名阿旺札嘉，母名德萨拉莫，圆寂于咸丰三年即藏历第十四绕迥水牛年（1853年），享年90岁。

6岁时，在遍知上师贡却晋美旺波尊前出家，赐名贡却坚赞，被迎入孜雄，在上世阿芒之佛帐内坐床，延请比丘桑旦森格为启蒙师，发奋求学，不久即娴于句读与拼读，熟记诸种法行。11岁时，在燃灯节会众之中，领头念诵地道三品与作回向时，声调爽朗，毫无羞怯之态，众皆无比敬信之。至蒙古地区约数月，始返回寺院。由赤巴·阿旺称勒委任善知识持律者多仁巴·次臣森格为师，学习法相经论。每次斋僧茶时，即默记《摄类学》两页。14岁时，于春季大法会期间，在扎西郭芒博通教理之士恰则·次臣那波与闻思学院全体参加辩经之会众中，以《中观》、《般若》、《释量论》三者立宗，在遍知金刚持·晋美旺波尊前闻习诸多显密灌顶传经等。16岁遵师令，就《辩了不了义论》之探究应试，得到赞许。在霍尔包·色赤活佛前，敬闻文殊言教之直观教导等诸灌顶传经，于秋季大法会时期，在酥油、茶叶、糌粑短缺之时，遂收常年供置之神馐捣碎作为粥中之佐料。适此艰辛之际，学习从不懈怠，刻苦求法，闭户研读《教派广论》。在通知上师尊前闻习诸法，一心发奋求法，熟记诸部经义。于冬季法会时，向众僧供饭一日，放布施，立守辩经，获"毛兰姆"热降巴之名与诸大学者格西畅谈辩论。此后，在嘉央喇嘛·底绷前闻习诗学、《现观庄严论》、《经庄严论》等经典，此外还闻习诸多灌顶传经、随许法。同时，又为该上师之若干著述笔记缀文。水牛年（1793年）正月，虽决心立宗辩论，以取得多仁巴学位，然未能设法辞去蒙旗首领郡王达吉所委托之密宗院上师一职，遂任密宗院法台。按旧例，任密宗院上师七年。火蛇年（1797年）去前藏，抵达拉萨，寻访遍知嘉木样协巴转世。事圆成后，乃朝礼噶丹、耶巴等寺。当时，下密院堪布·洛桑土多因其智慧出众，劝他留住下密院，藏王第穆诺门汗亦望其出任丹吉林寺金刚阿阇梨。然均未应允，遂于土马年（1798年）从拉萨返回拉卜楞寺。木鼠年（1804年），任拉卜楞寺总法台，深孚众望。创建三事之教规。次年正月"毛兰姆"法会时，为"通卓钦莫"塔举行落成庆典。此后，遍历佐格新寺、丹塔林寺、噶尔萨饶杰林寺、康萨饶杰林寺、康托下达杰林寺、恰格勒谢林寺、噶丹桑珠林寺、曼隆寺等寺院，使弘扬讲修、讲经、说法之风日盛。阿芒班智达·贡却坚赞通晓密宗四续部，同时还学习声明、修辞、历算、韵律、藻词等，无论在讲经辩论著述方面，众皆推崇为大学者。其著作有寺志、传记、规章制约、赞颂、书翰共12函，最著名的有《拉卜楞寺志》、《汉藏教法史》、《汉藏蒙王历史略述》、《至尊贡唐仓·贡却丹贝卓美传》、《嘉木样传·信莲笑开日》等。

卓尼·扎巴谢珠 卓尼·扎巴谢珠又名智华谢珠，清康熙十四年（1675年）生于安多地区卓尼土司所辖洮州（今甘肃省卓尼县）。

他7岁时开始跟随父亲松嘉贡学习写读，9岁时在赤钦·根敦扎巴处出家受戒，专学应默记之类的仪轨修法等。后从达日格隆医师学医学知识，能为人治病。到了21岁时，前往西藏朝圣学法。先入小昭寺色热扎仓，从师扎西贝桑学《现观庄严论》和《入中论》等经论。

康熙四十五年（1706年），卓尼禅师昂索爷进京谒见康熙皇帝。康熙皇帝命其在小昭寺内修建参尼扎仓（即宗教哲学学院）。该扎仓建成后，委派卓尼·扎巴谢珠为扎仓主持。康熙五十五年（1716年），他41岁时，其母去逝，他忧伤成疾，遂辞扎仓主持之职位，专心从事著述达7年之久。后因昂索爷再三敦请，他无法推辞，只好答应再次出任扎仓主持。62岁时再次辞去，从事著书立说。74岁圆寂。

卓尼·扎巴谢珠的著作有中观、般若、因明及律部等方面的注释，还有词藻学、正字学、读学等方面的著作，共11函，249卷。

华锐·罗桑饶布萨 华锐·罗桑饶布萨，道光二十年即藏历第十四绕迥

华锐·罗桑饶布萨

铁鼠年（1840年）生于华锐（今甘肃省天祝藏族自治县）石门镇寺沟村，约第十五绕迥水鼠年（1912年）圆寂于外蒙古布绕地方，享年71岁。幼时受戒出家，入石门寺学习藏文拼写及念诵仪轨。年轻时赴拉卜楞寺闻思学院攻读佛学《五部大论》，经过严格的答辩考试后，获多然巴格西学位。他精通佛学大小五明，后赴塔尔寺游学辩经获"噶玉哇"称号，成为声誉大震安多、卫藏、康区等各地的大学者。

当时，康区著名的学者局米旁仁宝切听到他的名声后，对他提出显密经典中的种种疑难问题，他一一做了答复。局米旁仁宝切又以驳斥的形式提出疑问时他又回了驳文。他俩之间相互敬佩，无任何宗派偏见，这在他们的著作中表现得很清楚。

十三世达赖喇嘛·图丹嘉措赴京途中，留居塔尔寺，听闻大师学识渊博，特拜他为经师，学习《妙音声明学》、《诗镜论》、语言学和五种拼合法等。1902年应青海阿柔大寺之邀请，罗桑饶布萨在该寺传授时轮金刚灌顶。他著有《因明学概要》、《大神变传记·白莲鬘》、《善说金珠之疏·宝饰》、《中观论总疏》、《从律经论问答辩述》等30多种有关显密宗等方面的作品，总汇在全集中。1991年全集由天祝藏族自治县编译室整理、中国藏学出版社出版发行。

拉科·晋美成勒嘉措 拉科·晋美成勒嘉措于第十四绕迥火兔年（1866年）诞生于安多道炜地区，父母抚育至7岁时，即第十五绕迥水猴年（1872年），于规范师阿旺嘉措座前开始读书习字。先学藏文字母，然后熟记法行类经文。9岁那年即木狗年四月三日，于至尊喜绕嘉措尊前受沙弥戒。20岁那年即木鸡年六月六日，于堪布洛桑慈臣嘉措尊前受比丘戒。从德塘大堪布嘉央土丹嘉措学习声明学之《集分论》和《旃陀罗波声明论》；从嘉央曲达学习《妙音声明论》及其注释；从嘉央土丹嘉措学习《三十颂》和《音势颂》，随后又从阿旺嘉措学习扎底·仁钦顿珠所著之《三十颂》、《音势颂》注释；从木多哇·扎巴嘉措学习《诗镜》以及《诗镜注释·妙音欢歌》；从嘉央曲达闻习声律学之论著。在医方明方面仅由嘉央土丹嘉措诵授《四部医典》以及注释。在拉卜楞寺师从善知识喜绕嘉措、嘉央土丹嘉措、阿旺土丹嘉措、第四世嘉木样·尕藏土丹旺秀等10余位高僧闻习显密经论和大小五明，遂成学者。毕生讲法辩经著述，长期驻锡于色隆扎喜切寺。曾任第九世班禅·洛桑却吉尼玛经师，任第五世嘉木样·嘉央益西丹贝坚赞经师。他是认定十世班禅，并迎请班禅入藏等事宜之主要负责人，也是当时安多地区才识精湛、德行谨严之高僧大德。他讲法、辩经、著述，皆通达无碍，声名显赫。第十六绕迥火猪年（1947年）圆寂，享年82岁。

他的著作，有显密经论之笔记、辩析，有中观见之探讨、种种修法、传记、赞颂、道歌、闻法录、目录、规约，书翰等共6函，系拉卜楞刻本。

贡唐·丹贝仲美 贡唐·丹贝仲美于乾隆二十七年（1762年）出生于安多藏区，即现在的甘肃省甘南藏族自治州夏河县作格地方。幼年在夏河县拉卜楞寺出家为僧，7岁时被认定为贡唐仓二世转世，遂拜第二世嘉木样活佛为师，受沙弥戒。17岁时，去西藏拉萨哲蚌寺从名师格桑欧珠学习佛教经典，专攻《中观论》和《俱舍论》。乾隆五十二年（1787年），贡唐·丹贝仲美25岁，取得格西学位。同年年底，返回拉卜楞寺，又学习密集，兼及医药、历算、诗镜论和音韵等，成为一个学贯三藏的大学者。

贡唐·丹贝仲美一生著述甚丰，宗教方面的有《俱舍论摄要》、《婆罗密多摄要》等，辑有《贡唐·丹贝仲美全集》。其中以《水树格言》最为著名，脍炙人口，流传广泛，被誉为继《萨迦格言》之后又一部享有盛名的格言诗。全书有较浓厚的生活气息，包括两大部分，即以"水"作比喻的部分和以"树"作比喻的部分。以"水"作比喻的部分名为《格言水论二规具有波浪》，以"树"作比喻的部分名为《格言树论二规具百枝叶》。《水树格言》的主要内容是宣扬佛教的"无常"和"因果轮回"的思想。认为皈依"三宝"才能达到至高无上的境界，只有崇信"三宝"（佛、法、僧）才能获得解脱。主张"施舍"，但不是为了别人，归根到底是为了自己成佛。例如他这样写道："在这华丽的世间轮回里，无一样事物是有意义的，被水浸透了的木头，从头至尾都是不坚实的。""拯救众生怖畏的，只有无欺的三宝；被水冲走的什物，只有船夫才能打捞。"

贡唐·丹贝仲美写作格言的目的虽然是为了宣扬佛教，但他对世间统治阶级压迫人民剥削人民的残暴行为，却是反对的，并给予了一定程度的揭露。例如他说："经常残害臣民的暴君，总有一天仆人会反抗；用棍子去打豆堆，豆子也不会粘在棍子上。"这是说国王对待自己的臣民，不应当凶暴贪残，如果凶暴贪残，虐待迫害，人民是不会归心的。贡唐·丹贝仲美和萨班一样，也勉励人们要坚持不懈地勤学，不断获得知识。他这样写道："只要经常努力不懈，结果会得到渊博的知识；只要树根不离湿土，枝头会结满累累果实。"又写道："知识积累非容易，荒废起来却不难；汇积滴水难满器，倾洒只是一瞬间。"他还劝人要谦虚，不要骄傲自大。"知识丰富的智者，总是平易近人。果实累累的果树，枝头总是低沉"。贡唐·丹贝仲美主张做事情应当先有计划，不能盲目从事。他说："事先在木头上打墨线，以后下锯不会锯错；办事之前要多加考虑，事后追悔是十足的愚者。"他也知道忠言逆耳利于行的道理。他是这样说的："坏友和娼妓的笑容，不如忠言的怒目横眉好；旱云的颜色虽然洁白，带雨的乌云才有益禾苗。"

贡唐·丹贝仲美写的《水树格言》，自称是学习《萨迦格言》的，但他有自己的风格，尤其是艺术手法上有独特的一面。整个格言集200多首诗，都采用了四句七言体，并且以"水"和"树"来作比喻，恰当地与当时社会现象联系起来，形象很鲜明。这说明贡唐·丹贝仲美对于生活现实以及对客观事物的观察是非常深刻的。每首诗都深入浅出，便于读者领会，给人以启发和教益。

另外，他写的《黄教兴盛祈祷词》，除拉卜楞寺的僧人祈诵外，也为藏、青、川等地的黄教僧众所祈诵。

公元1823年，贡唐·丹贝仲美圆寂，享年61岁。

郎木·洛桑慈成嘉措 郎木·洛桑慈成嘉措于1889年即藏历绕迥土牛年出生在洮河上游的吉仓勒道拉盖家族，父名高乃，母名才德吉，家有兄弟七人，他排行第五。圆寂于1959年，享年70岁。

郎木·洛桑慈成嘉措大师天资聪颖，勤奋好学。7岁到佐尔盖尔娘寺剃度出家，取法名洛桑慈成嘉措。出家后，开始学读藏文，识习佛经。10岁辗转又到白龙江源头之古刹郎木寺，以郎木寺为其根本道场，广拜名师，聆受法要，并接受大威德之宝瓶灌顶、智慧灌顶和句义灌顶。拜谒高师，兼习藏族诗学、历法、初级因明学知识。14岁时离乡来到闻名遐迩的安多藏区最高学府拉卜楞寺闻思学院。

当时的拉卜楞寺，香火盛旺，人才济济。为了求学得道，他遂发愿：一、不贪美衣佳肴，乐修苦行，绝无退悔；二、刻苦精进，遍读三藏四续；三、以修所得，收徒示导，弘法利众。他先后师从毛尔盖·索扎、贡唐洛哲尊者、章筹·然谏嘉措、齐吾西·洛桑坚参等高僧，依次修完了《因明》、《中观》、《般若》、《律部》、《俱舍》等显密五部大论共十三级的全部课程。到42岁时，他以惊人的记忆和超群的学识，在拉卜楞寺3600僧侣当中，立宗答辩，取得了拉卜楞寺显宗最高学位"多仁巴"格西。

在他取得显宗格西学位之后的第二年，即1932年，又入拉卜楞寺续部下学院修炼密宗法要，拜拉科仓·洛桑久美成列嘉措为根本上师，修完了《密集》、《大威德》、《胜乐》、《四座部》等密宗法典，接受了《时轮》、《大威德》等灌顶。此外，他还兼修声明、工巧明、韵律、梵文等，按规修行，经过严格的辩论考试，他又一举考取了"俄仁巴"格西学位。

年届55岁时，他出任拉卜楞寺下属的青海道帏色琼寺法台，后又升为拉卜楞寺续部下学院持金刚上师和措钦"夏傲"等职。60岁之后，历游郎木、青海、卓尼等各地的各大寺院讲经学法，举行时轮灌顶会，受到各地僧俗人等的广泛称道。

郎木·洛桑慈成嘉措大师是一位一心勤奋苦修、显密兼通、敬重戒律、乐施善舍的高僧。所以，成为拉卜楞寺所有僧俗的苦修之友，为人师表。他注重传承、广收门徒，晚年不顾年迈培养了很多有学识的高僧。其中较有影响的有卓尼松巴活佛、吉仓·久盖法佛、卓尼夏绒仓、卓尼益合仓、措德活佛、郎木赛赤仓、顶洒仓活佛及拉卜楞寺闻思学院的格西旦巴嘉措、毛尔盖·桑木旦、迭部西热布及嘉样尼玛尊者等。他招纳弟子，不分贫富，不顾流俗，竭尽全力，亲授学业。

郎木·洛桑慈成嘉措大师不仅精通佛学，而且通达天文。他长年累月，持之以恒地研究，直至生命的最后几年，还不遗余力孜孜不倦地探索研究着天文学。

拉卜楞寺现行之《万年历》，就是他修订的历法。他充分利用这次修历的大好时机，参阅大量的历法经典著作，编写出了他在天文历法方面的传世之作——《数术释诠·如意藤》。他的这本佳作，对如何运用时轮时宪两种历法，推算五行星运动的原理和方法，有其独到的见解。

郎木·洛桑慈成嘉措大师一生著述甚多，素有"百部论方"之称，内容广博，举凡佛学、历史、天文、历算，无不涉猎，是安多有名的大学者。

扎贡巴·贡却丹巴热杰 藏历第十三绕迥铁鸡年（1801年）生于今甘肃省甘南州合作市合作寺附近，圆寂于第十四绕迥火虎年（1886年），享年65岁。

5岁时他被三世嘉木样大师确认为扎西贡巴·罗桑热希的转世灵童，6岁时被迎至拉卜楞寺，在阿芒班智达·贡却坚参座前剃度出家，取法名贡却丹巴热杰。9岁时在噶丹曲科寺学习的同时，赴拉卜楞寺攻读显密佛典。曾两次赴藏，拜达普央增、益西嘉措等30多位上师学受灌顶、随许等法，广学多闻。从9岁至53岁之间，一直拜阿芒班智达·贡却坚参为根本上师，精进不懈，广泛猎涉显密经典，后来成为大学者，有传世佳作《安多政教史》。《安多政教史》依据530部参考书，涉及遗言、法源、历算、历史文献、人物生平、世系、朝代、法嗣、传记、目录、氏族等，内容翔实可靠。他跋山涉水至玛曲、碌曲、桑曲、格曲、宗曲等广大地区，实地考察，耳闻目睹后才完成了这部巨著。《安多政教史》对研究安多地区的佛教、民族、文化等起着不可估量的作用，也为当今藏学界、学术界不可多得的珍贵参考书籍。

喇嘛噶绕活佛 全名为察罕呼图克图·至尊先巴图道布贡噶坚赞，佛号察罕呼图克图，俗称察汗格根（蒙语）喇嘛噶绕（藏语意为白佛）。清道光十五年（1835年）十月生于今卓尼县刀告乡石矿村。童年时依卓俄旺丹增为启蒙教师，学习文法、书法、仪轨、经卷。后在格西慈智木达吉尊前出家，受沙弥戒。道光二十七年（1847年）随从俄旺丹巴初到蒙古，不久返回，通读了《甘珠尔》经。咸丰三年（1852年）前往厄鲁特蒙古四部之一的准噶尔部。曾到金山阿勒泰、塔尔巴哈台。其时，该地瘟疫流行，他诵经禳灾，被众称为"察汗格根"（白佛）。后返回故里，曾在岔道寺（临潭阎家寺）、拉卜楞寺拜师习经。在大法台俄旺嘉华慈智嘉措尊前受比丘戒。继又赴新疆蒙区。在天山脚下的土尔扈特、博格达、哈巴河等地，被相曲才丹奉为福田。同治二年（1863年）莅临塔尔巴哈台。

同治四年（1865年），新疆各地相继发生叛乱，喇嘛噶绕看到地方不靖，生灵涂炭，即在西耐衍寺奉还律仪，破戒从戎。因营救塔城有功，清廷册封为"阿吉呼图克图"，后退还封号。此后又在乌尔扎尔和加木图乌击败叛军。同治皇帝重赐"呼图克图"银印和金册，并封为将军。同治九年（1870年）率军移驻乌里雅苏台，接受藏、蒙、汉三种文字刻制的"棍"噶扎拉参呼图克图金印，并为他在阿勒泰修建的寺院命名为"承华寺"。十月，甘肃国民义军围攻乌鲁木齐城，十二月，他曾率兵援城。同治十年（1871年），沙俄悍然出兵占领伊犁地区。同治十一年（1872年），喇嘛噶绕调其所属索伦额鲁特兵赴塔城，使哈萨克地区几万户百姓归顺清朝，声名大震。光绪二年（1876年），沙俄侵略者波塔宁等侵入承华寺，被他驱逐出寺。后沙俄又派侵略军寻衅，他当面揭露了沙俄侵略者的罪行。后在沙俄的压力下，清政府竟将棍噶尔扎拉参等人分别处罚。不久恢复将军职务，颁赐将军印。光绪七年（1881年）十二月十五日离开库尔喀喇乌苏的将军府，启程前往西藏。光绪九年（1883年）三月十三日抵达拉萨。在藏期间，正值廓尔喀（尼泊尔）加紧派军入侵西藏，他受达赖喇嘛之委托调解了纠纷，光绪帝颁赐"笃信禅师"封号。光绪十一年（1885年）八月从拉萨起程去北京，次年六月初九觐见光绪。后朝拜五台山，并塑造宗喀巴佛像。光绪十六年（1890年）三月启程返故里，并在家乡修建了寺院（即扎西曲科林寺）。七月初五经拉卜楞寺前往新疆，并在各地进行佛事活动。光绪二十年（1894年）六月十九日从察罕启程，经乌鲁木齐回乡。光绪二十一年（1895年）九月三十日圆寂于卓尼车巴沟扎西曲科林寺，"朝野闻之，无不悲痛"。

光绪二十四年（1898年）五月，光绪帝准其转世为新疆阿勒泰八音沟承化寺呼图克图，此外，卓尼贡巴寺也有其转世化身。

现代人物

嘉木样·洛桑久美·图丹却吉尼玛

幼名周塔尔，藏族，拉卜楞寺第六世嘉木样活佛。1948年生于青海省刚察县。1951年被班禅大师选定为五世嘉木样的转世灵童，赐名洛桑久美·图丹却吉尼玛。1951年曾率中国青年代表团赴日本访问，先后任全国政协常务委员，甘肃省政协副主席。现任甘肃省人大常委会副主任、甘肃省佛教协会会长、全国佛教协会副会长、拉卜楞寺管会名誉主任、全国人大常委会委员。

肋巴佛 肋巴佛，原名怀来仓，乳名康三哥，藏族，祖籍夏河拉卜楞。生于1916年10月17日。1922年8月，其父洛藏在吹麻滩被地主依不拉害死，其母李良存于1923年8月领着7岁的康三哥去导河衙门告状。公堂上康三哥直立不跪，还说"我是活佛"。此时，松鸣岩寺活佛僧人正寻找该寺十七世怀来仓活佛的转世灵童，康三哥的事迹传出，便被认定，遂迎入寺院。后到卓尼康多寺（即水磨川寺）学经9年，取法名金巴嘉木措。1931年受戒，并在该寺坐床。在这期间，他家遭劣绅压迫几度逃难，母亲悲愤走失，哥哥因保护红军惨遭马步芳杀害。于是肋巴佛立誓报仇雪恨，从此广交朋友，联系社会义士，等待时机。

1940年，肋巴佛在卓尼康多、杓哇一带秘密串连贫苦百姓，成立"草登草哇"（七部落组织）对抗官府，抗粮抗款。1943年1月26日，他派年旦增赴临洮苟家滩，参加了好友王仲甲召集的会议，决定在清明节发动起义。3月28日，肋巴佛在冶力关泉滩集合3000名汉、藏群众，揭竿而起，提出"官逼民反，民不得不反"的口号，组成"饥民团"举旗誓师，肋巴佛任总司令，下编3个团。29日夜，攻破临潭县城，释放囚犯，开仓济贫。此后，各地农民纷纷响应，义军队伍迅速壮大。后与王仲甲等义军联合，成立"西北各民族抗日义勇军"，下编10路军，王仲甲任总司令，肋巴佛任藏军司令。起义军在岷县、武山、临潭等地与地主武装交战，虽取得重大胜利，但在与国民党50个团的作战中，又屡遭失利而转入地下，肋巴佛冲出夏河保安队的围捕，潜逃宁夏。1946年5月，又返回和政县。1947年1月3日，他又去渭源，与中国共产党陇右工委领导人高健君、万良才等会面。5月，由高健君、牙含章介绍加入中国共产党。6月，陇右工委派肋巴佛赴延安学习和汇报工作。在途经平凉安国镇时，不幸发生车祸遇难，年仅31岁。

肋巴佛是一位藏传佛教活佛，他高举义旗，带领各族广大贫苦农牧民反抗国民党的暴政，后又加入中国共产党，是爱党爱民的典范和民族团结的楷模。

为了缅怀肋巴佛的光辉事迹，党和政府于1988年建立了肋巴佛纪念亭。肋巴佛纪念亭位于甘南藏族自治州卓尼县城东南洮河南部牙川（石雅川）

肋巴佛

山腰台子上。亭为仿古六角重檐攒尖顶，两层平台，面积61.8平方米。亭中心置《肋巴佛烈士革命事迹》碑，牙含章撰写碑文。碑文为：

肋巴佛烈士革命事迹

肋巴佛（1916-1947），藏名怀来仓·贡却丹增，生前曾为卓尼水磨川寺的活佛。

肋巴佛出生于贫苦的藏族农民家庭，自幼同情劳动人民的疾苦，又受红军长征的影响，对国民党政府的反动统治非常不满，与甘南农民起义领袖王仲甲、回族农民领袖马福善、马继祖父子秘密联合，于一九四三年共同领导了汉、回、藏十万农民参加的

肋巴佛纪念亭

反蒋抗日起义,这就是当时震动全国的甘南民变。起义军遭到了国民党政府军的残酷镇压而失败后,肋巴佛仍与毛德功等陇右战友转入地下,继续坚持武装斗争,并于一九四六年派肖焕章前往陕北,与中国共产党取得联系。党派高健君和我前往陇右地区,领导他们建党建军,不久即由高健君和我介绍肋巴佛与郭化如等同时参加了中国共产党。一九四七年四月,肋巴佛要求去陕北革命根据地学习,经党批准由我护送前往陕北,不幸在平凉遇难。肋巴佛是爱党爱人民的典范,民族团结的楷模,他的革命精神永垂不朽。

一九八七年八月　牙舍章撰

黄正清　黄正清于光绪三十四年(1908年)三月出生于今四川省甘孜藏族自治州理塘县营官坝彩玛村一个藏族家庭,本名洛桑才旺。他从十几岁开始就投身于社会,早在1925年,就与中共地下党员宣侠父同志交往,在宣侠父同志的影响下,接受了进步思想。

1949年,在人民解放战争取得全面胜利的前夕,黄正清毅然率部起义,奔向革命。

新中国成立后,黄正清受到中国共产党和人民政府的关怀和信任。1950年—1954年,先后担任甘肃省农业厅副厅长、西北军政委员会委员、畜牧部副部长、民族事务委员会副主任、西北行政委员会副主席、甘南藏族自治州州长、甘南族藏自治州军分区司令员;1954年—1962年,先后任甘肃省人民政府副省长、甘南藏族自治州州长、甘南藏族自治州军分区司令员和政协甘肃省委员会副主席;1962年—1979年任政协甘肃省委员会副主席;1979年—1988年任甘肃省人民政府副省长、政协甘肃省委员会副主席;1988年—1997年任政协甘肃省委员会副主席。黄正清同志在担任上述职务的同时,还历任全国人民代表大会第一和第二届代表、全国人民代表大会民族委员会委员、全国人民代表大会国防委员会委员,政协全国委员会第五、第六、第七届委员会委员及常务委员,甘肃省人民代表大会第二、第三、第四、第五、第六届代表,政协甘肃省第二、第三、第四、第五、第六、第七届的委员会委员、常务委员、副主席。1955年被授予少将军衔。1996年中组部批准按省长级待遇。

黄正清是一位与中国共产党和人民政府合作共事、肝胆相照、荣辱与共的少数民族上层爱国人士。他在担任政协甘肃省委员会领导职务期间,积极参加省政协组织的活动,广泛团结各族、各阶层人士,倾听群众的意见、建议和要求,还多次深入基层进行视察和调查,向省委省政府提出建设性意见和建议,积极参政议政。在担任全国人大代表和全国政协委员、常委期间,积极参加与全国大政方针的协商讨论,为履行人民政协政治协商、民主监督、参政议政职能贡献了力量。

黄正清参加革命工作以来,非常重视自身思想的提高,一贯对学习抓得很紧,一有空就看书、看报,认真学习党的路线方针政策,学习党的统一战线理论和人民政协工作理论。《邓小平文选》第三卷出版发行时,他已92岁高龄,仍以坚强的毅力,孜孜不倦的精神,通读了《邓小平文选》第三卷。

黄正清参加工作几十年来,衷心拥护中国共产党的领导,拥护社会主义制度,拥护党的十一届三中全会以来的路线方针政策。中共十五大胜利闭幕后,黄正清同志一再表示,拥护十五大精神,拥护以江泽民同志为核心的党中央。虽然重病在身,还要求参加学习贯彻十五大精神的省政协常委会。几十年来,黄正清同志与中国共产党风雨同舟、和衷共济,积极宣传贯彻党的民族政策,支持发展民族地区经济。在第十世班禅转世灵童的寻访、认定期间,黄正清坚决拥护中央决策,主张按照历史定制和藏传佛教仪轨寻访,认定十世班禅转世灵童,坚决拥护经过金瓶掣签认定的十一世

黄正清与十世班禅等在夏河(左起:六世贡唐仓,十世班禅,黄正清,六世嘉木样)

班禅，并通过各种渠道向甘、青、川的藏传佛教信教群众广泛宣传，并维护民族团结和祖国统一，尽到了应尽的责任。1997年10月，黄正清因病逝世。

黄正清在参加革命工作后的几十年来，顾全大局，注重团结，与人为善，严于律己，平易近人，生活俭朴，他不愧为中国共产党的忠诚朋友，甘肃省少数民族爱国人士中的杰出代表。

杨复兴 1929年生，藏族，卓尼第十九世土司杨积庆的次子，藏名班玛旺秀。1937年，卓尼第十九世土司部下勾结军阀鲁大昌，杀害了土司杨积庆，一时群情激昂，自发起来严惩了叛徒，并一致要求国民党甘肃省当局让其8岁的儿子杨复兴继承土司位。甘肃省当局批准杨复兴为洮岷路保安司令，承袭土司位，并对土司武装进行了整编。1947年8月，杨复兴代表卓尼46旗和30多座寺院去南京晋见了蒋介石。1947年冬，国民政府国防部调杨复兴赴南京中央陆军大学受训。1948年，在陆大受训的杨复兴，被选为国大代表出席了大会。1949年初，杨复兴从陆大毕业，授予洮岷路少将保安司令之职。杨复兴返回卓尼后，着手整顿军务，举办卓尼军官训练班，扩充地方武装，守土自保。1949年9月11日，杨复兴率部在岷县通电起义，受到彭德怀副总司令的嘉奖。杨复兴起义后被任命为岷县专区卓尼民兵司令部司令员兼卓尼县长。1950年成立卓尼藏族自治区，杨复兴任主任。1953年，甘南藏族自治区成立，他被选为副主席，并被任命为甘南军分区副司令员。1955年授予大校军衔。1956年加入了中国共产党。1959年，卓尼县并入临潭县，杨复兴任县长。1961年7月，甘南州四届人民代表大会召开，杨复兴当选为副州长。1960至1964年期间他还任第一届、第二届甘肃省民委副主任。"文化大革命"期间他受到冲击，后被下放到"五七干校"劳动。1971年至1981年，任西北民族学院副院长。1981年，他被选为甘肃省第六届人大副主任。1988年再次当选为甘肃省第八届人大副主任。1993年被任命为甘肃省人大常委会咨

杨复兴

询员。2000年1月1日在北京逝世，享年71岁。

贡唐仓·丹贝旺旭 贡唐仓·丹贝旺旭于藏历第十五绕迥火虎年（1926年）正月十三日出生于四川省若尔盖县，6岁时被访认定为六世贡唐仓活佛，被迎进拉卜楞寺，是拉卜楞寺四大赛赤之一。1935年开始在拉卜楞寺闻思学院学经，1944年毕业，获"格西"学位。同年农历十一月，去四川省查理寺院住寺并管理寺院。1954年农历九月至拉卜楞寺任总法台。1949年后，他历任四川川西藏族自治区人民政府委员、区政治协商会副主席、区人民政府监察委员会第一副主任。1952年10月任甘南藏族自治区各族各界人民代表会议特邀代表。1955年任国务院甘青川边区工作团委员。同年5月任政协甘肃省第一届委员会委员。1956年3月任甘南藏族自治州人民委员会委员，1957年当选为全国佛教协会理事，同年9月当选为佛协甘肃分会副会长。1958年5月至1979年4月，在当时"左"的错误路线指导下，贡唐仓·丹贝旺旭受到不公正对待。1979年8月，他担任政协甘肃省第四届委员会委员，同年11月任省政协常务委员。1980年任甘肃省佛教协会理事、常务理事、副会长。1981年12月任全国政协第五届委员会委员、中国佛教协会理事、常务理事。1983年3月任全国政协第六届委员会委员。1984年3月至2000年3月任政协甘肃省第五、第六、第七、第八届委员会副主席。1987年3月任中国佛教协会副会长，1988年3月至2000年3月任全国政协第八、第九届委员会常务委员。

2000年3月1日，贡唐仓·丹贝旺旭在拉卜楞寺逝世，享年75岁。

贡唐仓·丹贝旺旭是坚定的爱国主义者，著名的社会活动家，藏传佛教界的著名人士。他一生致力于民族团结、爱国爱教、团结进步的伟大事业，几十年如一日，同中国共产党和人民政府密切合作，为甘肃的经济发展、社会进步、民族团结做了许多重要的工作，为引导藏传佛教与社会主义社会相适应做出了积极贡献。他一贯坚持爱国立场，旗帜鲜明地反对民族分裂，维护祖国统一。贡唐仓副主席逝世，使藏传佛教信教群众失去了一位好活佛，是藏传佛教和信教群众的一大损失。

董振明 董振明又名才让顿珠，藏族，光绪三十二年（1906年）生于青海省乐都北山。6岁起给牧主放羊，1930年到青海省乐都县仓家寺为僧，后去塔尔寺。也在此时举家迁往甘肃天祝。1931年参加了九世班禅卫队，遂赴北京，在河北境内被土匪冲散后掉队，一时以乞讨为生。

1932年，董振明参加了驻冀中的东北军吕正操部队。1937年9月，吕部脱离东北军加入人民军队行列，属八

董振明

路军冀中军区，从此他走上了革命道路。在抗日战争和解放战争期间，他曾在著名的娘子关战役、百团大战、临汾战役、平汉战役等战斗中出生入死，英勇战斗，多次身负重伤，荣立二等功、一等功。先后在人民自卫军任排长和二十大队副连长。1938年3月加入中国共产党。1939年在冀中军区建国县大队任副大队长；1940年任冀中军二区南进支队特务连连长；1941年在冀鲁豫军区十六团十二连任连长；1945年任冀鲁豫军区二十旅六十四团一营副营长；1946年8月任二十旅十六团副参谋长；1948年9月任六十军一七八师五三四团副参谋长。

1950年8月任中央贸易干校总务科长；1951年8月任中央民族事务委员会交际处副处长；1955年任川、甘、青三省工作团委员，同年荣获中华人民共和国三级解放勋章、三级独立自由勋章、中国人民解放军八一勋章，并授予上校军衔；1956年1月任成都军区藏民二团团长；1961年5月任四川省阿坝藏族自治州政协副主席，同年10月任阿坝州副州长。1982年12月7日病逝，享年76岁。

德哇仓·嘉样图丹嘉措 德哇仓·嘉图丹嘉措是第八世德哇仓，为四川阿坝州若尔盖县辖曼乡河拉村人。1944年生，1949年农历二月一日由第七世土观大师定立，同年九月二十二日迎入拉卜楞寺坐床，拜罗藏塔益为佛学启蒙老师。1950年拜随德当活佛受沙弥戒。1953年加入显宗学院学习，至1958年升到因类学班级。1959年至1962年夏被选送到西北民族学院教育系师范科学习。1963年至1968年在甘南政治学校学习。1979年担任夏河县政协常委。1981年任夏河县政协副主席。1983年任夏河县副县长。1984年任夏河县人大常委会副主任。1986年至1987年赴北京中国藏语系高级佛学院深造。1988年当选为甘肃省青年联合会副主席。现任拉卜楞寺管委会主任、甘南州人大常委会副主任、省佛教协会副会长、政协甘肃省委员会副主席等职。

才旦夏茸 藏传佛教格鲁派高僧，著名藏学家。青海省循化县人。全名才旦夏茸·久美柔贝洛珠。1910年4月22日出生于循化县积石镇一杨姓富豪之家。3岁时被认定为才旦寺五世才旦夏茸活佛的转世灵童。6岁被迎入才旦寺坐床。1916年受沙弥戒。1918年至吐哇学习佛法。1919年入丹斗寺学习佛法、诗学、历算和因明。1923年拜青海循化尕楞寺活佛晋美丹曲嘉措为师，学习佛经和诗学。1924年往返于青海各地学经传法。1925年在尕楞寺学习摄类学，兼习佛学和历算，并受比丘戒，正式取法名才旦夏茸·久美柔贝洛珠。1931年到黄南桑格雄和四川阿坝藏区拜师学经，收集经典。1936年至1940年在青海、甘肃各地讲经、传法、建寺。新中国成立后，积极从事民族事务和发展藏族文化的工作。1954年夏，赴北京参加政府文件和毛泽东著作哲学部分的翻译、审定工作。后到青海民族学院从事教学工作。1959年调民族出版社。1979年受聘为西北民族学院教授，并著书立说。历任青海省办公厅副主任兼省翻译委员会副主任，青海省政协委员，甘肃省佛协副会长，中国佛教协会理事，第六届全国政协委员，西藏天文历算研究所名誉所长，中国语言学会理事等职。1984年出资设立"才旦夏茸奖学金"。1985年农历五月十三日在甘肃拉卜楞寺圆寂，享年75岁。其论著有《菩提道次第广论备忘寻要义集论》、《密宗注疏》、《藏传佛教各宗派名称辨析》、《藏文字贴》、《藏文文法》、《藏文词典》、《诗学通论》、《藏语语法简论》、《书信格式》、《藏文的来历》、《藏族历史年鉴》、《夏琼寺志》、《丹斗寺志》、《款仁波且传》、《宗喀巴传略》、《喇勤贡巴绕赛传略》、《历辈麻尼仁波且传》、《灵塔志》、《普氏历算法》等。

丹巴嘉措 曾用名释淡泊，1909年出生于四川省若尔盖县。他是国内第一个将毛泽东著作翻译为藏文的藏族学者。丹巴嘉措自幼天资聪慧，刻苦勤学。曾就学于四川若尔盖寺院及拉卜楞寺院，曾任拉卜楞寺议仓（参议会）秘书长、拉卜楞寺青年喇嘛职业学校教师。还俗后定居夏河县九甲乡。新中国成立后，赴兰州革命大学第三部学习，任临夏专署藏文秘书、革大翻译股长、兰州大学藏文系副教授、西北民族学院少数民族语言文学系副教授。丹巴嘉措多年致力学术研究，终成一位深孚众望的学者。他在教学中集思广益，深入浅出，颇受师生尊敬。他以广博的学识、开朗的思想、严谨的治学态度，先后参与了《共同纲领》、《宪法》的翻译和审核正作，为宣传党的政策、促进藏汉文交流，做出了积极的贡献。他在兰州大学任教期间，反复阅读《毛泽东选集》第1卷，几乎达到默写的地步，随之着手将《实践论》与《矛盾论》等哲学论著译为藏文,受到国家领导人的热情赞扬,在藏学界产生极大影响。他在众教之余,陆续撰出《藏族诗学简介》、《藏文文法"拉顿"的若干问题》等著作。《藏文文法"拉顿"的若干问题》一书由甘肃人民出版社出版并重印多次,并译为日文发行国外。他在世界藏学界亦享有很高的声誉。1959年,丹巴嘉措被错划为右派;1965年,调回甘南藏族自治州任州政协委员,继而又遣回夏河县批判斗争,身心倍受摧残,于1971年病故。1973年2月,甘南州人民政府给他彻底平反。

丹真贡布 藏族诗人。甘肃省夏河县人,1934年生,1951年西北民族学院政治二班毕业。曾任西北民族学院教师、甘南州畜牧中学教师、甘南州歌舞团创作员、甘南州文化局局长。50年代开始发表作品,至今已发表诗歌近百首。1987年出版的诗集《羚之街》获全国少数民族文学奖。诗歌《春愿》等被多种刊物转载,曾获全国少数民族文学奖,1985年获五省区藏族文学奖和甘肃省少数民族作者文学创作一等奖。系中国作家协会会员,全国文联委员,甘肃省文联副主席,甘肃省少数民族作家协会副会长,甘南州人大副主任。现已病故。

伊旦才让 诗人,1933年出生于青海宗喀地方。1954年西北民族艺术系毕业。曾从事舞蹈工作,为中国舞蹈家协会会员。50年代开始发表作品。60年代出版了由他搜集整理的藏族民歌集《婚礼歌》和《安木多藏族民歌》,70年代至今出版的诗集有《雪山集》、《雪狮集》、《雪域集》,他的著名短诗《捧送阳光的人》和《母亲心授的歌》分别获首届和第二届全国少数民族文学创作一等奖。1992年10月,中国社会科学院民族研究所藏族文学室和甘肃省作家协会联合在京举办了"伊旦才让作品讨论会"。系中国作家协会会员,作协甘肃分会副主席,甘肃省少数民族作家协会副会长,甘肃省藏学研究会常务理事,一级文学创作者。任职于甘肃省文联创作组,为专业作家。现已病故。

卢克俭 藏名丹珠,藏族,1932年生于甘肃省卓尼县,中国共产党党员,中央党校哲学专业研究生毕业。历任中共甘南州委常委、书记处候补书记,中共天祝县委副书记、天祝县人民政府县长,甘肃省委党校副校长,中共甘肃省委常委、统战部长、政法委员会第一书记,1984年先后任甘肃省委副书记、省人大常务委员会主任,并被聘为兰州大学客座教授。系第七届、八届全国人大代表,第六届全国政协委员。

多吉才让 1939年11月生于甘肃省夏河县。1955年8月参加工作。1955年8月至1959年4月,任甘肃省夏河县四区政府干事、工作队长、合作公社那义大队大队长。1959年5月至1965年8月任西藏自治区浪卡子县干事、副区长、县人委秘书、县长。1965年9月至1966年任西藏自治区加查县县长。1966年至1969年在"文化大革命"中受迫害。1969年9月至1970年11月任西藏自治区加查县革委会常委、县革委会生产组组长。1970年12月至1973年7月，任山南地区革委会生产组副组长、地区革委会副主任、地委书记。1973年8月至1977年9月任共青团西藏自治区委员会书记。1977年10月至1982年12月，任西藏自治区党委常委、日喀则地委第一书记、军分区第一政委、军分区党委第一书记、地区政协主席。1983年1月至1985年10月，任西藏自治区党委常委、自治区人民政府常务副主席、政府党组副书记。1985年11月至1990年5月任西藏自治区党委副书记、自治区人民政府代主席、主席、党组书记。1990年5月至1993年2月任民政部副部长、党组副书记。1993年3月后，任民政部部长、部党组书记。党的十一届三中全会和十二大分别当选为中央纪律检查委员会委员，第十三届、十四届、十五届中央委员，七届全国人大代表。现任全国人大常委会民族委员会主任。

丹珠昂奔 1955年出生在甘肃省天祝藏族自治县。1982年中央民族学院汉语系毕业后，被分配到中央民族学院少数民族文学艺术研究所从事藏学研究工作。1986年晋升为讲师；1990年调任中央民族学院藏学研究所副所长（主持全面工作）；1991年破格晋升为副教授；1993年破格晋升为教授，担任中央民族大学藏学系主任、藏学研究所所长；1994年兼任中央民族大学民族学研究院副院长；1995年任中央民族大学校党委副书记。后任国家翻译局党委书记、局长，云南省省长助理，现任国家民委副主任。为全国青联委员、中国西南民族研究会副会长、中国民族理论学会副会长、中国少数民族作家学会常务理事、《安多研究》杂志编委会副主任、《民族文学研究》编委、中国社会科学院专业职称评审委员、中国藏学研究中心藏学职称评审委员、青海省民族文化研究会高级顾问。曾被评为北京市新长征突击手；1992年被评为北京市高等学校青年学科带头人，并获得霍英东教育基金；1993年被评为北京市优秀教师；1995年被评为北京市"百人工程"成员；1996年获宝钢教育基金优秀教师特等奖。为享受国务院特殊津贴的专家。主要著作有《藏族神灵论》、《佛教与藏族文学》、《吐蕃史演义》、《爱我中华，爱我西藏》、《藏族传统文化辞典》（主编之一）、《藏族文化散论》、《藏文化》（合著）、《藏族文化志》、《历辈达赖喇嘛、历辈班禅额尔德尼年谱》（主编）、《藏族文化发展史》等。发表有

《论活佛》、《藏族古代伦理思想初探》、《藏族文化圈与格萨尔王传》等论文70余篇。发表过《在岁月脚下》、《草原上的传说》、《白雪山，红雪山》（中篇小说，译为日文）等数十篇中短篇小说，计数百万字。多篇作品获奖。主要讲授《文化学通论》、《藏学概论》、《藏族文化史》诸课。在藏学和藏族文化史的理论建设方面成绩突出。多次出国访问讲学，参加国际性学术会议。

李德奎 男，藏族，1946年4月生，甘肃省肃南裕固族自治县人，中央民族学院政治系毕业。1961年4月参加工作，1965年8月加入中国共产党。先后在肃南县人委办公室、民政人事局、革委会宣传组、肃南县委宣传部工作，历任副组长、副部长、副主任。1974年9月在中央民族学院政治系学习（专科），1977年毕业。1980年5月任肃南县委副书记、书记。1984年7月任张掖地区行署副专员。1984年11月任甘南州委副书记、州长。1985年7月任甘南州委书记、州长。1986年7月任甘南州委书记。1990年9月，在中央党校中青年干部培训部学习。1991年11月任甘肃省纪律检查委员会副书记。1993年2月至2003年1月任甘肃省人民检察院党组书记、检察长。2003年1月当选甘肃省人大常委会副主任。2004年2月至2008年1月任甘肃省人大常委会副主任，省总工会主席。2008年任甘肃省人大常委会咨询员。二级大检察官。

赛仓·罗桑华丹曲吉多吉 民国27年（1938年）生于青海同仁，与第五世赛仓同属一个家庭。1937年，九世班禅曲吉尼玛莅临拉卜楞寺，后由当地土官久美出面，将九世班禅迎至德尔隆寺，请求大师卜算五世赛仓的转世灵童。班禅交付了一个密封的小匣，谕示要严加保藏，一年后方能开启。民国28年（1939年）2月11日，同仁土官久美以及隆务大寺各扎仓代表、隆务寺夏日仓活佛拉章的相佐等聚于德尔隆寺赛仓拉章，当众开启九世班禅大师交付的小匣，由阿穹嘎尔哇活佛向大家念诵了密封的折文，上面详细写有转世灵童的出生地村庄及其父母姓名，并预先为转世灵童起法名罗桑华丹曲吉多吉，还赐有护身结。民国29年（1940年）9月，德尔隆寺派人去迎接坐床，沿途受到热烈欢迎，于9月23日到达德尔隆寺，举行了隆重的坐床仪式。7岁开始学习经典，14岁时已学完因明学，同时研究文法、修辞、诗歌等。

1952年，15岁的六世赛仓赴西藏求学，受到西藏军区范明将军的照顾，并受到哲蚌寺、噶丹寺、色拉寺、扎什伦布寺的堪钦、相佐及众僧的欢迎。六世赛仓也多次发放布施。后入郭芒扎仓短期学习，进一步学习因明学。随后他入桑浦寺，系统研习般若、中观、俱舍等五部大论。

返回母寺后，六世赛仓继续拜师学习音韵、诗学、星象及历算等。经过多年的潜心学习，他在文法、诗学、修辞等方面有了很深的造诣，并擅长绘画，精通藏文书法。

六世赛仓现任甘肃省佛教协会副会长，甘肃省政协常委，甘南州政协副主席，合作师专副校长、藏语文教授。已出版的主要著作有《诗学修辞明鉴》等。

马进武 又名华锐桑杰，1931年2月生，天祝县东大滩乡人。1953年在甘南剿匪战斗中荣立三等功。1954年加入中国共产党。1955年于西北民族学院语文系藏文专业毕业后，在预科任教。1970年5月后，在甘南民族学校从事教学工作。1978年5月，调西北民族学院少语系任教，现任少语系教授，曾任系主任。著有《藏语成语集》、《藏语语法明灯》、《藏语词汇的来源与发展浅析》等著作和论文，并翻译和发表了《科学常识》，校订了《格萨尔王传》的《珠固兵器国》、《天玲》等分部本。

多识 旧译朵什，全名多识·东舟宁洛，又名罗桑图丹琼培。著名藏学家。1936年1月生于华锐明锐龙哇地方（即甘肃天祝朵什乡），系该地朵什寺第五世活佛。从小在天堂寺、拉卜楞寺等地拜曲藏经师、桑科久美大师等数十名格西为师，学习梵文和藏传佛教显密宗经论等大小五明。后来工作岗位上自学汉文、俄文、英文等，并在"文化大革命"下放期间钻研过中医理论和针灸。1983年调入西北民族学院，1985年开始担任藏语文专业硕士研究生导师。先后著有论文50余篇，有些被译为英文和蒙文，并发表诗歌40多首。其中多篇文学作品被选入藏文教材，诗作《春姑娘下凡》获1985年五省区文学创作一等奖，专著《藏语语法论集》获国家民委1989年哲学社会科学优秀科研成果二等奖。1993年应邀出访了蒙古国和日本。现为西北民族藏语系教授，系国家级专家，为中国藏语系高级佛学研究员、中国藏学中心干事、甘肃省藏学研究会副会长等。已出版的著作有《藏语语法论集》、《云释浅释》、《诗歌刍论》、《藏密气功典籍选编》以及《爱心中爆发的智慧》等。

孔宪岳 男，藏族，出生于1932年7月15日，天祝县朵什乡人。1953年在甘南剿匪战斗中荣立三等功。1956年7月加入中国共产党，1985年担任中央民族出版社藏文编辑室主任，职称为编审。

1955年1月从西北民族学院语文系藏文专业毕业后分配到中央民族出版社工作，主持藏文版《毛泽东选集》1至4卷的翻译、修订工作，翻译出版《国家与革民》、《共产党宣言》、《法兰西内战》、《哥达纲领批判》、《水浒传》、《三国演义》等。编纂了《汉藏对照词典》（获全国优秀奖），《藏汉英辞典》。负责编辑出版藏、汉、英三种文字的《中国西藏》在国内外发行。1991年起在中共中央统战部任藏文杂志编审4年。给台湾翻译藏传佛教密宗经典28部，50多万字。翻译了《贡嘎活佛传》和著作《盛番百游记》、《那若曲舟》等。他曾为全国人大、全国政协会议作过同声翻译，给党和国家领导人陈毅、李维汉、康克清、邓颖超等做过口头翻译。2004年获国家翻译协会资深翻译家称号，并颁发了证书。

贡却才旦 《格萨尔》演唱艺人，西北民族学院教授。1913年出生于青海省同仁县兰才乡一贫苦人家。父亲是宁玛派僧人。贡却才旦自幼从父学习藏文。同仁县是《格萨尔》普遍流传的地区之一，贡却才旦自幼仿效说唱，在家乡小有名气。28岁时家乡遭军阀马步芳侵犯，贡却才旦财物被抢，房子被烧，逃到夏河县，开始以说唱《格萨尔》为生，渐渐在夏河一带成名。1956年被调到西北民族学院任藏文教师。1981年评为副教授。贡却才旦除授课外，先后整理出版藏族英雄史诗《世界公桑》、《赛马称王》、《英雄诞生》等多部。《世界公桑》于1983年12月被中国民间文艺研究会评为全国民间文学作品荣誉奖，1986年获甘肃省优秀图书奖。1987年出版《格萨尔词释》，收词目4000条。此外还撰写了一些论文，当年晋升为教授。

贡卜扎西 剧作家、文学家、摄影家。生于1938年，甘肃夏河县拉卜楞镇人。1957年西北民族学院语文系藏文班毕业。之后，又于中央民院政治系哲学研究生班深造并毕业。曾任西北民族学院教师、报道员（记者），甘肃省委统战部处长、甘南州委副书记兼合作民族师专书记、甘南州人大主任。1958年开始发表作品，他的小说、诗歌、散文、剧本、摄影等作品曾多次地省内外获奖。与胡耀华合作创作的话剧《白雨》剧本，曾获第一届中国少数民族题材剧本金奖。1991年6月在上海美术馆举办了贡卜扎西甘南藏族风景摄影展，1992年出版了《贡卜扎西摄影作品选集》。同年被英国剑桥国际人物传记中心评选为1991年至1992年度国际名人。个人传记被收入《国际名人传记词典》、《国际名人》和《有成就的男人》。获"20世纪成就奖"。系中国少数民族作家学会会员，中国少数民族戏剧家学会会员、理事，甘肃省作家协会会员，甘肃省少数民族作家协会副会长。

益希卓玛 女，一级作家。1925年生，甘肃卓尼人。曾担任中央民委藏民研究班班委，藏民组副组长，甘肃省妇联常委、《新中国妇女》、《西北文艺》、《甘肃文艺》、《工农文艺》、《甘肃歌谣》编辑及《甘肃日报》记者。50年代起开始发表作品，至今共发表小说、散文、报告文学、电影剧本等20部（篇）。其中剧本《在遥远的牧场上》于1957年获文化部和中国作家协会举办的全国电影剧本征文奖，短篇小说《美与丑》1980年获第三届全国优秀短篇小说奖和中国少数民族文艺创作荣誉奖，长篇小说《清晨》于1988年被苏联《儿童文学》译载部分章节。系中国作家协会会员，甘肃省作家协会常务理事，甘南州文化局创作室专业作家。

旦巴 藏族，生于1925年，甘肃省夏河县人，著名藏医。原系政协甘南州委员会常务委员，甘肃省中医协会副会长，甘南州中医协会秘书长，甘南州科协常务委员，夏河县藏医院院长、主任医师。由他主持开发的藏药"洁白丸"，获国家经委"优秀新产品金龙奖"。先后荣获甘肃省劳动模范，省卫生先进工作者，全国卫生先进工作者称号，并获省"为少数名族科学奉献发展作出贡献"奖。

拉姆措 女，藏族，天祝藏族自治县人，本科学历，国家一级演员，著名的藏族歌唱家。1980年参加工作，先后在天祝县民族歌舞剧团、甘肃省民族歌舞团、兰州军区战斗文工团、武警总部文工团工作。数十年来，曾参与国家、军区、武警、省举办的大型文艺演唱会，并赴五省（区）藏区及其他各省演唱，博得了各族观众的好评。

久西草 女，藏族，生于1947年，甘肃省广河县人，著名的甘肃民间艺人。1961年，参加全国少数民族文艺业余会演，获第一名，受到党和国家领导人的接见。她与东保吉等合演的节目《三个女民兵》被搬上荧幕，获文化部、国家民委颁发的荣誉证书。1987年甘肃省民间音乐舞蹈会演时，自己创作并演唱的《我的家乡拉卜楞》获三等奖。

灿烂文化

源远流长的本教文化

本教文化是早于藏传佛教的藏族传统文化。对后世文化产生了重大影响。本教是从万物有灵的原始宗教发展而来的。文字资料记载：两千多年前诞生于西部藏区古象雄（今西藏阿里为中心）俄摩隆仁辛绕米保切被认为是本教的创始人。在此之前，青藏高原到处存在着各种原始巫教即"本"，当时有天本、魔本、赞本等，天本崇天，魔本崇魔，赞本崇赞。天是代表整个自然力量的意象概念，魔是某种神秘力量的象征，赞则是本教古籍中主宰人间的主神。这些被藏族先民无限崇拜的偶像——神灵，有不同的起源和不同祭祀仪式的原始崇拜形式，充斥着藏文化的各个领域。这些神秘力量，主宰左右人们的精神、行为。随着人们对周围世界认识的逐渐提高，辛绕在此基础上创造了具有独特理论和仪规的宗教，即雍仲本教。接着由本教发源地象雄向吐蕃、孙波、天竺等邻近地区传播。公元前360年左右，在第一代布嘉蕃聂赤赞普时，本教已传了进来。

本教的基本教理主要为九乘理论。九乘分因乘、果乘和无上乘。前四乘属因乘，为夏辛乘、郎辛乘、斯辛乘、楚辛乘，这是本教早期理论，是早期对原始崇拜、原始仪轨的系统总结。果乘，即后五乘。其中刹四乘为居士乘、隐仙乘、阿格降魔乘和叶辛乘，都受到佛教的强烈影响。最后是无上乘，就是本教的大圆满，也是本教教理中的最高次第、最核心的东西。

按阶段说，本教的发展有三个阶段。一般认为公元前350年之前在吐蕃流行的本教称"都本"。这种本教，只有"下方作镇压鬼怪，上方作供祀天神，中间作兴旺人家的法事"，尚未出现有见地方面的说法。此时的本教又称因本巧纳派。所谓"都本"，现一般解释为涌现本，即兴起的本土本教。本教经典《嘉言宝库》中说："聂赤赞普时有因本……奉养上神、诵经招福、兴旺牲畜、赎身替罪、安宁神鬼、广行善事、饶益众生、酬补护神、平息战争、解除痛苦、法术治疗、断除烦恼、占卜算卦、了知往事、预知吉凶、回向祭品、身往地方、降伏妖魔、除害安民，本被户王摄政，本师卦卜征战。"这个"都本"就是在原始宗教的基础上系统化、规范化的本教之因本。它既和原始宗教血肉相连，又在此基础上总结有一定思想体系和理论，属于本教发展的第一阶段，已不是单纯的原始宗教。在此基础上，辛饶等大师通过艰苦卓绝的工作，将本教发展为"恰本"，又称游走本，这是本教发展的第二阶段。吐蕃松赞干布时，佛教传入西藏。佛、本之间进行了斗争，佛本互相吸收了各自需要的东西。佛教吸收了本教的神祇和仪规，使自身在群众中落了脚；而本教则翻译吸收了部分佛教经典，但主体仍然是本教之观念，这就是本教发展的第三个阶段，称"觉本"，即译本。

本教最重要的经典是篇幅达百余部的《本教大藏经》，其内容包括教义、仪轨、历史、地理、天文、历算、医术、占卜等，是研究本教及藏族文化的第一手资料。后世本教学者对其各个学科的释疏也很多，还有大量的传记。

现在一般将现世的本教分称为白本和黑本。从藏传佛教后弘期开始，佛教在佛本争斗中占了上风，导致了本教从内容到形式的重大变化，即迅速佛教化，与佛教的差别越来越小，这种基本佛教化了的本教被称为"白本"（或"花本"）。一部分人则继续与佛教抗争，坚持原先的教旨、仪轨，这种本教被称为"黑本"。但本教徒对其有自己的称呼，对白本称作"新训派"，黑本则称"旧训派"。

历史上甘肃藏区本教曾十分兴旺，如天祝天堂寺的前身便是一座本教寺，称样章寺。各部落都有许多在家的本教师。甘南藏区的迭部、舟曲、卓尼等县也有许多本教寺院。虽然势力弱小，但流传至今。民间还有浓厚的本教观念、仪轨、神祇，在祭祀、婚礼、治病、节会上还有本教士活跃。

许多佛教史都说，吐蕃松赞干布之前藏族没有文字。但从诸多本教史中看出，本教最初使用象雄文，尔后才翻译成藏文，并说辛饶不仅总结、传播了本教，而且是象雄文的创造者，现在的藏文是参考象雄文和其他文字创造的。

对于本教，由于佛教的大力传播，世人知道的甚少，这是历史的偏见所造成。个别人称本教为黑教，这是极错误的。本教并非佛教的对立面，它是藏族古老的一支文化。当佛教战胜了本教后，便对本教进行歧视，尤其是佛教徒对本教进行了歪曲、污篾，因此世人便称之为黑教。

有的学者称本教为萨满教，这也是错误的。虽然本教和萨满有相同的地方，如原始宗教部分，关于天的信仰，火和光的信仰，色和拉则的信仰及祭祀、卜算等。但本教源远流长，有创始人，有教义和经典，尤其是本教大藏经格外突出，本教从人类起源到处世条律，以及发达的哲学思辩，都有一整套的理论。本教自己的寺院遍布青藏高原，形成了寺院集团，其教轨严密，活动频繁。

本教文化是藏民族传统文化两大系统之一，和佛教文化一样，也是藏族古代文化的一个重要组成部分。它的教理、仪轨、历史、文字等都对藏族文化产生了深远影响，尤其是松赞干布以前的历史和文化。大量的本教文献记述了松赞干布以前的藏族文化。在这些文献中，象雄的王统早在聂赤赞普前就已存在，它的宗教文化尤其引人注目。虽然当时吐蕃和象雄是两个王朝，但兴旺发达的本教文化在松巴、吐蕃已经传播，在文化上早融为一体，为后来吐蕃王朝的建立打下了坚实的基础。

博大精深的藏传佛教文化

藏传佛教，或称藏语系佛教，是佛教三大系统（南传上部座佛教、汉传佛教、藏传佛教）之一，俗称喇嘛教，始于公元7世纪上半叶。当时，吐蕃赞普松赞干布在尼泊尔赤尊公主和唐文成公主的影响下信奉佛教，初仅建寺译经，无出家僧人。至8世纪以来，印度高僧寂护、莲花生等进藏传播佛教，又经赞普赤松德赞大力提倡，建成了吐蕃第一座具备三宝（佛、法、僧）的桑耶寺，有七君子削发为僧，佛教势力逐步兴盛。9世纪中叶，赞普达玛灭佛，佛教势力在吐蕃全境受挫。西藏佛教史籍以7世纪至9世纪中叶为佛教在西藏的"前弘期"。10世纪后期，佛教在新兴封建领主的支持倡导下再度兴起，分别从下路青海和上路阿里传入西藏地区，自此进入"后弘期"。在佛教与藏族社会原有的本教长期相互斗争和相互影响的过程中，佛教吸收了本教神祇和仪式，到"后弘期"时，终于形成富有西藏地方色彩的藏传佛教。主要教派有宁玛派、噶当派、萨迦派、噶举派。12至17世纪，

经堂内装饰

藏族第一座"三宝"桑耶寺

萨迦派、噶举派在元、明两朝的扶植下先后执掌卫藏地方政权。自13世纪起，藏传佛教的噶举派、萨迦派传入蒙古族地区。15世纪初，宗喀巴进行宗教改革，创立格鲁派。

藏传佛教在赤松德赞时已在甘肃流行，在敦煌、张掖、武威、炳灵寺、文殊寺、马蹄寺、麦积山等地留下了足迹。宋、元年间，藏传佛教各派在甘肃藏区竞相传播，最早为宁玛派，在今甘肃境内建有河州积灵寺、岷州广仁禅院、临潭候家寺等。随着萨迦·贡噶坚赞与阔端凉州会谈的成功，萨迦派也开始在凉州等地传播，先后建立了连城峡崾寺，天祝极乐寺，凉州白塔寺、金塔寺、海藏寺、莲花寺，张掖马蹄寺，卓尼禅定寺等。在此期间，噶举派噶玛噶举黑帽系也进入天祝、凉州、张掖、蒙古地区，弘扬佛法，建立了许多噶举派的寺院，如天祝天堂寺等。

宗喀巴创立格鲁派后，由于清朝政府的大力扶植，势力逐渐强大，取得压倒其他教派的优势，在甘肃广泛传播，兴建了一大批格鲁派寺院，并将许多别派寺院改为本派寺院，主要有拉卜楞寺、禅定寺、德尔隆寺、郎木寺、天堂寺等。

藏传佛教格鲁派从创立到现在，已历570余年，在其发展过程中，先后创建了格鲁派六大宗主寺，并在历辈达赖、班禅的护持之下，逐渐形成了一套政教合一的组织机构和严密完整的学经制度。根据佛教显、密两宗的分科，在一个较具规模的大寺，一般下设4个~6个学院。显宗学院主要授习佛教五部大论，其余均属密宗学院，授习神学、医学、天文、历算等。

教育制度

显宗学院的教育制度 显宗学院，即藏语参尼札仓，共分十三个学级，即卡多噶玛、卡多贡、堆仲、堆钦达柔、央萨肖、央萨贡、噶当布、噶宇哇、吾玛萨巴、吾玛宁巴、佐、噶仁巴。

课程有五门，即《释量论》、《现观庄严论》、《入中论》、《俱舍论》、《律论》，即格鲁派显宗"五部大论"。

《释量论》亦称《因明论》。该书分四品，主要是论释印度陈那所著的《集量论》中的六章因明要义。共分五个学级来学习，前四级通过学习《堆扎》、《因理论》、《悟慧论》，逐步掌握因明学的一些基本原理。最后一级才正式介入原理，并依照原理中的三十个论题，逐题从驳他宗、立自宗、断除邪见三个方面，让学僧熟练地掌握辩论的技法。主要教材是宗喀巴大师、贾曹杰、克珠杰以及一世嘉木样大师等所撰的《因明论》、《因明大疏》和赛·阿旺扎西所著的《集类论》（一般指在甘肃的格鲁派各寺）。

《现观庄严论》亦称《般若》，梵文译作《波罗密多》，分四年级、四学程。般若，即为"智慧"，"智"指通晓一切之法，"慧"为断惑证理。意译为"通过智慧抵达涅槃之彼岸"，为大乘宗专书。该书主要讲"定"学，分八品，前三品是解释学佛之境，次四品主要讲学佛应修的行，最后一品是讲如何证得佛果。般若部的主要内容，是依解脱成佛的次第讲解其义。学习的著作有弥勒所著的《现观庄严论》、宗喀巴大师的《现观庄严广论》、贾曹杰的《现观庄严义释广解》和一世嘉木样大师的《现观庄严大疏》等。

《入中论》亦称中观学，分二年级二学程。教材主要以龙树的《中观论》及一世嘉木样大师的《中论大疏》为主，但也有西藏各大寺院高僧所著的释本，为各寺院的显宗学院通用。

《俱舍论》，学程四年一级。《俱舍论》是专讲佛教徒的认识论与宇宙观的。全书共分八品，前二品解释世间与出世间所共之法及宇宙之形成、世界之本源等，次三品解释六道轮回之因果及其次第，后三品专讲证得解脱之法及其次第。学习的主要著作是世亲所编的《俱舍论》、一世嘉木样大师所著的《俱舍论疏释》。

《律论》亦称《戒律本论》，学程

拉卜楞寺闻思学院僧侣

禅定寺密宗学院

一级，期限不定。所谓律，可译作"调伏"、"化度"，是对比丘僧所制定的二百五十三条禁戒，意为制伏诸恶。共分十七事三科，即未得戒时如何得戒之法，得戒后如何守护之法，若有违犯又如何遵律还净之法等三部分。学习的著作主要以印度功德光大师的《戒律本论》为主，还有宗喀巴所著的《比丘戒释》、第一世嘉木样大师所著的《律部大释》等。

以上所设的五门课程中，前四门课是讲"专学"，最后一门课是讲"修行"，意为先学而后行。

密宗学院的教育制度 密宗学院的僧源，一是从其他寺院中途转来的，或者一入寺就到密宗院修行的。二是从显宗学院毕业，考取格西学位后转入密宗学院继续深造密法的。所以，所修课程及修业年限不一样。

密宗学院开设四门课程，设三个学级。四门课程即《事续》、《行续》、《瑜伽续》、《无上瑜伽续》。三个学级分别为初、中、高三级。

初级修"生起次第"：熟读背诵《大自在生起与圆满次第经》、《密集生起与圆满次第》、《怖畏生起与圆满次第》。升级时，必背诵其中之一。

中级修"大自在自入经"：熟读背诵《密集自入经》、《读部经》，并要学会制作坛城。升级时，必须背诵《自注合解经》。

高级修"圆满次第"：按照《生起与圆满次第经》中所规定的修炼程序修行。

医学院是研究藏族文化"大五明"中的"医方明"的，其中包括学习诊脉、验尿、问切，以及解剖、采药、制药等医疗技术知识。

时轮学院是研习藏族文化"小五明"中的"工巧明"的，其中包括天文历算科学。拉卜楞寺所设的时轮学院，异于其他各寺，设有时轮、金刚两大学院。其中吉多札仓是习北京汉历的欢喜金刚院，丁科尔是习拉萨藏历的时轮金刚院。

藏传佛教寺院的学位制度 藏传佛教格鲁派寺院根据不同学科实行不同等级的学位制。学僧从入寺到取得学位，要经过将近20多年的勤学苦修。成绩优秀、论辩超群者，由经师推举，本学院认可，才能考取某一等级的"格西"学位。寺院不同，学位的等级也不同；札仓不同，学位的称谓也不同。西藏各大寺院将格西分为四等，即一等为拉仁巴，二等为措仁巴，三等为林赛，四等为多仁巴。密宗学院的学位分俄仁巴、孜仁巴、曼仁巴三类。

拉卜楞寺显宗学院将格西分为二等，即多仁巴与然谏巴。修完前述十三个学级，通晓显宗五部大论答辩合格者，即可授予多仁巴格西学位。多仁巴格西年定额为2名，年举考2次，一次在正月祈愿法会期间举行，一次在七月法会期间举行。多仁巴在未正式考试之前，须由嘉木样大师预考。预考合格后，才能正式入考。取得"多仁巴"学位的高僧，便可派到各属寺任经师、赤巴，也可以任本寺活佛的经师。

修完八个学级6—12年级以上，通达显宗因明、般若两论的学僧，可以提出申请然谏巴学位，经本院法台同意后，即可报考。报考然谏巴年定额为4名~8名，年考2次，在农历五月十七日至六月十七日之间举行一次，在农历十一月十七日至十二月十七日之间又举行一次。取得然谏巴学位后，留寺继续研习三部大论，苦学10年之后，可报考多仁巴格西学位。

密宗院各有各的诵经仪规和活动程式。学僧们经过多年的苦学精进，掌握了所学经论与专门技术知识后，以本寺的规程，可分别考取密院时轮、医宗学位。

拉卜楞寺五大密宗学院的学习期限大致与显宗学院相同，但其学级只分初、中、高三级。完成学业、考试合格者，分别由密宗院授予"俄仁巴"学位、时轮院授予"孜仁巴"学位、医宗院授予"曼仁巴"学位。

活佛转世制度和活佛转世系统

活佛转世制度，始于13世纪噶玛噶举派。这一制度的实行，顺利、巧妙又名正言顺地解决了法位继承权的问题。这是一种选拔人才的手段，也是藏传佛教的重要特点之一。从佛教理论上来说，是依据佛教的"三身"学说和三士道理论"化身说"而产生的，把世俗领主的世袭制度，移植到佛教神职中的一种新的形式。从本质上讲，是延续前世喇嘛的之精神，复接其职位的接班模式。所谓"三身"，即报身、法身、化身。佛教认为，"报身"是时隐时现，"法身"则不显，而"化身"随机显现。所以，一个有成就的正觉者，在他活着的时候，

拉卜楞寺一角

即可有若干个"化身"在各地行化，进行利济众生；当他圆寂后，则会投胎转世，化生为另一个肉体的人，继承他的事业。

拉卜楞寺自创建以来，共有百余个活佛转世系统，活佛品位不同，也有大小高低之分，但一律是尊贵的。

活佛转世有其严格的制度，主要程序，是以活佛生前的预示或遗嘱，若没有预示遗嘱，则通过占卜、降神、观湖等方式确定其下一世活佛出生方向，占卜属相、年龄、特征和标志及家庭，才开始寻找灵童，将占卜方向的适龄儿童进行登记并进行筛选。多次反复后，剩下数名在佛殿举行诵经祈祷认定仪式。最后进行银盆旋丸，即将数名灵童名字写好分别放入面丸内，再置入银盆内旋转，面丸先出盆者为转世活佛，并当众打开宣布。寻访灵童十分艰难，要反复多次。灵童转世认定后，就选吉祥日子迎回寺庙，举行坐床仪式，从此正式继位，成为新的活佛。

附：第六世嘉木样活佛灵童寻访、认定、坐床经过

第五世嘉木样大师于1947年四月十四日圆寂后，拉卜楞寺于1949年二月一日召集本寺活佛、僧人代表以及所属寺院、部落代表，并请青海佑宁寺活佛第七世土观仓参加，开会决定：先卜算转生方向，将东、南、西、北分别写于四片纸条上，藏于面丸之中，置金瓶内密封，供奉于历世嘉木样舍利灵塔前，由全体活佛、僧人在经堂诵经祈祷，次日当众授瓶启封，一面丸跃出，落于黄缎上，启丸视之，乃为"北"方。

根据卜算方向，派出雍曾仓、奈尔仓、念智仓、索智仓等活佛及随员三十余人，于同年四月初启程，赴夏河甘加，青海省循化、化隆、贵德、湟源、湟中、西宁、民和、共和、大通以及甘肃的永登（天祝属永登）等地寻访。为了慎重起见，在东、南、西三个方向，亦派人寻访。东方由阿却木多仓、塞里仓两位活佛率随员十余人，前往今甘南的东方寻访。西方由措卡哇仓、夏日秀仓两活佛率随员十余人，前往青海省果洛、康萨、康干，四川的杂达吉寺，原西康的葆绿堂、迭日格、杂扎拉等地寻访。南方由郭莽仓、麦秀木多仓两活佛率随员十余人，前往玛曲的欧拉、乔科，四川的毛尔盖，青海的美哇等地寻访。寻访结果，觅得子、亥相（鼠年和猪年生）儿童两千余名。

1950年正月，将名单供养于第五世嘉木样灵塔前，在中国人民解放军第一野战军联络部长范明同志和黄正清、达吉襄佐的主持下，进行"有"和"无"的卜算。如"有"，表示已觅得儿童名单中有第五世嘉木样的转世灵童；若"无"，表示没有，继续寻找。卜算结果为"无"，并卜出灵童的属相为亥（即猪年生）。于是，寺院又派嘉夏让仓、嘉仓、火尔藏仓、念智仓、索智仓、官却桑格仓、雍曾仓、阿莽藏哇仓等八位活佛，分四路向北方寻访。途经青海省同仁、贵德、共和、达至、阿采、湟源、尖扎、化隆、湟中、互助、大通、循化、民和、乐都和甘肃省永登、古浪等地，访得子相（鼠年生）儿童八百六十七名。

同年七月十三日，仍以原方式进行卜算，结果仍为"无"。1951年正月上旬，拉卜楞寺佛僧及部落代表又集会决定：祈请班禅大师卜算。二十九日，由达吉襄佐和贡唐仓率领嘉夏让仓、奈尔仓、索智仓、贡秀仓、更登达吉仓、措德仓、达外仓、达让仓、江若仓、塞热仓等活佛及各属寺、部落代表七十余人起程，于三月一日到达班禅临时驻地塔尔寺。三月七日，班禅大师在宗喀巴佛前诵经卜算，仍为北方，应属子相。众以北方范围太广，要求班禅大师再次卜算，缩小范围。班禅大师卜定为青海的共和、郭密、恰卜加、瞎牙、瞎过日、千若宁胜木、舍那海、铁卜加、汪大海下部、岗察上下、都秀上下。于是，按上述地点分四路寻访：第一路索智仓、塞热仓二活佛赴郭密、恰卜加、瞎牙、瞎过日、千若宁胜木；第二路便登达吉仓、措德仓二活佛赴舍那海、铁卜加、汪大海下部；第三路达外仓、久美、罗藏彭措赴都秀上下，共访得子相（鼠年生）孩童二百余名。

同年六月初一，将名单呈送班禅大师。大师在释迦牟尼转法轮的日子——六月初四进行卜算，卜算结果为"有"。此时土观活佛亦到达塔尔寺。拉卜楞寺佛僧及部落代表恳请班禅大师在拉卜楞寺亲自主持卜算第六世嘉木样灵童工作。征得班禅大师同意后，代表们于六月十五日返回拉卜楞寺，做迎接班禅大师的准备工作。同年八月，拉卜楞寺派琅仓、扎油丹仓、久格仓等活佛赴塔尔寺迎接班禅大师。大师于九月初一起程，初二到达故乡——循化。拉卜楞寺又派襄佐达吉仓和雍曾仓活佛等赴循化迎接。九月十七日，班禅大师从循化起程，二十日抵达拉寺，受到各族各界僧俗数万人的欢迎。二十一日，拉卜楞寺佛僧和部落代表集会，班禅大师到会接见。大家一致要求班禅大师全权主持卜算并呈保证书。

九月二十九日，在班禅大师主持下，由二百四十名儿童中择选二名，由嘉夏让仓书写人名条，雍曾仓做面丸。由寺院最高负责人及大小活佛监督，将面丸置金瓶为密藏加封，供奉在历世嘉木样舍利灵塔前。全体佛僧诵经五昼夜，于十月一日上午八时，在大经堂内由班禅大师诵经祈祷，佛师雍曾仓久美启封，下置黄缎一块，由班禅大师摇落一丸，启视佛名为周本塔尔。当即由班禅堪布会议厅秘书长在特制的专用于书写重要文件、盖有班禅大师敕印的黄纸上写出："经班禅额尔德尼大师卜算决定，第六世嘉木样灵童出生于青海省岗察县岗察上部，父名多拉海，母名才旦卓玛，佛名周本塔尔。"当众展示宣布，与会僧俗无不敬佩，然后装封存档。

同年十月十九日，拉卜楞寺派昂佐、雍曾仓、嘉夏让仓、琅仓、达外仓前往岗察，决定十一月初献哈达，初七更换佛服。同时决定于1952年二月十一日迎进拉卜楞寺，举行坐床典礼。

第六世嘉木样灵童的寻访工作，从1949年二月十一日开始，到1951年十一月止，历经两年零十个月的时间，始告结束。

(摘自《拉卜楞寺概况》)

藏经楼

拉卜楞寺不仅是安多藏区的宗教中心，而且是教育中心、文化中心、科技中心。因此，有专门的藏经楼，再加六大学院和数十座佛殿、囊欠及个人藏书，藏量之大，内容之丰富，为藏区少见，真可谓卷帙浩繁。

藏经楼是一座独立的殿堂，其格式为中高三层、边两层，是一座藏式建筑。殿内供释迦牟尼佛塑像，两边两大弟子——迦叶和阿难，右侧为贤巴（弥勒）佛，左为文殊菩萨。佛龛

经堂建筑

中有千尊铜佛。楼内一楼、二楼均藏有书籍。

拉卜楞寺藏书在10万部以上，现已上目录的有6万部，是现有藏传佛教寺院藏经最多的寺院之一。这些藏书大致可分为全集类、哲学类、密宗类、传记类、历史类、医药类、声明类、工艺类、天文类、历算类等17类：

医方学262种，不同刻版，计43大部；声明学130种，不同刻版，计16大部；韵律学32种，不同刻版，计29大部。工艺明20种，不同刻版，计27大部；星象历算学542种，不同刻版，计64大部；诗学178种，不同刻版，计64大部；藻词学32种，不同刻版，计78部；戏剧学7种，不同刻版，计8部；

藏文文法108种，不同刻版，计81大部；历史专著35种，不同刻版，计89部；传记380种，不同刻版，计92大部；名大全集177名作者，1200种不同刻版，计979大部；宗教因明学1289种，不同刻版，计819大部；佛学论著205种，不同刻版，计886部；密宗735种，不同刻版，计900余大部；经咒类164种，不同刻版，计947部；宁玛派经典1840种，不同刻版，计958部。

以上藏书中，用金银汁书的《大藏经》有拉萨版、卓尼版、德格版和手写体版四种不同的写本，计675部。除此之外，医学方面有《四部医典》、

佛经

《医学百集》、《青琉璃》、《晶珠本草》、《口诀秘方》、《藏医草药配制秘方》、《医学秘诀选录教材》、《根本医典释》等。工艺学方面，有世界上最早记载工艺技巧的典籍之一《灿烂光照下能满足一切欲望的各种制作技术》，及《工巧常用宝箧》、《工巧明论显密明鉴》、《二百零一类工巧明论》等，这些书中详细记载了法器制造技艺、纺织、缝纫、酿造、民用器物制造及金、银、珠宝加工，金属铸造、保存火种、密咒、腐蚀等技术，提供工艺配方几百种。在星学、历算藏书中，有《五行算术备忘录》、《天文先趋宝鉴》、《天文典籍明鉴》、《星算考辨》、《白琉璃》、《元音数学》等著作，在星象、历算领域，创立了独到学说。诗学、藻词学、文法中有《诗镜》、《诗镜注》、《藏族学者修辞论总汇》、《藏文文法明鉴》等著作。戏剧类有藏剧《诺桑王子》、《智美更丹》、《卓瓦桑姆》、《松赞干布》、《顿月顿珠》等。历史专著、传记类中有《拉达克王统史》、《西藏王统史》、《红史》、《青史》、《安多政教史》、《米拉日巴传》、《萨迦班智达传》、《唐东杰波传》、《布顿大师传》、《宗喀巴传》，和历世达赖、班禅、嘉木样传等著作。收集的藏区名人全集非常丰富，拉卜楞寺高僧大德的著作，也有大量收藏。

还珍藏有金、银、珊瑚、翡翠、松耳石、珍珠等粉汁写成的《贤劫经》、《松赞干布遗训》、《菩提道次第广论》、《八千颂》、《金刚经》等。

这种经纸是特制的，其制作方法是：首先把内地精良的硬纸叠成两层，中间夹一层藏纸，用熟面糊浆子贴上，成为三合一，然后两面抹上藏制黑墨水，凉干后压、砸、磨，最后用光滑的玛瑙石反复摩擦，直至光亮如镜。这种纸质硬而坚韧，具有防腐、防蛀、防淋、耐用等特性，作抄写的经文纸，使各色经文清晰悦目，适宜经卷长期保存。

书写所用的金银珠宝，先分别研磨成特细粉，加上经过特殊处理的水和藏式皮胶，再把成糊状物滴成半椭圆形

拉卜楞寺大经堂

的小块，晾干后即可用。

在抄写经文时，把金粉小块放入小木盂内，经少许研磨，加入防腐、加固的药水拌匀，用自制的藏式笔蘸汁书写经文。这种文字十分精美华丽，制作经纸、金汁的技艺者都是行家，书写经文者大多是书法家，不是人人可写。

寺内还珍藏有两部贝叶经，是佛教界的稀世之宝。贝叶是生长在印度湿热森林中的贝多罗树的叶子，它质硬纹韧，耐湿耐燥，适于长期保存。贝叶经就是在这种贝叶上书写的经书。贝叶经有2500多年的历史，是用印度古老文字"斋杂"和"瓦都"两种文字用墨汁写的，也有的用针刺的。吐蕃松赞干布时，贝叶经已传入吐蕃，是印度僧人和吐蕃至印度学习佛经的僧人陆续带入，在吐蕃流传，有的当时译成藏文。

在西藏布达拉宫、萨迦等大寺院都珍藏贝叶经。拉卜楞寺保存的这两部贝叶经，一部是孟加拉国高僧阿底夏大师（982年—1054年）亲诵的记录，另一部是印度圣者华丹达瓦智华书写的印度梵文经。其中一部共36页，长56厘米、宽16厘米；另二部长54.5厘米，宽5.5厘米。是研究印度文化、语言文字、佛教等方面重要的原始资料之一，也是研究藏文的创制及翻译、佛教方面的珍贵资料。

卓尼版大藏经

卓尼版大藏经，是藏传佛教著名的大藏经版本之一，创刻于卓尼县禅定寺。《甘珠尔》部是由卓尼第十一世土司玛索贡布（又名杨汝松）从康熙六十年（1721年）至雍正九年（1731年）以纳塘手抄本、卫地手抄本和明永乐版本为底本主持刊刻的，校订工作和目录编纂由卓尼·杰尊扎巴谢珠完成。《丹珠尔》部是由卓尼第十四世土司丹松次仁及其母亲仁钦贝宗从乾隆十八年（1753年）至乾隆三十七年（1772年）以德格版《丹珠尔》为底本主持刊刻的。目录编纂由第二世嘉木样·晋美旺波完成的。

卓尼版《大藏经》文字秀丽，字

禅定寺藏经阁

迹清晰，内容完整，此印版于民国17年（1928年）毁于兵燹。

卓尼禅定寺有印经院，建于康熙时期。时内有印刷总管2人，善于书法者50多人，校订者10人，雕版工人300余人，还有木匠、造纸、制墨等工人数百人。印经院在土司的亲自主持下前后刻印藏文经典数十部。1928年12月1日，河州马仲英属下马廷贤攻占卓尼，纵火烧毁了印经院和所存印版。后于1932年，由第十九世土司杨积庆又修复了印经院，印刷了大批经典。

佛 塔

拉卜楞寺佛塔有室外露天和室内两种，其中室内多为灵塔。藏式佛塔源于印度，其种类很多。如果从形式上分析，可分为"意、身、语"三种塔。意之塔，代表最基本的精神实质以及佛陀所特有的空寂明净；身之塔，代表佛陀、菩提萨埵或活佛的化身；语之塔，则代表着一切有文字的东西，应该是佛陀的训教或经文。"意、身、语"这三种佛塔的标志，在深层意义上与藏密的"身、语、意"三密基本一致。在理论上，藏式佛塔可分为八种类型，即聚莲塔、菩提塔、吉祥多门塔、神变塔、神降塔、分合塔、殊胜塔、涅槃塔。八种不同类型的塔，实际上代表佛陀一生中八个不同阶段或八大成就或不同的八种精神意境。

灵塔，因塔内供奉着活佛和获得巨大成就的大师的骨灰或特殊处理的肉身，故名灵塔。拉卜楞寺露天佛塔有3座，即贡唐塔、离合塔、神降塔。佛殿内的灵塔共有26座。

贡唐宝塔，位于大经堂前300米处的大夏河之畔贡唐仓囊欠院内，由拉卜楞寺著名学者、第三世贡唐仓·贡却丹贝仲美大师于藏历十三饶迥水狗年（1802年）始建，木鼠年（1804年）竣工。迎请了塔内奉安的佛像、经籍依止圣物后，由第三世嘉木样活佛久美嘉措以及大师本人等许多大德举行了盛大的开光仪轨。塔名为现见解脱大塔，简称贡唐宝塔。

塔院围墙高4米多，院内总面积2144.16平方米。宝塔第一层墙顶廊檐

四世嘉木样灵塔

环绕，檐下沿墙四周建有嘛呢经轮走廊；塔内有四座佛殿，共有长柱8根，短柱20根。第二层建有24根柱子的佛殿。第三层有17柱间的千佛殿。第三层之上建有奉安主要依止圣物的4柱间的金佛阁。其门饰全系汉藏各地质地精良的红铜鎏金制作。其上有鎏金制作的塔上方斗，再上有十三相轮，塔之顶端装有宝盖和日月顶。塔是由塔基、塔瓶、塔刹组成。从塔基至塔顶高31.33米，面积为981.57平方米。塔体四周装有百余轮鎏金法轮及诸多十相自在，还有几顶屋脊宝瓶和祥麟法轮。上下层各佛殿内，奉安有许多鎏金佛像，像体内藏盛满世间罕有的佛舍利，还有许多唐卡及壁画，又有金、银、铜、铁等制作的众多珍贵的祭祀器具，以及用上好的锦缎制成的华盖等，应有尽有。以前，奉圣旨前来此地的清王朝钦差大臣等见此佛塔，以为奇迹。嘉庆皇帝听闻建塔之事，颁赐亲笔书写的"佛光普照"的金匾。

嗣后，第五世贡唐仓·嘉样丹贝尼玛大师，将金佛阁以红铜鎏金包裹，面积147平方米。佛阁四周镶嵌鎏金八大菩萨立像，每尊像高3米多。整个佛塔，犹如阳光照射于金山上，辉煌耀眼。

在建造佛塔的过程中，得到藏、汉、蒙古、土等民族众多僧俗施主的诚心资助。尤其是几位尼泊尔工匠不收分文报酬，塑造了无量光佛（阿弥陀佛）。这座稀世宝塔，不幸毁于"文化大革命"中。

为了弘扬教法，满足国内外众多僧俗信徒的夙愿，第六世贡唐仓·久美丹贝旺旭大师，自公元1991年农历三月初八开始于原址重建宝塔，国务院及甘肃省有关部门给予了大力支持，国内外众多应化众生纷纷捐资捐物相助，使工程顺利竣工，并于1993年农历六月初六释迦牟尼在世间初转四谛法轮之殊胜节日时举行了隆重的开光典礼。

重建的贡唐宝塔，保持了原塔的

拉卜楞寺贡唐宝塔

模式和规模。塔高5层，约30多米。塔座为琉璃瓦装饰三层四角形建筑。四周回廊装有铜制经轮，塔瓶是精铜浮雕鎏金八大菩萨，塔刹为十三相轮，之上为宝盖和光彩夺目的日月顶。宝塔外形金碧辉煌，气势非凡，如当立中天，令人仰慕、赞叹。

宝塔内部设计独特、构造精美，是典型的塔中寺。正中是二层楼贯通的四座佛殿，其正中佛殿是华贵的塔中之塔，奉安有第三世贡唐仓·丹贝仲美大师的银制灵塔。塔体镶嵌金制斜棂花格及绿宝石、珊瑚、松耳石、冰洲石、翡翠、珍珠等无数珍宝。灵塔作为大塔内最主要的依止圣物供养于佛殿。其左右是一、二、四、五世贡唐仓大师的木雕镀金像。其殿两侧是度母殿和普明佛殿，背面是藏经殿。度母殿中，有从西藏、印度、内地等处迎请的镀金度母铜像150尊；普明殿有约高8米的文殊普明佛、宗喀巴师徒等36尊铜佛像；藏经殿内，放置有藏文版大藏经《甘珠尔》、《丹珠尔》及其他经卷25000余卷。

第三层是千佛殿，内有1032尊小铜佛像。

第四层塔瓶之中，供养着从尼泊尔迎请的两米高的无量光铜佛（阿弥陀佛），塑制精巧，端庄殊严。塔座和塔瓶内壁，绘有生动、形象的百余幅佛教画像。

重建的贡唐宝塔，与原塔相比，更加光彩夺目，各种稀世珍宝、佛像、经籍、法器及供祀器具、唐卡、绘画盛满于塔内。宝塔雄伟壮观，金碧辉煌，为拉卜楞寺一大奇观。

僧人法音乐队

拉卜楞寺有一个音乐团队，名为嘉木样乐队，是一个由嘉木样大师发起、组织、指导的由本寺僧人组成的法音乐队。据说，在第一世嘉木样大师从西藏东返途中，随从僧人请求奏乐，嘉木样说："按佛规是不应当奏乐，你们要奏就奏吧！"从此，嘉木样起居和举行盛大庆典时都要奏乐。

以后，历世嘉木样都重视乐队建设。特别是第四世嘉木样大师时，引进了部分宫廷音乐和五台山寺的音乐，丰富了演奏内容，进一步发展了乐队。

四世嘉木样特别喜欢音乐，经常在别墅内举行康藏歌舞演出。他能演奏一般器乐，特别擅长"扎木年"（龙头琴），还创作了《阿妈来》、《玛格日》等曲子，并用"扎木年"亲自弹唱。这些音乐很受藏族群众的喜爱，流传比较广泛。

四世嘉木样在43岁（1897）时赴京谒见光绪皇帝，顺路去五台山朝佛。在五台山，他受到隆重欢迎，尤其乐队演奏的乐曲使他很感兴趣。于是，他带回了一些乐谱，返寺后组织排练，亲自指导，使乐队有了新的发展。其中流传下来的《万年欢》为清代宫廷音乐，《五台山》为五台山寺庙音乐。

拉卜楞寺僧人法音乐队使用藏文工尺谱，称为藏谱。常见的工尺谱，将简谱的1234567音阶记为上、尺、工、凡、六、五、乙。藏谱译音为来、四、乙、祥（上）、切（尺）、工、凡。这和流行在山西五台山一带的工尺谱合、四、乙、上、尺、工、凡在读音上基本一致。从外地引进的乐典，同原曲已有差异，通过演出已具藏族风格。

拉卜楞寺僧乐队的乐器有云锣二、笛二、管二、笙二、杖鼓一、手鼓一，和清官乐队的配备乐器差不多。五世嘉木样时，乐队扩充到24人，又引进了扬琴、高胡、四胡等乐器。在第六世嘉木样大师的关怀下，组成了新的僧乐队。1980年11月，第十世班禅大师来拉卜楞寺视察、指导工作，在欢迎仪式上乐队奏起了乐曲，更加增加了热烈的气氛。现寺院乐队有17人，演出内容更加丰富，演出技巧日趋成熟。近几年，先后赴北京、香港、台湾及西欧演出，获得好评。

拉卜楞寺传说有法乐曲50多首，很可惜有些已经失传，目前演奏的曲子有《姜怀龙索》、《万年欢》、《五台山》、《李卡麻尔》、《喇嘛达真》、《智布钦加居》、《仁饮恰尔帕》、《堆彭》、《巴华尔》、《投吉千宝》等十数首。

拉卜楞寺正月法会上的乐队

敦煌莫高窟中的藏文化

从公元776年开始，吐蕃实施攻占敦煌计划，公元776年首先占领了敦煌东北的瓜州，接着围攻沙州（今敦煌）长达11年之久。之所以历时如此之久，并非吐蕃无力攻占敦煌，而是为传播佛教，保护圣地，以免遭受破坏。公元786年，由于唐朝违背建中会盟，吐蕃便攻打沙州，沙州守将阎朝投降，从此，吐蕃占领敦煌124年。吐蕃占领河西八州之后，把这些地方称为幸福之国，组建了严密的统治系统。其间，敦煌佛教空前发展，寺院发展到19座，僧尼多达千人。同时，大规模开凿石窟。据《敦煌市志》记载，在吐蕃统治时期，开凿洞窟55个，重修前代洞窟34个。

吐蕃在耗费巨资开窟建寺的同时，极力开展翻译佛经的工作，聘请蕃、汉、西域等地的高僧译经，将经送往吐蕃本土和四境，少数保存于敦煌寺院中。著名译师有管·法成、南卡宁波、摩诃衍那（汉）。其中管·法成成就最大，他精通梵、蕃、汉三种文字，翻译、校勘、讲述佛经约23部，其中汉译藏14部，藏译汉5部，集录及讲义录4部。还有许多吐蕃高僧大德，在诸寺院中活动。如多康寺阿阇黎旺喜饶达哇、丹玛衮嘎贝及南甘丹绛求，这些人来自多康；甘州寺院阿阇黎魏绛求仁钦、安格兰木、郎卓当措、杰斯乃文焦、楚玛来等，这些人则来自临洮；还有阿阇黎女孃仁钦绛求、夏阿强巴宁波、廓明巴门扎、珍若格洛垂、彭格杰等，均来自廓州。吐蕃统治时期，在敦煌举行多种佛事活动，尤其每年正月初的法会最为隆重，称为"上元燃灯"。

对敦煌石窟的保护和发展，是吐蕃对中国文化乃至世界文化的巨大贡献。第122窟南壁净土变舞乐画上的舞者，背手反弹琵琶，姿态飘逸优美，已被当作敦煌艺术的标志图。

除敦煌保存了大量的藏文文献、经卷和与吐蕃有关的绘画、雕塑等文物外，在张掖肃南文殊山石窟、马蹄寺石窟，武威天梯山石窟、天水麦积山石窟、永靖炳灵寺石窟等处也发现了大量的吐蕃文物，从唐始，延续至元、明、清，是研究吐蕃（藏）文化的珍贵资料。

莫高窟

繁花似锦的民间文学

藏族民间文学历史悠久，丰富多彩，主要有民歌、故事、谚语、谜语、格言、叙述诗、赞词等。

民　歌

藏族民歌主要有酒歌（曲）和情歌。酒歌藏族称"鲁"，情歌称"拉伊"。酒歌也是家曲，和情歌相对而言，主要有专用酒歌、生活歌、历史歌、劳动歌、风物歌、丧葬歌等。专用酒歌有见面歌（迎接歌）、赞歌、创世纪歌、逗趣歌、嘲讽歌、扎西歌、思念歌、挤奶歌、婚礼歌、出嫁歌、叙事（物）歌等。情歌分见面歌（迎接歌）、说理歌、戏嬉歌、和心歌（相恋歌）、问询歌、讽谕歌、指错歌、别离歌、思念歌等。这些民歌大都曲调优美，唱词生动，富有艺术性、知识性、趣味性。藏族民歌大部分是3段，每段由2句、3句、4句构成，每句7字、8字及6字。

如赞歌：

要知道雪山的高低，
请听听雪狮的声音。

要知道黄河的清浊，
请看看孔雀的尾羽。

要知道草原的歌多少，
请数数冬夜的星空。

如嘲讽歌：

我是大雪山的白雪狮，
我一跳威力压百兽，
我一吼巨声震破胆，
你小兔子心里怎么想。

我是无意山的大鹏鸟，
我威力压百鸟，
我展翅遮住日月星，
你小蝴蝶心里怎么想。

我是众歌手的十万火，
我是大酒场的一宝饰，
四面的问歌对如水，
你秃嘴小歌手怎么想。

除大量的赞歌、生活歌、劳动歌外，流传在甘肃藏区的叙事歌数量繁多，故事完整，艺术性强，语言朴素优美，如甘南藏区流行的《创世歌》、《益希卓玛》、《顿珠嘉洛》、《勒伊勒和降木措》、《在不幸的擦瓦绒》、《周姆和华青》、《达乃多和霍藏科》、《拉萨怨》、《甘加尕玛和曼藏才吉》等,华锐藏区流行的《骏马歌》、《白福禄羊歌》、《白牦牛歌》、《创世纪歌》、《青稞歌》、《茶歌》、《拉央与英措》等。

故 事

藏区有丰富的民间故事,一般分为神话、传说、寓言、风物、童话等等,也可分为宗教类故事、爱情故事、战事故事、亲情伦理故事、动植物故事、生活故事、聪明人物故事、寓言故事及佛经故事等,大都短小精悍,生动有趣。

神话故事主要有《什巴宰牛歌》、《天地形成》、《神猴与岩魔女的故事》、《种子的起源》、《勇斗野牦牛》、《狗是怎样变成家畜的》。民间传说主要有《聂赤赞普的故事》、《松赞干布的传说》、《长角的国王》等。风物传说故事有《青海湖的传说》、《阿尼玛卿雪山的传说》、《日月山传说》、《长江的故事》等。爱情故事主要有《茶和盐的故事》、《铁匠和小姐》、《豆什吉姑娘》、《三姑娘和蛇》、《青蛙王子》等。动物故事有《咕咚》、《猴鸟的故事》、《兔子和狼》、《聪明的小山羊》等。

谚 语

谚语,藏语称"旦慧",内容通俗浅显,语言生动活泼,且形式较为固定,为人们喜闻乐见,久传不衰。谚语反映了藏族人民的生活经验和感受,以及他们的世界观和处世哲学,闪烁着劳动人民的理想和智慧。谚语种类很多,一般可分劳动谚语、生活谚语、道德谚语等。

如劳动谚语:

春天的水要等着喝,
秋天的草要赶着吃。

风俗谚语:

话语相投,犹如茶和奶子;
心心相印,要比锁和钥匙。

生活谚语:

艰难时不可泄气,
安乐时不可得意。

谜 语

谜语是劳动人民创作的,用以表现和测验智慧的咏物性短谣。吐蕃时期,谜语十分兴盛,至今在藏区流传。一般分物谜和事谜两种。如:

身居大海一水生，
洁白微笑相戏嬉，
虽死能发吉祥声，
夺人心弦一物体。

谜底为白海螺。

格　言

格言，藏语称"勒夏"，意为善说。藏族格言多为四句，形成文字的有《萨迦格言》（萨班）、《水树格言》（拉卜楞寺贡唐仓三世）、《噶丹格言》等。民间口头流传的也甚多。如：

遇上良友，知识会与日俱增；
交上恶人，品德会越来越坏。

崎岖不平的路，不是跑马的地方；
三心二意的人，不是交心的对象。

异彩纷呈的民间歌舞

藏族是一个好歌喜舞的民族，人们说藏族人"会说话就会唱歌"，"会走路便会跳舞"。藏族民间舞蹈历史悠久，源远流长，丰富多彩，风格独具。流传至今的歌舞主要有锅庄舞、池歌昼舞、罗罗舞、摆征舞、项铃舞、多迪舞、猴舞、巴郎鼓舞、阿甲舞、尕巴舞、则柔、嘎尔、雪狮舞、牦牛舞（包括白牦牛舞）、猎舞、劳动舞、藏传佛教法舞等，另外还有西藏、康区的弦子舞、热巴舞、铃鼓舞、孔雀舞、布谷鸟舞等。伴奏乐器主要为长柄鼓、大鼓、大钹、大号、小号、锁呐、六弦琴、竹笛、鹰笛、四胡、牛角琴等。

罗罗舞　为"多地"舞一种，流行于舟曲县藏族群众中。一般在春节等节庆时舞。没有乐器伴奏，但有传统舞曲，边唱边舞，不限人数。领舞姑娘手摇串铃作导引，跳舞的人群跟随串铃发出的不同节奏，变换队形和舞步。步法身法多样，脚有蹭、踏、跐，膝有屈、蹲，身有拧、摆、扬，胯有送、摆，肩有端、送、晃，手有抬、晃、甩，眼有跟手、随肩。

摆征舞　一般由男子表演。先饮酒助兴，然后执火枪等武器出场，第一人用长矛高举羊头或羊腿，大家边唱边舞。动作粗犷豪放，唱词古老，内容丰富，表现勇士出征时的大无畏气概。高潮时火枪齐鸣，如醉如狂，气氛紧张热烈。相传这是吐蕃时期鼓舞士气的出征舞。

项铃舞　舞者手持拴有十多颗大铜

铃的项铃为道具，边唱边摇动项铃，身躯时仰时俯，或左右摇动，并穿插有飞速转动等技巧。也有将铃拴在脚踝的，顿足踩步，节奏明快，声音清悦。

洛萨舞 汉语称新年舞，以祝福为主要内容，融诗、歌、舞为一体，众舞者相互牵手，挪步踏歌，肃穆典雅，以心起舞，以情踏歌，心、情、舞相交织，动作划一整齐，场面宏伟壮观。为群众喜闻乐见。

猴舞 由男子表演。舞者模仿猴子的动作，手腕弯曲垂在胸前，双腿微屈，表现猴子机敏、好动等特点，

罗罗舞

并有戏逗、睡觉、吃桃等内容。动作风趣滑稽，情节诙谐幽默。

莎目鼓舞 流行于卓尼洮砚、藏巴哇、柏林一带，又称巴档鼓舞。巴档即皮鼓之意，造型极像小巴郎鼓。直径约1尺，柄长1.2尺左右，鼓面蒙以羊皮、马皮或牛皮，两个用布制作的小圆球，用半尺长的细绳系在两边。舞者手持巴档鼓边摇边舞，鼓声咚咚，浑厚而深沉。巴档鼓手没有性别、年龄的限制，男女老少皆可。但男女必须分开，不能一起跳，而且舞种也不一样，动作、唱词及曲调都有区别。莎目鼓舞动作幅度较小，舞姿优雅、细腻，其中虽有热烈奔放的舞蹈，但没有大蹦大跳的动作。这充分显示了藏族人坚毅、内向、

莎目鼓舞

莎目鼓舞

朴实、善良的性格和内在情感。莎目鼓舞歌与舞相一致，歌词以敬神、祝祥为开端。

锅庄 是流传在甘南、天祝、肃南草原藏区的一种热情、豪放、矫健的藏族古老歌舞。甘肃藏区称果卓，意为圆圈舞。

锅庄产生于原始社会，那时部落的人白天出外狩猎，晚上聚集在一起，围着劳动果实引火聚餐，手舞足蹈，以示欢庆。比如《兔子果卓》就是反映远古时期人们捕猎欢庆的一种拟兽舞。再如《赛马舞》、《打青稞舞》、《狩鹿舞》、《捻羊毛舞》

等，都程度不同地反映了当时游牧部落的人们的生活。12世纪时，锅庄舞蹈随着西藏的佛教、文化、艺术流传到甘青地区，与甘肃藏区的土风舞相渗透，融合后发展为现今的具有甘肃藏族特色的锅庄舞。

甘肃藏区的锅庄舞，是一种无伴奏的舞蹈。其表演程式是：男一排女一排围成圆圈，男一段女一段对歌，且歌且舞、歌舞一体。女的动作小而含蓄，男的动作大而奔放。基本手势一般是随步伐而自然摆动，规范起来有"前后甩手"、"单手上下甩动"、"单手绕袖"以及"双手绕花"等。刚开始时平稳缓慢，舞姿

文县藏族锅庄舞

矫键豪迈，曲调深情委婉；逐渐加快转为中板舞，舞姿粗犷奔放；结束时为快板舞，挥舞双袖，飞腾旋绕，热情奔放。根据各地风情不同，快舞慢舞，各有专曲。

弦子舞 是一种流畅、圆润、优美、抒情的歌舞。较之拟兽舞等，弦子舞产生较晚。

一般认为，弦子舞发源于巴塘。巴塘弦子舞流传到甘肃藏区，是五世嘉木样之时。1920年农历九月二十二日五世嘉木样大师从西康理塘来拉卜楞寺坐床时，随同带来了一批家乡能歌善舞的亲属随从。后来，在这批人的引导下，康巴的各种歌舞很快流传到拉卜楞地区，熔当地民间舞于一炉，形成了独具特色的拉卜楞地区的弦子舞。

跳弦子舞时，男女各一排，围成圆圈。也有男女交叉和纯女子舞蹈。舞姿依其曲调，"袅纤腰以回翔，轻扬袖之翩翩"。女的上身微微前倾，双袖轻扬，踮脚扭胯。有时男女连臂踏歌，时而聚集，时而散开，轻歌曼舞，潇洒自如。由于拉卜楞一带的地方风情，领舞的人虽不拉弦子，但也同样颇有风趣。

弦子舞的舞蹈动作以双膝关节的颤扭和摆扬彩袖为特征。神情温婉恬静、舞姿轻盈柔和。曲调比较丰富，内容多为赞颂家乡，歌唱生活等。

热巴舞 热巴从藏文字面上可以理解为身着带穗布衣之人。热巴舞最初产生于公元11世纪，是藏传佛教噶举派第二代祖师米拉日巴编创。当时的道具服装都较简单，沿用了宗教法器之一的单铃，并在上面系很多的牛毛红缨，没有乐器伴奏，随歌而舞。后来，米拉日巴的弟子热穷巴·多吉扎巴对道具、舞蹈、服装作了进一步的改进，并用大象的皮子蒙成象皮圆鼓，安上一个木把，来敲鼓伴舞，增加了热巴的音乐感。这一形式流传至今。

热巴舞最早盛行于察绒地区，后来逐渐流传到察雅、昌部、甘孜、中甸、巴塘等地，其中以察雅热巴最负盛名。流传到甘肃的时间较晚，在五世嘉木样时，从康区流传到拉卜楞地区。

流传在拉卜楞地区的热巴主要是以铃鼓舞、弦子舞，同时穿插一些锅庄和男女热巴之间的对辩等三种形式组成。

铃鼓舞是热巴的重要组成部分。表演时以热烈欢快的铃鼓舞作为开始，召集观众。它以不同的鼓点组成不同的舞蹈组合。跳一会轻盈抒情的舞蹈后，随着鼓点的加快，跳一段剧烈而富于技巧性的快舞。一快一慢、一紧一松，连续数遍，每次都有新的舞姿变化。

表演时，男右手挥铃，女左手执鼓右手拿鼓槌，边歌边舞徐徐出场。以领舞的铃声为号变换队形和动作。开始以轻缓的步伐环绕场子一周，然后由领舞说一段快板朗诵，随后男纵身挥铃,女飞鼓旋绕,舞姿粗犷激荡,并由男演员轮流表演"躺身平转"、"孔雀吃水"、"旋转扭腰"等。每种技巧连续表演一次后敬礼结束。铃鼓舞结束之后,男女连臂跳起优美抒情的富有热巴特点的弦子舞,慢时长袖徐徐、深情曼歌,快时双袖飞舞,蹲步跨越,别有风格,人们便称之为"热巴弦子"。

热巴舞从康区流传到拉卜楞地区后,经过几代人的加工、充实、发展,形成了现在的独具拉卜楞特色的热巴舞,其舞姿优美、风趣幽默,深受拉卜楞乃至整个安多藏区群众的欢迎。

则柔 则柔盛行于天祝藏族自治县和肃南一带。则柔是一种双人或者是群体跳的舞蹈。每逢吉庆节日,迎送贵宾亲友时,在大庭广众之下表演。舞时男女围成圆圈,左右移动,踏步蹲身,侧腰向前,轻挥双袖,边歌边舞。舞姿舒展、柔软、古朴、优美。

狮子舞 狮子舞是拉卜楞寺跳的一种拟兽吉祥舞。狮子舞历史悠久,是西藏古老的舞蹈之一。在距今已有1000余年历史的阿里古格红庙大殿右侧壁画上,就绘有双狮对舞的场面。

狮子舞最早流传到拉卜楞寺是在二世嘉木样时期。二世嘉木样·晋美旺波应当时擦瓦绒棱磨女士司卓玛措的邀请,于1769年亲驾擦瓦绒讲经布道。回来时,便带来了当地盛行的狮子舞。

狮子舞由双人扮演,一头一尾,身披白底绿色脊纹的狮皮,由头戴寿星面具、身着黄袍袈裟的人手提绣球,引领双狮而舞。表演时,以鼓、钹、锣、笛伴奏。

天祝有雪狮舞,白雪狮出场时要煨桑,献哈达,非常肃穆、庄严。

孔雀舞 孔雀舞最早发源于西藏阿里普兰的狮泉河一带,后随五世嘉木样丹贝坚木参从理塘来拉卜楞寺坐床时传入拉卜楞地区,成为拉卜楞地区受人喜爱的民间舞蹈之一。孔雀舞是男女双人表演的舞蹈,边歌边舞,模拟孔雀在优美动听的歌声中汲水、飞翔、跳跃、踱步等动作。动作有"两步一踩"、"双摆手"、"双叉腰"、"抖双肩"等,优美自如,形象逼真。充分表现了人们对美好生活的向往和追求。

布谷鸟舞 布谷鸟舞是一种女子单人舞,最早流传在康区的巴塘、理塘、康定一带,五世嘉木样时从理塘传到拉卜楞地区,成为拉卜楞一带喜闻乐见的一种拟鸟舞蹈。

布谷鸟舞的动作有"飞翔"、"觅食"、"晒太阳"等。这种舞蹈表达了藏族人民摆脱黑暗、追求光明、向往未来的愿望。

嘎尔 和则柔接近,是以歌为主,辅以简单动作的群体表演。主要流行在夏河、合作、玛曲一带。

阿甲舞 流行于卓尼卡车一带。

舞时两男两女成双成对，边唱边舞，动作很有节奏，而且落落大方，姿态优美。上至白发苍苍的老人，下至六七岁的儿童，都会跳这种舞蹈。跳阿甲舞的同时唱"姜巴"、"出路"等鲁体歌，更增添热闹和喜乐的气氛。尤其在节庆婚礼等活动跳阿甲舞，使场面更加热烈。

尕巴舞 流行于迭部尼傲、旺藏一带。舞时小伙子们身着藏袍，腰带藏刀，脚蹬靴子，三五个围成一圈，一圈为一组，按顺序一组接一组选择宽敞的庭院边歌边舞，挨家挨户地从日落跳到夜晚，从午夜跳到天明，充分利用节日，欢庆丰收，并以歌舞抒发热爱家乡，酷爱大自然的情感。尕巴舞有"夏加琼谦"、"额班恰"、"恩白召"、"勋白召"、"郭吉相茂哇"等数十种形式，歌声嘹亮，舞姿洒脱，场面热闹非凡，富有浓郁的民族气息。

池哥昼 是流传在文县一带藏区的戴面具祭祀舞。相传很久以前从西藏传来。舞者头上各戴狮、虎、豹、龙、凤、雕、豕、牛、羊、熊、大鬼、小鬼等12种动物面具，当地藏语称"池歌昼"，汉语叫十二相祭祀舞。每年一跳，一般在正月十三祭奠山神时跳，从文县铁楼藏族乡麦贡山一带开始，然后从茹贡山、强区、枕头坝、草坡山、荔枝山，一山一峰、一村一寨地按次跳，一直跳到正月二十日为止。成为当地藏族群众最欢迎、最隆重的一种传统祭祀古舞。

据有关藏文经典中记载，"池歌昼"祭祀舞始于公元7世纪初，当时吐蕃赞普松赞干布为成功创造吐蕃文字和制定各种法律举行了一次规模盛大的庆典仪式。在这次庆典仪式上，首次上演了装扮狮、虎、豹、龙、凤、雕、豕、牛、羊、熊等十二种动物的面具舞。后来，这种以兽面具舞作为吐蕃本土的传统舞蹈在各地流传开来。随着时间的推移，逐渐演化成为民间祭祀山神、祈求神灵护佑的祭祀舞蹈。

池哥昼舞

跳祭祀舞祭奠山神时，列队最前的一人打着一面旗幡，旗中央画着一个披发齐肩、头戴颅骨花冠、腰挂三角虎皮的部落护法神画像。祭祀舞的基本跳法是，先从右脚开始，右脚提起，开胯右腿向着左侧打开，并以开胯向右的力量将身体微微向右转移，支撑脚左脚随着旋律稍微移动，右脚的姿态这时延伸向左。第二步是换脚。先起左脚，向着左侧开胯打开的同时，左脚姿式是朝右，转圈左脚提起向右方，产生向右猛冲恣态。全部舞蹈表现了神通广大的部落护法神战胜一切妖魔鬼怪的情景，寄托了人们祈求人畜两旺、五谷丰登的愿望。

池哥昼祭祀舞反映了人们认识自然的原始观念形态，完整保留了本教最早祭祀山神仪式和风貌。

图腾舞 在甘肃藏区流行的图腾舞就是牦牛舞。牦

白马人池哥昼服饰

牛是青藏高原最常见的家畜之一，也是本教所崇信的神灵之一。在公元6世纪以前，吐蕃就已经有了牦牛舞。牦牛舞是由两个人扮演，一头一尾，身披黑色牛皮，牛角上系扎哈达，随着鼓、铙、大号的节奏合拍而舞，大号主要吹牛叫的声音。牦牛舞表演粗犷

白牦牛舞

奔放，动作起伏大、速度快，有激烈的下蹲动作，简单古朴，为人们所喜爱。天祝流传白牦牛舞，有独舞、群舞等形式。

法舞 藏语称"羌姆"。舞者戴上具有佛教象征意义的面具，在法器的节拍下直接演示佛教教义。这种法舞也被称为藏传佛教的"跳神"。

卓尼贡巴夺法舞

藏传佛教的法舞，在吐蕃赞普赤松德赞时期就已流行。在藏传佛教第一座寺院的落成庆典上，当时的寂护大师和莲花生大师根据佛祖释迦牟尼所弘扬的密宗四部中的《瑜伽部》和《无上瑜伽部》中有关金刚舞一节，组织跳神舞会，驱鬼酬神，为寺院举行开光典礼。吐蕃王朝衰落后，在阿里兴起了古格王朝，其首领益希奥、降曲沃二人修建了土定寺庙。并从印度梵文中翻译了许多佛教密宗经典。大译师仁钦桑波按照续部精神，发展了金刚舞种。从此金刚舞种成为藏传佛教寺院普遍保留的弘法形式。

法舞

别具一格的藏戏

藏戏是一个比较古老的剧种。早在公元8世纪时，藏王赤松德赞派人从印度乌仗那国迎

请莲花生大师和寂护大师来吐蕃弘扬佛法，在山南扎囊境北选址修建了佛教第一座大寺——桑耶寺。桑耶寺从破土动工到正式建成，历经12年，于公元775年正式落成。当寺院建成后，在藏王赤松德赞、莲花生大师和寂护大师的主持下，举行了盛大的落成典礼和开光仪式。就在这次开光大典上，莲花生大师将西藏本土带有本教色彩的拟兽面具舞和佛教密宗瑜伽学说中的"金刚舞"结合起来，形成一种只舞不言的"哑剧"舞蹈来镇魔酬神，为寺开光。这种哑剧流传到现在，仍在各大寺院中以跳神形式保留下来，对后期传统戏剧的形成，产生了积极的影响。

公元9世纪，吐蕃王朝崩溃，整个西藏陷于混乱之中。直到13世纪元朝统一了西藏，封萨迦派高僧八思巴统领天下释教，佛教随之得以复兴。到公元14世纪，出生于后藏沃迦拉孜地方的香巴噶举派高僧唐东杰布在哑剧的基础上，开创了以唱为主，诵、舞、演浑然一体的藏戏。

唐东杰布，又名华智白旺秀尊哲，生于藏历第六饶迥的金牛年（1361年），幼小时因家境贫寒而出家为僧，先后在多朵嘉拉寺和萨迦大寺拜仁达哇·循努洛哲、夏普哇等名师，闻习三藏经论、新旧密法。后来在云游印度、康藏各地时翻山越岭，看到人们过河难的情景，产生了演戏筹资修桥的想法。他动员藏·贝纳家能歌善舞的七姐妹，组成演出团，两人扮演王子，两人扮演猎人，两人扮演天女，一人击鼓吹乐，他本人创作指挥，创建了藏族历史上的第一个七人剧团，名叫雅龙扎西雪巴剧团。后来人们将他尊为藏戏的创始人。

据传，唐东杰布一生建了110座桥，其中铁索桥50座，木桥60座。他创建剧团，治水建桥，弘扬佛法，积善修德，得到后人广泛的崇敬和赞誉。公元1485年，他圆寂于类乌齐地方，享年125岁。

从现存的一些壁画材料和史书记载看，唐东杰布时期的藏戏，内容主要还是以流传在民间的传奇故事和记载在佛经中的神话故事为主，表现形式以简单的跳神仪式和民间歌舞为主，并有唱、白、表（面具）并举的虚拟程式表演，中间穿插一些情节，使其戏剧化，已突破了那种早期只舞不言的哑剧形式，而且有别于神舞，向具有戏剧程式化和形象化的表演艺术迈进了一步。

到公元17世纪，五世达赖洛桑嘉措把藏戏作为一种独立的戏剧艺术形式，从宗教跳神仪式中分离出来，并从剧团的编制入手，对藏戏的基本程式、舞美音乐、唱腔演技等方面加以改进，但总体上保留了原来的表演形式。18世纪时，西藏噶厦政府提倡"把古昔菩萨、大师的故事表演出来，以劝恶归善"。从此以后，藏戏更加得到了繁荣发展。

藏戏从公元7世纪开始到公元18世纪，在藏族文化的发源中心卫藏地区经历了近千年的孕育、萌生、发展的历史过程。又从西藏传到康地、青海、甘肃各地。其艺术影响远播到甘、青、川、滇等地，以及布丹、锡金、尼泊尔等邻邦。通过几个世纪的实践，藏戏已繁衍、分蘖、滋生出了多种戏剧种。如产生于19世纪的安多藏戏"南木特"，就是在西藏戏的影响下，分蘖、滋生出的具有地方风格的剧种。

"南木特"藏戏最早是在拉卜楞寺二世嘉木样贡去乎·晋美旺波的亲自授意倡导下，由贡唐·丹贝仲美仿效西藏藏剧的表演形式，将藏族传记文学名著《米拉日巴道歌》中猎人受教化的一段故事，改编成剧，当时称《鹿舞剧》，藏语称"哈羌姆"，于每年藏历七月八日的"柔扎"节上定期演出。这就是"南木特"藏戏的雏型。20世纪初，五世嘉木样·丹贝坚木参赴藏学习深造，常利用暇余，观赏藏戏，对西藏藏戏产生了浓厚的兴趣。回籍以后，就把排演藏戏作为一件大事交给了本寺"学富五明、见多识广"的琅仓活佛。琅仓活佛按嘉木样的安排，创编了藏族历史剧目《松赞干布》。唱腔音乐以当地民歌、说唱调为主，表演多采用民间歌舞和寺院跳神舞蹈。剧中还根据不同民族的特点，借鉴了一些其他民族戏剧中程式化了的动作。在表演艺术上，不仅采用人的动作神态，而且摸拟飞禽走兽的动作形态。还根据剧情的发展和人物个性的需要，把生活形态提炼美化、变形到特殊的戏剧表演形态，并加以夸张，起到渲染气氛、突出人物个性、增强艺术感染的作用。民国初年，天祝天堂寺也开始排练藏戏《米拉日巴》、《智美更登》等剧目，在赛马会演出。20世纪50年代初，拉卜楞红教寺院排了《智美更登》，在兰州上演，受到好评。

"南木特"藏戏从产生迄今，历时不到一个世纪，但已形成自己鲜明的特色，成为独具一格的戏剧流派，在整个甘肃藏区，乃至安多地区广泛流传，不但在寺院僧侣中排演，而且群众自己也进行排演，成为草原游牧部落群众乐意接受和深受欢迎的一个剧种。

藏戏是藏族文化艺术形态中占重要位置的一门融歌、舞、说唱、音乐、文字于一体的综合性艺术。从藏戏的剧本、舞美、唱腔、面具、音乐、服装等方面的艺术构成来看，它是在当地民间舞蹈、民歌、说唱、佛教音乐的基础上，吸收了一些酬神醮鬼的宗教跳神仪式，并依创编加工的历史故事和佛经故事而逐步形成的。其唱腔与藏族民歌"谐钦"腔调相似，其花腔顿音"振古"与"酒歌"曲调接近。在其形成过程中，又经过无数艺人、戏剧工作者的加工、改编、完善，成为既符合戏剧理论要求，又具有自己民族特色的剧种。

按藏族戏剧学理论的常规要求，每出藏剧，一般分为"顿"、"雄"、"扎西"三个部分。

"顿"就是剧前道白，向诸神祈祷，向观众敬礼。"雄"就是正戏。"扎西"就是最后剧终时的祝福。据传，"顿"和"扎西"最早是一种跳神仪规，后来被吸纳到藏戏之中了。

藏戏的舞蹈也有定型的动作和规定的节拍，舞蹈一般定型为下列9种姿态，简称9姿：①娇媚姿，②英豪姿，③丑陋姿，④勇武姿，⑤滑稽姿，⑥怖畏姿，⑦怜悯姿，⑧希冀姿，⑨和霭姿。舞蹈节拍，又分下列6种：①"顿达"，一般出场时用，节拍由慢渐快，舞步跳跃变化；②"切冷"，前行动作的节拍，先右后左，转半圈曲线行进；③"恰白"，敬礼时的节拍；④"德车"，静场时轻轻击鼓的节拍，异常缓慢；⑤"格切"，表现长途跋涉样式，作四周环行；⑥"波钦"，是一种上身平伏，下身平跃转圈，表现高难动作的角旋舞。上述这些戏剧舞蹈动作中，根据不同的内容和不同的角色，有不同的定型化了的动作，但一般男子大多以张弓骑射样式的动作为主，女子多以捻毛纺线样式的动作为主。这种程式是古代藏族人民根据生活劳动动作提炼美化到舞台的艺术造型而固定下来的程式。舞蹈的基本形式是以生活为基础的，因此给人以自然、纯朴的感受。

民间舞蹈艺术对藏戏中舞、眼、身、法、步五类表演技能的形成，拟定了表示每个动作的虚拟性，起着重要作用。由于各地舞蹈的不同特点，各地藏戏的舞蹈各具当地民间舞蹈的风味。如西藏地方的藏戏舞蹈以热烈欢快的"踢踏舞"为主，康区各地的藏戏舞蹈以婀娜多姿、优美抒情的"弦子舞"为主，安多甘肃藏区的藏戏舞蹈以舒展奔放、翩翩起舞的"则柔"为主。藏戏中的舞蹈多一半不是为剧

南木特藏戏《智美更登》

南木特藏戏面具

情发展、人物塑造服务的，而是为了烘托气氛。上下场不分角色，能歌则唱，能舞则舞。

藏戏的乐器既简单，又富有表现力，多为佛教寺院举行跳神法会时所用的佛殿音乐乐器。一鼓一钹、一弦一琴，加上一架长号，一把锁呐，就能使一台戏既连贯又完美地演下去。舞蹈动作的表演、唱腔节奏的变化、每个场次的转换、间歇时空的过渡均由乐器指挥。根据戏剧配器，一张鼓有多种击法，鼓钹要配合打击，锁呐长号间奏插吹，以渲染戏剧的气氛和增强演出效果。

藏戏的音乐伴奏，舞蹈动作及面部表情都是比较简单的，因此，它的唱腔和曲谱就显得特别重要。藏戏的唱腔曲调，大都源于民间曲调。据统计，唱腔调子一共有20余种，男女老幼、悲欢哀乐各不相同，但一般常用的可归纳为"达仁"、"教鲁"、"达通"、"当罗"等四种曲牌。

"达仁"是表现心情舒畅欢乐的一种长调。"教鲁"是表现一种忧愁悲伤心情的深沉的调子。"达通"是用于一般叙事述情的短调。"当罗"则是感情起伏变化，或因喜怒而需变腔时的调子，也可称反调唱腔。当一个演员唱完一段歌词，余音未落，其他演员接着帮腔。这样，既能缓冲主唱人的嗓音声带，又能给观众以和谐优美的感受，整个唱腔听起来由近而远，此起彼落，给人以高昂、豪迈、悠扬的感觉。

藏戏唱腔的曲谱，可归纳于藏文化10大类中的"工艺学"中。工艺学是古印度文化的分类法，它囊括建筑工艺、科技工艺、军械工艺、体育技艺、手艺技艺、戏剧音乐声明艺等64艺。其中的戏剧音乐声明艺中就载有

七音品曲谱乐理学说。据考，七音品曲谱理论最早起源于公元2世纪。由印度著名学者婆罗多在其《戏剧论》中首次提到。公元7世纪以后，随着佛教的传播，译为藏文，传入西藏。到公元1216年，萨班·贡噶坚参在他撰写的《乐论》中，也直接引用了七音品曲谱法。嗣后的公元17世纪第悉·桑杰嘉措在其文集中也涉及到七音品曲谱的艺术理论。由此可见，七音品的传入，对后期藏传七音品的形成，产生了巨大的影响。

藏传七音品曲谱的藏汉对译为：①具六；②神仙；③持地；④中令；⑤持五；⑥明意；⑦近闻。

藏传七音品是根据每个音的音质特点，分别代表音高不相同的七个音品声音的名称，如区分汉文曲谱中的七个音阶一样。古人还把七个不同音品形象地比喻成七种不同动物的声音来区分表达音阶的高低。七音品所比喻的七种动物的声音分别为：

第一，具六——声如孔雀。

第二，神仙——声如黄牛。

第三，持地——声如山羊。

第四，中令——声如鸿雁。

拉卜楞红教寺藏戏演出队

第五，持五——声如杜鹃。

第六，明意——声如骏马。

第七，近闻——声如巨象。

随着藏戏的普及和欣赏水平的提高，给藏戏表演提出了更高的要求。演员演出时，必须按照剧情的发展变化，随时更换唱腔，很细腻地表达剧中人的感情，有些程式化的动作要按人物的身份分类，力求定型。而其舞蹈动作又要和唱词、唱腔相配合，与剧情发展相联系。

从整个藏区包括甘、青、川、滇流行的各种剧目来看，驰名各地的藏戏剧目约十几出。其中，普遍比较熟悉、受人喜爱的有八个传统剧目，《松赞干布》或称《文成公主》、《智美更丹》、《诺桑王子》、《囊萨姑娘》、《卓瓦桑姆》、《顿月顿珠》、《苏吉尼玛》、《白玛文巴》，通称"八

藏族史话

大藏戏"。

这八出传统戏剧，从内容、选材上看，大部分来源于民间故事、历史传说、佛经故事以及世事人情等几个方面。

流光溢彩的艺术

壁画艺术

甘肃藏区藏传佛教寺院的经堂、佛殿的四壁，几乎都绘有壁画。壁画取材广泛，表现内容丰富，除一般的佛、菩萨、护法、佛传、佛本生等外，还有历史故事、宗教人物、建筑装饰、民俗风情等。

佛像是寺院殿堂供奉的主尊，也是壁画中出现最多的题材。壁画里的佛像主要是释迦牟尼像（藏语称觉如主巴）。据不同教义，壁画中常见的佛像有燃灯佛、药师佛、毗卢遮那佛、不空成就佛、不动佛、无量寿佛等。各种佛像的组合有一定的规格。如三世佛，即过去、现在、未来三佛，便画上燃灯（过去佛）、释迦牟尼（现在

白度母像壁画

佛）、贤巴（未来佛、西藏称强巴）三个佛像。这些佛像在手势、所执法物、头饰上略有不同，如贤巴佛额顶有一

弥勒佛传壁画

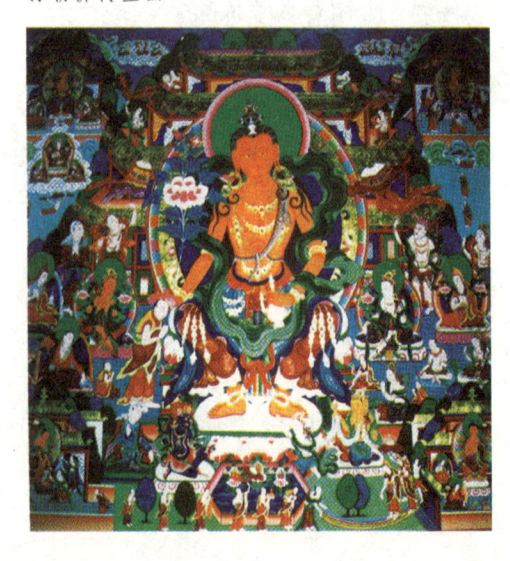

宝塔标志，药师佛手持药钵，无量寿佛手持无量寿瓶。

藏传佛教有八大菩萨。菩萨画像主要是文殊菩萨、观音菩萨、金刚手菩萨，称为三部主。其中观音和文殊呈女身，慈眉善目，宁静端庄，分执莲花和宝剑；金刚手菩萨手执金刚法器，瞠目张口，六臂舒展。有时，在壁画中还以莲花、宝剑、金刚三种物象来代表三个人物。

度母（藏语称卓玛）为菩萨的法身，女身，形象最为动人。她们眉毛修长，高鼻秀口，双目顾盼，容貌姣艳，神态妩媚，体态优美，常为丰乳细腰宽臂，多做"三道弯"式扭曲，肢体裸露较多。度母有20余种变化，其中白度母、绿度母、蓝度母、红度母出现较多。

罗汉画像的造型、衣饰，与内地寺院罗汉相同，只是藏传佛教为十六罗汉，而汉传佛教是十八罗汉。

四大天王为护法之神。常被醒目地绘制在寺院的山门和主要佛殿的门廊与墙壁之上。他们披铠挂甲，着护腕战靴，显得高大而威严，挺拔而尊

米拉日巴传壁画

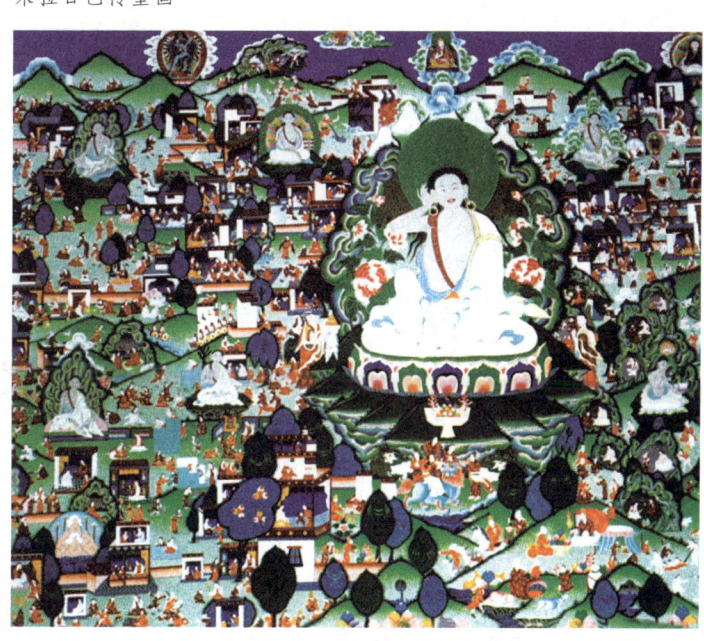

十六罗汉壁画

禅定寺壁画

唐卡

贵。四大天王为东者护土天王,西者丑目天王,南者圣生天王,北者毗沙门天王。北天王不仅是护法,也是财神、菩萨。

密宗各类护法神画像不胜枚举,如曲杰(法王)、多吉吉切(怖畏金刚)、贡布(依怙神)、华旦拉姆(吉祥天母)、达珍(马头明王)等。这些神像大都狰狞丑陋,面色或红或青,一个个忿眉怒目,张牙舞爪,多头数臂,手执多样法器或装器,骑坐走兽或脚踏鬼怪,渲染佛教的威慑,具有恐怖感。

壁画中的释迦牟尼业绩图,包括《佛本生》和《佛传》两种内容。"本生"是表现释迦牟尼降生前12世的传说故事;"佛传"是描述释迦牟尼一生经历的故事。这种连环画式的画面有100幅、108幅乃至数百幅。另外有《药王本生图》、《贤巴本生图》等。

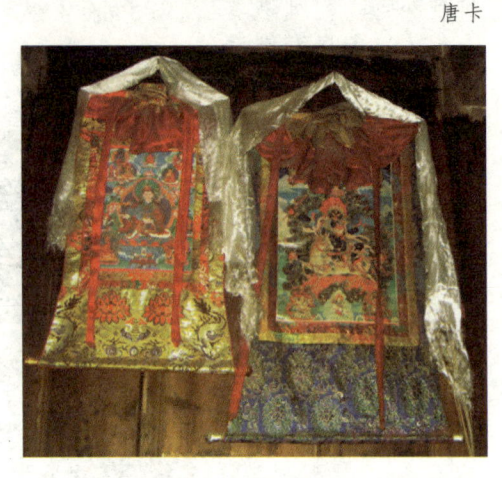

佛经变相图是根据经典教义绘制,有《轮回图》、《世界横世图》(又称《四大部洲图》)等。

藏族历史传说和藏族著名历史人物画像也是壁画的主要内容之一,如远古传说中的神猴和罗刹女成婚繁衍了藏族的画面,吐蕃第一代赞普聂赤赞普、第三十二代赞普松赞干布、文成公文进藏的故事、唐僧取经的故事等。别外还有高僧大德莲花生、米拉日巴、萨班·贡噶坚赞、八思巴、宗喀巴等的画像和故事。

唐卡艺术

唐卡也称"唐嘎",藏语意为卷轴画,其形制多为竖条长幅,大小无定制。中央的画面称为"美龙",是唐卡的核心，画面四周绘有衬画，如花草树木、山石流水、亭台楼阁、八吉祥徽、七珍宝、飞禽走兽、飞天伎乐等。

唐卡和壁画一样，题材十分广泛，有佛教教义、历史事件、人物传记、宗教和神话故事、民间传说、民族风情等，涉及政治、经济、历史、宗教、文艺、社会生活各个方面，堪称艺术的百科全书。主要内容为宗教画、传记画、肖像画、故事画、风俗画、建筑画、历史画等。

唐卡画的内容主要反映佛教内容，如佛像、菩萨像、护法神像、佛教故事及《世界模式图》、《坛城》等，主要有《释迦牟尼传》、《时轮金刚像》《密集金刚像》、《绿度母像》等。还

脉络图唐卡

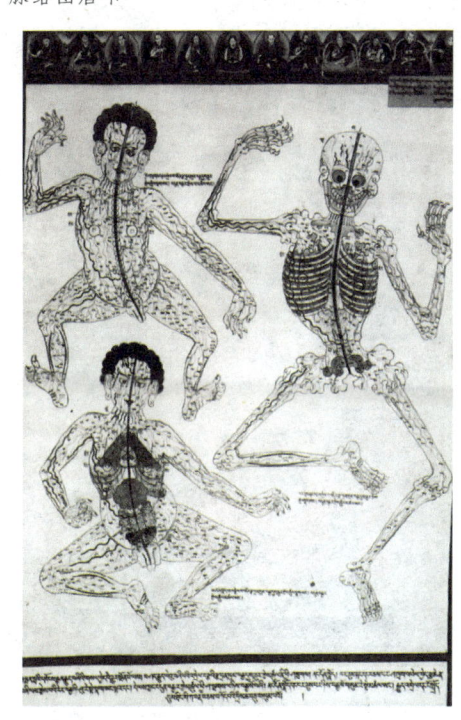

仁钦华宗刺绣唐卡

有历史人物唐卡画，如《吐蕃三大法王》《莲花生大师》、《米拉日巴》、《宗喀巴》等。唐卡中有一种叫"曼唐"，即医药卷轴画，将医药理论用根、杆、枝、叶为喻，形象地说明人体构造、经脉气穴、治疗养病等方面的知识，成为医药教学中的生动教材。除此之外，尚有风景画，主要是著名寺院、名胜古迹和花卉动物画，如布达拉宫、五台山等名寺古刹。动物主要是雪狮、猛虎、大象、兔、猴、鹿、牛、马等，大都和宗教有关。鸟有凤、孔雀、鹰、八哥等。另外松鹤图、八吉祥徽（吉祥结、妙莲、宝伞、白海螺、金轮、胜利幢、宝瓶和金鱼）等

九世班禅堆绣唐卡

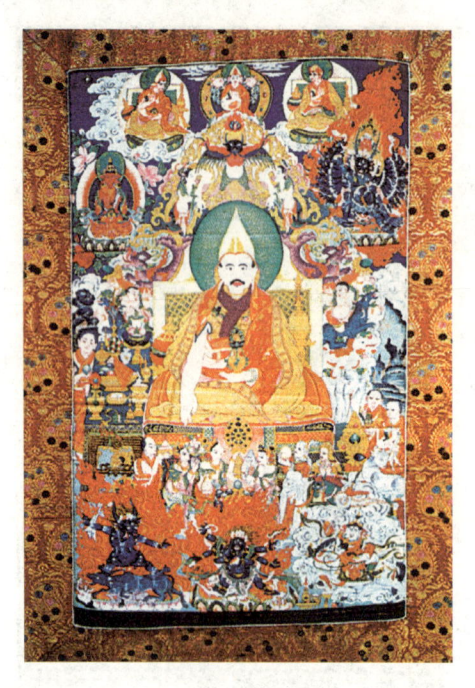

绿度母唐卡

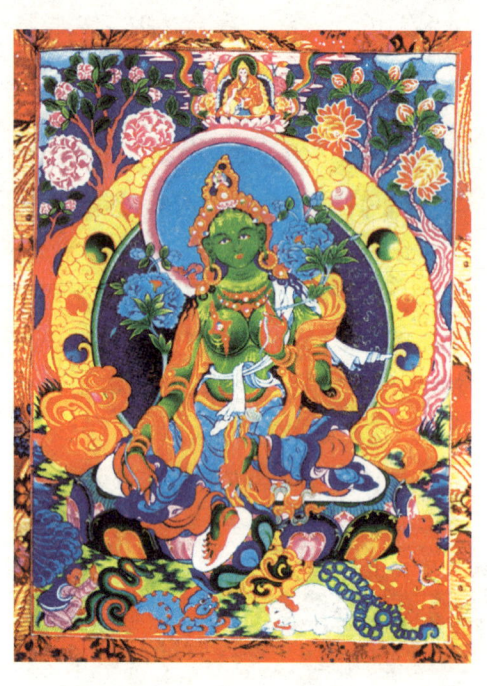

较为多见。花草树木的描绘，多用于点缀或补空。补景小品画中也有反映牧民生活的，如帐蓬、牧牛羊的、挤牛奶的、打酥油的等。

唐卡构图别致、色彩鲜明、高贵典雅、庄重明朗、光彩夺目、富丽堂皇，是珍贵的独具特色的藏式绘画。

唐卡底料可分为布面、绢面和纸面几种。除彩绘以外，还有刺绣、堆绣、织绵、缂丝、提花、贴花和宝石缀制等制作工艺。颜料以各色矿物制成的颜料为主，包括金粉、银粉、朱砂、雄黄等，也有用植物颜料的。

唐卡的制作、绘画，工艺细致、严格。首先将选用的画布用石灰水浸泡，使布质软化。然后辅在光滑木板上，用石块反复磨压，最后刷上水胶粉液。作画时，首先确定画面中心点，接着勾勒草图，接着着色（重彩或淡彩）、勾复线、描金、打磨，完成这几个过程后，最后用锦缎镶边加轴，一幅唐卡画便完成。

雕塑艺术

雕塑主要为佛像，和绘画的布局是一样的，寺院上有释迦牟尼殿（主供释迦佛）、选巴殿（主供选巴）、赞康（护法殿）、宗喀巴殿（主供宗喀巴）、三世佛殿（主供过去、现在、未来佛）等。这些殿中塑有主供佛像，有的两边塑有站立的十六罗汉，释迦

木雕宗喀巴像

铜佛像

酥油花

牟尼两边站立二大弟子，也有的两边或门廊塑有护法神。这些神像形态逼真、形象各异、神态万千，有的狰狞可怖，有的体态优美。雕塑主要有泥塑、木刻、金属铸等，以纯金佛像及铜铸镏金为最名贵。雕像大小不一，有高达十几米的大佛像，也有长仅寸余的小佛像。天堂寺有一座宗喀巴木雕像高18米，为全藏之最。

酥油花艺术

酥油花是在藏文化中独具特色的酥油塑造艺术。虽名为"花"，但题材多样，内容丰富，主要有佛教人物，飞禽走兽，花草虫鱼，山林树木等，

画面立体、工艺精巧、造型逼真。其塑造程序是：先将酥油放在冷水中揉练，再根据制景需要，掺合各种颜料，然后进行堆塑雕琢。成形后，用金粉勾描衣饰花纹，用薄（淡）色做必要的晕染，进行最后的修饰加工。其制作时间必须在三九寒冬，工作场所必是低温寒冷处，条件十分艰苦。

酥油花是从塔尔寺、黄南、西藏等地传来的，除花草树木，飞禽走兽，佛像人物外，还有许多神话题材的作品，如《唐僧取经》、《文成公主》、《智迈更丹》等。这些作品大都结构严谨，造型精巧，神态生动。

关于酥油花的产生，在民间广为流传的传说有两个：一说，文成公主进藏时，带去释迦牟尼佛像一尊，藏族人民为了表示对佛祖的崇敬，在佛像前供奉了六种供物（花、涂香、水、熏香、饭食和明灯），时值冬日，鲜花无从采得，只好用酥油塑了一束花，献于佛前，从此相沿成习。塔尔寺建寺后，这种艺术形式由藏传入，于是产生了第一批酥油花艺术。二说，宗喀巴大师曾做过一个奇异的梦：恍惚迷离中钟鼓叮咚，祥光缭绕，棵棵野草变成盏盏明灯，灿若明珠，亮如银星；簇簇荆棘化作朵朵鲜花，色如虹霞，香满四野；珍禽异兽，飞鸣起舞，于是佛祖显身，四海升平……后来佛教徒们认为这是天意，是宗喀巴大师修法已成的吉兆，于是用酥油仿照梦境制作了一批雕塑艺术品，并在宗喀巴大师的生日农历正月十五日展出。

刺绣与书法艺术

藏族妇女的刺绣，有自己的特点，这种刺绣不光是一根线上下走法，而是用两根线交叉走法，名曰"盘"，也叫"盘绣"。刺绣主要图案有魁子，云子花，二、四方连续的图案，色彩鲜艳，搭配均匀。主要用于妇女瓣套、衣领、袖等。

藏族学者十分重视书法，也有自己的文房四宝，即笔、墨、纸、散木札。藏文字形有楷书、草书两大类。草书分六类，还有篆文。

藏族人写字不用毛笔，而用竹笔，一般是使用者自己制作。藏族学者十分看重竹笔，认为它是文殊菩萨"智慧之剑"的象征。制笔分选竹、加工、削笔三道工序。所选竹一般是旧竹，皮色杏黄，无裂纹斑痕，质地柔韧为优，每笔有节，有节则为吉。先将选好的竹架于屋梁烟熏或油煎使竹体干硬，色泽油亮。削竹时，备锋利小刀，然后根据书写需要，削出各种笔来，一体一笔。另外也有以鸟翎为笔的。

墨用墨盒而不用砚台，墨盒形似瓶状，铜制，小巧玲珑，书写时，左手持盒，右手执笔。以前，墨多为自制，其原料有木炭、灯芯灰、黑矿石之类。在墨汁中加入少许冰矿以求光泽，加少许麝香使气味芬芳，也可防腐。藏传佛教的经文用"赛尔寨"（金粉）、"俄寨"（银粉）、"玛尔寨"（朱砂）、"东寨"（白贝粉）、"纳合寨"（墨黑）等原料和色彩写成。

纸是土法制作，种类较多，质量也不一，绺巴嘎纸为上品，次为馒头花根制的纸，再次为草纸。纸以洁白、薄亮、轻柔、不易撕坏、书写不洇为优。

散木札形似汉族水牌，为长方形，大小不等，四周有沿，表面涂以黑漆。书写时，用少许酥油擦面，再打上横格，然后撒上糌粑粉或草灰之类，随即抖去可写。散木札一可写字，二可抄稿，三可绘草图，四可演算，五可当书札，真可谓一物多用，显示了藏族人民非凡的智慧和创造力。

丰富多彩的传统体育游艺活动

藏族地区民间体育十分活跃，从农村到牧区，有不同的适合各自特点的活动项目。既有飞奔的骏马之间的挑战，又有马上高超技艺的展示；既有大力士之间气吞山河的拼搏，又有机敏灵活的智力竞赛；既有大型多样的比赛，又有小型而不拘一格的活动，一年四季均有特色各异的具有普遍性、群众性的体育及游艺项目，其中有的是藏族特有的，有的是受其他民族的文化影响而形成的。

赛　马　藏族人多畜牧、善骑射，因此，长期以来，赛马活动十分兴盛。赛马有跑马（奔马）、走马两种。跑马赛是五里至二十里路主要比速度和耐力的竞争。走马是在一二百米距离的路上，骑手摆动腰肢扬鞭催马，马对侧快步向前飞去，如果走马乱了步伐，便为失败，既要求速度又要平稳。走马一般先分几个小组预赛、复赛，然后决赛取名次。跑马距离远，一般一次决赛，骑手摔下马，马自己跑向终点，也计名次，一般取前十三名，也有根据马的多少来决定的。

马　术　马术表演也很普遍，一般有马上射击、射箭、打飞石等，其中最有名的是"飞马拾哈达"，就是在马跑动时，骑手俯身拾起地上相隔几处的石子或哈达或红布。此外，马术技巧还有"蹬里藏身"，当马飞奔时，骑手机敏地窜到马的一侧，一脚踩蹬，手抓马鞍或马鬃，身体缩成一团，呈隐蔽状；"马上站立"，当马儿跑动时，骑手双手扯住缰绳，全身站立；还有奔马过障碍、马上射箭、马上射击、马上倒立等。

赶喽喽（意为赶猪） 参加人数不限。在一平地挖一直径一尺的小坑，离坑二米处的周围挖若干直径五寸的小坑。每人持三四尺长的木棍。有一个在数十米远的地方站定，等众人准备好之后，就将手中的喽喽（木制的一二寸长的圆木）抛向中心坑，同时，抢任何一个小坑。众人既要守好小坑，又要防守大坑，当喽喽飞来时，用木棍赶走，不让其入内。喽喽赶到哪里，便从哪里从头开始。如果掷者把喽喽投入了大坑，众人必须互换小坑。掷者也迅速抢坑，抢不上者为输。

打锁儿或打梭 平滩挖一长方形小坑（长二三寸、宽一寸），玩者为三人或不等，开始时在小坑内放一二寸长的圆木，再斜插一根五寸长的细木棍，打者用二尺来长的木棍轻轻敲击斜插木棍，使小圆木跳起来，然后用木棍猛击圆木，打得越远越好。打不着为输，由第二个轮打。对打三局后输者要胜利者把圆木打远，让其口喊"锁"声跑到圆木落处并拾上圆木又返回，如果途中声音断了，就要从断声处将对方背到垒处。

摔跤、拔腰 摔跤有两种，一种是固定式的，两人交叉相抱，然后使劲摔，不能使用勾脚，先倒地者为输。另一种是自由式，可以使用勾脚，只要将对方摔倒在地便可。拔腰可用双手也可用单手相抱其腰，被先拔起来者为输。

蹬棍 两人坐平伸腿，两手伸直握一根三尺长的棍，口令一下便用劲互拉，先被拉起来者为输。

大象拔河、犟板筋 将一条绳两头挽成死结拉直，挂在朝相反的方向站立者的脖颈上，绳从胸前穿过两腿间，然后弯腰用手触地，听到命令后方可互拉。其场地只要平坦就行，有的被拉得退二步算输，有的在绳中间结一红布为标志，再划两条界线，以拉过界线者为胜。甘南的大象拔河和天祝的拉扒牛相同。

玩犟板筋时，用一条绳（或腰带）的两头方挂在二人脖颈上，根据绳的长短相视而坐，伸直双腿，以拉过界线者为胜。

大象拔河

射箭、射击 射箭在民国以前的藏区很普遍，有些地方解放前夕很兴盛。其射法是在三十步远的地方立靶，然后每人射三箭，中靶者为胜。如果双方都射中，看谁射在中心或再射三箭，依此为标准决定输赢。

射击是很普遍的，藏区山大沟深，森林茂密，解放前一部分人以打猎为生，因此，家家户户基本上都有火枪、土炮或快枪。

平时，比赛射击主要有三种方式，一是打死靶，在一百米远的地方放一碗或立一木为靶，或晚上在二三十米的地方插上一排香火，每人轮流射击，看谁射得准。二是打活靶，在小山坡上放一个筛子滚动，半山腰射手要连放三枪，以打中次数多者为胜。有些枪手就是用火枪土炮也能连续打三枪，其速度之快，令人惊讶。三是在马儿奔跑时打死靶。每人打三枪以打中次数多者为胜。

踢毽子、打毛蛋 俗话说，"踢毽子，穿缎子；打毛蛋，穿褐衫"。这类活动一般是少年儿童参加的，成年人较少。踢毽子有拐、踢、剪、转、蹲等数十种动作。毛蛋是在吹胀的猪膀胱（尿泡）上绕上毛线，一般用手拍，动作有拍、踢、跳、转等（现已很少）。

打抛兜 抛石器是牧区每一个牧人都有的放牧工具，藏语"称尔朵"，它用牛毛线编成，长约二三尺，中间有一小兜，其上装小石子，两头抓在手，扬手挥抡，然后突然放开一头（另一头有环，套在中指上），只听"啪"的一声，石子便飞了出去，一般打三五百米远。比赛时几个牧羊人汇集在一起，定目标，看谁打得远。

打秋千 秋千，藏语称"手手"。在春节期间最为兴盛，有的用皮绳拴在房梁上，有的栽在广场上，比较高。玩的人踩在上面或坐在上面，其他人来回劲推；有的上面放一块板，两头各站一人，相互蹬腿使秋千摆起来。也有的一人坐在绳上，另一个则踩绳用力推送。

抓子儿、改崩崩 一般两人玩，每人手持五子（这种子，有的是用陶器的平底砸成，有的用骨头做成，有的用较平的石子做成），其抓法有数种，先抓完的为胜。改崩崩是线圈崩在两手的大姆指和食指上，然后做出花样，让对方改，改乱为输。

此外还有老鹰捉小鸡、捉迷藏、丢手帕等游戏和搬石头、举石头、溜冰、游泳等活动。

伟大史诗《格萨尔王传》

《格萨尔王传》是世界上最长的一部英雄史诗,其内容表现了古代藏族社会中的政治、经济、军事、司法、宗教、民俗等,是一部反映一定历史时期藏族社会的大百科全书。史诗采用了藏族人民喜闻乐见的说唱艺术形式,其丰富多彩的语言,千变万化的艺术手法,在世界文学史上独树一帜,是藏族人民对中国和世界文化艺术的巨大贡献。

《格萨尔王传》篇帙浩繁、结构宏伟、内容丰富。已故藏族著名说唱家扎巴老人自报说唱42部,已说唱录音了25部;年轻的藏族说唱家玉梅自报70部,已说唱录音28部;才让旺堆自报147部,现正在说唱、录音;还有其他民间艺人的部本和书写本。这就是说,以上所知仅仅是《格萨尔王传》的冰山一角,该书究竟有多少部,还是个未知数。目前已搜集到100余部,公开出版40余部。

在甘肃藏区主要流传和已整理出版的有《英雄诞生史》、《降妖》、《地狱救妻》、《霍岭大战》、《门岭天战》《世界公桑》、《安定三界》等。王沂暖先生及与人合作翻译或出版的有《格萨尔传·贵德分章本》、《降伏妖魔之部》、《世界公桑之部》、《卡切玉宗之部》、《花岭诞生之部》、《分大食牛之部》、《安定三界之部》、《门岭大战之部》、《木古骡宗之部》、《赛马七宝之部》、《香香药物宗之部》、《松岭大战之部》、《格萨尔王本事》等23部,共400多万字。

《格萨尔王传》主要以吐蕃王朝及王朝崩溃后的历史为背景。吐蕃南日松赞时,开始了统一西藏高原的战争,但由于内部的激烈斗争,南日松赞被大臣毒死,父王六臣和母后三臣同时

格萨尔王唐卡

起兵叛乱，羊同大举入侵，苏毗也进兵吐蕃，西藏高原狼烟四起，形势十分严峻。在这种形势下，13岁的松赞干布继位，他在叔父论科尔的帮助下，以英明的决策、果断的行动，先发制人，很快稳定了局势，巩固了政权，接着采取了许多有力的措施，讨伐叛乱者，重新开始了统一四方的征战。先后征服了苏毗、羊同、白兰、多弥、吐谷浑等部，同时东向和唐朝、南诏，北和突厥、回纥，西和勃律、大食，南与泥婆罗、天竺等国先后交战。格萨尔王征战四方的故事和上述吐蕃的征战史实惊人地相似。在《格萨尔王传》中，还有一个突出的问题是佛本之争，这和吐蕃历史上佛本互争的史事也极为相似。吐蕃在松赞干布以前，都是以本教治国，本教势力非常强大。松赞干布时从尼泊尔、唐朝先后迎娶赤尊公主和文成公主，从而推动了佛教从印度、尼泊尔、唐朝等地传入和西藏地区佛教的发展。自此，佛本之间始有争斗。佛本之争，并非是简单的两种宗教势力的争夺地盘、人心和权力，而是两种文化，即外来佛教文化和吐蕃本教文化之间的斗争，而后又演化为新旧贵族之间的权力之争。

青藏高原是这部英雄史诗产生的土壤，其作品创作及构思传说一代代地始于吐蕃时期，形成于宋、元时期，发展于明、清，甚至以后还在创作。它既来源于民间的长期流传，又有文人的创作或记录、整理。因此，格萨尔王的原型既不是松赞干布，也不是赤松德赞、唃厮啰，但又有他们每个人的影子。

格萨尔大王降生之因，史诗便开宗明义。"黑头人"（指藏族）社会状况需要一位雄强的君长，"……下界人间，正是一个非常混乱时期，妖魔鬼怪，到处横行，各个地方都被他们霸占着，善良无辜的老百姓遭受他们的欺凌迫害，没有一天好日子过"。这时，高居天国的观世音菩萨和白梵天王商量，"无论如何，也得派一个人去降伏妖魔，抑强扶弱，救护生灵，做黑头人的君长"。于是派神子顿珠尕尔保神变成一只鸟儿飞到人间视察，后投生下界。当尕擦拉姆生下他时，

格萨尔王青铜像

他即站起来作拉弓射箭的样子，并说："我要做黑头人的君长，我要制服凶暴强梁的人们。"当格萨尔受尽磨难登上岭王宝座后，他理直气壮地说："世上妖魔害人民，抑强扶弱我才来。我要铲除不善之国王，我要镇压残暴的强梁。我要令当权者低头，为受辱者撑腰。"这就是格萨尔降生的社会背景和目的。这样，大梵天的使命，下界百姓的企盼和岭王格萨尔的意志和承诺，达到了高度一致，也就是说，"抑强扶弱、为民除害"的主题思想是整个史诗的精髓、根基。

《格萨尔王传》中有人物数百个，个个形象鲜明。如"身躯魁梧如山岳，心胸宽广似大海，智谋犹如空中电，勇武赛过红霹雳"的格萨尔，在《霍岭大战》中的老叉根、王妃珠牡、内奸晁同、晴天霹雳神箭手擦香丹玛、挥刀杀敌的贾擦霞尕、凶狠无比的白帐王、霍尔猛将辛巴等，通过跌宕起伏的情节，各种人物交相辉映。主要人物既有神化的一面，又有普通人的一面，他们在不同的环境中，与不同的人物展开活动（包括冲突和战争），从而显示出其个性。而且在表现个性时，人物的语言各具特色，更使各种人物栩栩如生。

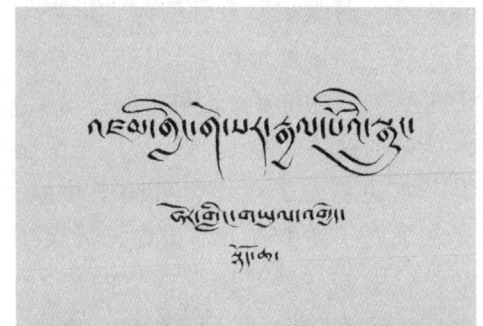

史诗中情节的设置丰富多彩、曲折复杂，即有神话和现实的交织，又有战争与生活的交织。

《格萨尔王传》之《霍岭大战》（藏文版）封面

民俗风情

欢度春节颂吉祥

春节是藏族一年中最为隆重的节日。每到腊月，农区、半农半牧区的人们最忙，家家户户都忙着办年货、磨面、酿造青稞酒、宰猪、缝制新衣服、炸（蒸）馍，并收拾煤柴、煨桑柏枝，印制风马及风马旗。甘肃藏区于腊月十九这一天，全家里里外外彻底打扫卫生，妇女们选日洗头辫发。牧区人早已压好了冬肉，也要尽快地办年货、磨糌粑炒面、炸油果、蒸馍、制作乳酪食品、炸酥油人参果、缝制新衣、置办宗教用品，家家户户一片忙碌。腊月三十最后再打扫一次卫生，有土葬习俗的藏区人民三十黄昏还要上坟祭祖。每户都要做好吉祥的"喜玛尔"盒，张贴八吉祥、八长寿、四和睦、十相自在等图画，晚上吃手抓肉、长面、饺子，个别地方还吃熬面汤，也有喝酒游戏熬夜等年的习惯。初一凌晨（早5时左右），妇女们背来第一桶清泉（河）水，供献供、洗浴、熬茶用。全家起床洗浴后在院内桑炉、房顶煨柏枝桑祭祀，并吹起白海螺，放鞭炮、鸣枪欢呼；在佛堂内点燃酥油灯，献净水、干果，插好"圣果"树。等拜佛之后，全家聚集在灶房火炕上，由主妇端上各种食品和酥油茶。有的地方由小辈给长辈磕头，长辈口说祝福的吉祥语"才让洛嘉"（长命百岁），并赐给年钱及吉祥食品（红枣、冰糖、葡萄、核桃等）。清晨，孩子们聚集在一起跳舞唱歌、玩游戏、踢毽子、打毛蛋，玩得十分开心。妇女们做好接待客人的准备工作。有的地方男人们骑着马去拉卜则（俄傅）煨桑、插箭、祭拜山神；还有的地方在河（泉口）煨桑，祭拜水神。寺院附近的人家去寺院拜佛。天还未大亮，

吹响金唢呐

背水

各家就携带礼品开始给老人、亲戚、朋友们拜年，互致"洛萨桑"（新年好）、"洛萨扎西德勒"（新年吉祥如意），各家以丰盛的食品热情招待客人。有的地方则从正月初二开始拜年。对客人要敬三杯酒或碗内喝三口，天祝藏区敬"旦哲僧巴"，即吉祥如意三杯酒。吃油果，吃手抓肉，吃藏包子，蕨麻米饭，喝酒，唱新年赞的酒曲，甚至跳嘎尔、则柔、锅庄舞，家家沉浸在节日的快乐气氛中。藏族人家过年从正月初一开始，直到正月十五结束。除了相互拜年、祭祖、祭祀山神、拜佛之外，各地还有不同的节日活动内容，如许多人家将子女的结婚时间安排在春节期间；拉卜楞地区姑娘的成年仪礼在正月初二至初三举行，初三村民到"嘛呢康"祭神、放生、饮酒唱歌，高喊扎喜（吉祥）。从正月初八至十五，卓尼藏巴哇乡一带的藏族群众举行"曼拉"节，各村寨组成"莎目"队，表演莎目舞。舟曲的拱坝五部人们在年节夜晚聚集在打谷场，点起桑火，围着火唱起祖先留传下来的歌曲，男女老少手挽手、肩并肩跳起"罗罗舞"。正月十三、十四跳"鬼面舞"，为村民消灾避难。正月十五举行迎接"五谷神"的仪式，场面十分热

篝火晚会

闹。甘肃藏区个别地方在春节期间以部落或村庄为单位跳锅庄舞，入户串乡，延续数天，直到春节结束。

春节期间还有许多重大宗教活动，其中最为隆重的属"洛萨毛兰姆钦毛"（春节祈愿大法会）。藏区多寺院，不论大小，都要举行，只是规模不一样。法会期间，拉卜楞十三庄及甘南、青海、四川等地信教徒和游客都来参加，规模盛大。

正月祈愿大法会

"毛兰姆"法会，意为"祈愿大法会"，是一年中规模最大的法会。从农历正月初三开始，直至正月十七结束，历时15天。

"毛兰姆"法会，是为纪念释迦牟尼生前制伏众多邪魔外道而举行的，由藏传佛教格鲁派祖师宗喀巴大师首创。藏历第七绕迥土牛年（1409年）正月，宗喀巴大师为扩大格鲁派的影响，在拉萨发起并组织了一次大型祈愿法会，各地前来参加的僧侣多达万余人。此后，拉萨大昭寺每年举行成为定例。拉卜楞寺开始举行"毛兰姆"法会是第二世嘉木样活佛（1728年—1792年）在位时期，至今已有200多年的历史了。

"毛兰姆"法会是拉卜楞寺各法会中规模最大、最隆重的一次，中心内容是祈愿佛法昌盛，祈求世间风调雨顺，众生四季平安。法会期间，僧人每天在闻思学院大经堂内集会6次，诵经6次。

第一次集会称"晓尕措"，意为晓（晨）会。时间自拂晓时起，到日出时止，众僧聚集在大经堂内，齐诵《怖畏金刚经》，送"周居哇"。

第二次集会称"桑却"，意为晨会辩论。晓会结束不久，众僧到"却惹"即辩经场去听辩经。报考"然谏巴"

正月祈愿法会

信徒

的僧人应试，辩论考试及格者，授予"然谏巴"格西学位。此外，法台每天莅临会场讲授佛祖释迦牟尼佛生平史略，讲授宗喀巴大师的《菩提道次第广论》、弥勒的《现观庄严论》、月称的《入中论》、法称的《释量论》、世亲的《俱舍论》和功德光的《戒律本论》等，每天讲说三部经典，日复一日，一直持续至集会完毕。集会一般约在上午11时结束。

第三次集会称"贡凑措"，意为午时会，地点在大经堂。给每位僧人发放一包酥油，一份斋饭，以作化缘酬劳。

第四次集会称"毛兰姆"，意为祈愿，斋饭后不久在大经堂内举行。全体僧人在总法台的带领下反复念诵，祈愿佛法长存，世间太平。如果遇施主供"扎加措"，即茶僧会，众僧还要为施主诵吉祥经或超度经，施主向每个僧人发放布施，包括钱和斋饭。

第五次集会称"贡加措"，意为晚茶会。地点在大经堂院内，约在黄昏之时举行，诵经时间不长。

第六次集会称"贡加丹木加"，即晚辩论会，晚茶后在大经堂庭院内举行。这次主要是报考"多然巴"学位的考僧应试，答辩《五部大论》。凡在此会上答辩合格者，即授予"多然巴"格西学位。

正月祈愿大法会期间，除集会、诵经、辩经和进行"多然巴"、"然谏巴"格西学位的考试外，还要举行以下活动：

正月初八"放生节"，藏语称"才塔尔"，意为将牲畜放生祭献给财神，这项活动在图丹颇章院内举行。其仪

放生

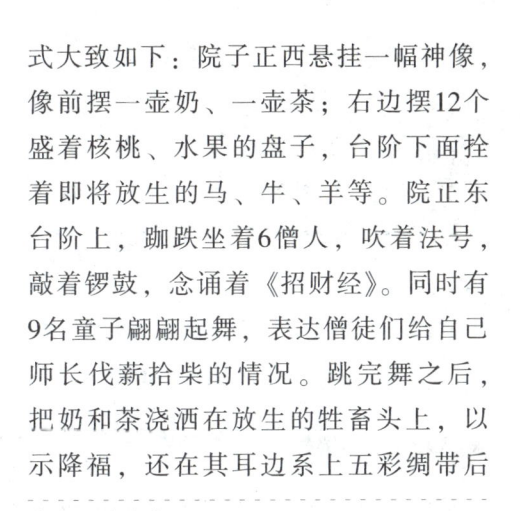

式大致如下：院子正西悬挂一幅神像，像前摆一壶奶、一壶茶；右边摆12个盛着核桃、水果的盘子，台阶下面拴着即将放生的马、牛、羊等。院正东台阶上，跏趺坐着6僧人，吹着法号，敲着锣鼓，念诵着《招财经》。同时有9名童子翩翩起舞，表达僧徒们给自己师长伐薪拾柴的情况。跳完舞之后，把奶和茶浇洒在放生的牲畜头上，以示降福，还在其耳边系上五彩绸带后

帛画大型佛像

放走，这叫"放生"。凡是被"放生"的马、牛、羊均被视为属于财神的"神马"、"神牛"、"神羊"，任何人不得猎取。"放生"仪式结束后，尚有一插曲，场上出现七名佩刀持械的武士，其中一僧六俗，好不威风，是先祖的象征。当天下午，总执法司在拉卜楞"丛拉"（市场）向来自各地的香客、游客、商人及当地群众宣布法会期间应遵守的条例等有关事项。至此活动即告结束。

正月十三日"晒佛节"，亦称"瞻佛节"。将堆绣而成的长100米、宽40

瞻佛

米的释迦牟尼佛像或弥勒佛或宗喀巴大师彩色巨像抬到晒佛台，供信徒们瞻仰朝拜。其仪式在午前进行。开始时，由大法台率领各囊欠代表和寺内所有在职僧官从寺院至南山麓，前边有"花身土地"开道（前导），边跳边舞，僧官也不时维持队伍和顶礼而来的群众秩序，以保持大法台率领的僧众队伍整齐行进。到了晒佛台，把当年要晾的巨佛像摊展后，僧众即刻颂赞佛陀功德，念《沐浴经》。群众无不肃然起敬，默默念颂，以祈祷平安，

酥油花

民俗风情

191

转贤巴

并膜拜顶礼。等瞻仰一个小时之后,将佛像卷起抬肩,由大法台率领返寺。

正月十四"欠木钦",意为跳法舞。会从午时开始在大经堂前广场(藏语称"多加塘")进行。扮成阎罗法王(曲嘉,系文殊化身)的演员,头戴饰有骨骼项链的面具出场,围绕舞场跳跃舞蹈一周,示意巡视世间有无作恶多端的妖魔鬼怪出现,以便随时用无边的法力将之驱逐消灭。接着出场的是法王的妃子以及化装成骨头架子的查事鬼,有茸角的鹿、长角的牦牛等,随着乐队的音乐,他们一会儿欣喜若狂,一会儿焦躁不安,一会儿又得意洋洋,尽情舞蹈。这时,以阎罗法王为首的佛门大军,边舞边出。舞蹈动作简练明快,跳跃旋转,显示出消灭魔鬼的决心和战斗中的激烈拼杀,最终将放置在舞场中心的人形郎卡(符)焚毁,并投进油锅,表示将一切鬼怪镇压。最后,由法王率领众舞者和众僧将糌粑捏成的三角"多日玛"(供神施鬼的施品),送到寺郊荒滩,用熊熊大火焚烧,这意味着一切邪气、鬼怪被全部驱逐干净,教民将永享吉祥平安。

正月十五之夜"酥油花灯会",藏语称"美朵却巴",意为花供。每年,嘉木样大囊欠和各学院都做准备,其中闻思学院五部十三级每个班都制作一架酥油花。十五夜幕降临之时,大经堂四周便在摆满的木架上点燃酥油供灯,在五彩缤纷的灯光下,陈列的一排排、一簇簇各种造型精美的酥油花,有花草树木、飞禽走兽和各种佛像、佛教故事等,栩栩如生,鲜艳夺目。观光的人们络绎不绝,摩肩接踵,在惊叹声中,争相观看,直至深夜。

正月十六"贤巴琅果尔",意为转弥勒佛。这一天,僧人们抬着一尊弥勒佛像,左右拥簇着戴面具的童子,在乐队的伴奏下,从大经堂走出,绕寺一周。人们念着祈愿辞竞相朝拜,甚至极虔诚地尾随佛像转"郭拉"触像领灌,祈愿未来幸福。全寺的"格西"(高僧)们在弥勒佛殿(大金瓦寺)转经祈祷,祈求未来佛的降临。

佛教有三世佛,燃灯佛为过去佛,释迦牟尼佛为现在佛,弥勒佛为未来佛。正月十六"转弥勒"的意义就在于迎接未来佛的出现。

盛夏欢度香浪节

"香浪"是拉卜楞藏语音译，汉意为"采薪"，这是流行于拉卜楞地区历史久远的一个传统节日。举行的时间没有具体的规定，大凡每年农历六月，适逢草原碧绿、羊肥牛壮时，僧俗民众便不约而同地带上帐篷、锅灶、美食来到草滩上。僧人一般以班级或学院为单位，群众或一家、或几户、或一村一起，度过几日欢乐的野外生活，然后返回家中，这就是拉卜楞一年一度的"香浪节"，亦称浪山节。

香浪节的历史由来已久，据传，拉卜楞寺初建时僧侣只有数百人，因附近施主少，寺院布施有限，难以维持僧侣们的正常生活所需，特别是燃料问题更难解决。为解决这一问题，僧侣们每年在固定的时间内赴野外山巅峡谷去采薪，这就是"香浪"形成的最初原因。这种习俗延至嘉木样四世尕藏图丹旺秀大师时，大师进一步明确了"香浪"的制度，规定每年农历三、四、五、六、八、九月份为"香浪"活动的时间，每次"香浪"为3至5天，并要求各"扎仓"（学院）集体活动，非"香浪"日不得进山。由此相沿成习，不但寺院僧尼过此节日，而且还渐渐演变成一种群众性、大众化的郊游活动。

六月的拉卜楞，正值农闲时节，此时草原碧绿，气候宜人。就那么几天时间，草原坦荡的胸膛上，布满了星星点点的雪白帐篷。帐篷式样各异，有的呈马鞍型，有的呈莲花型，一座座似大鹏展开的翅膀，又像彩蝶振翼翩飞，汇成了烂漫的帐篷花海。帐篷前方的煨桑台上青烟飘散，藏家人通过这袅袅上升的桑烟，把心愿、虔诚上告众神，祈愿心目中的神灵、佛祖，保佑草原儿女平安吉祥、幸福安康。

香浪节

草原盛会

香浪节期间，人们讲究吃、喝、唱、跳。帐篷内，家主把长条藏式炕桌摆成"门"形，在桌上摆有自己酿造的青稞酒、鲜奶茶和手抓羊肉、油炸油条、藏式点心、糖果瓜子等美食。全家人一边吃着佳肴，一边饮着青稞酒，等系有白色哈达的酒瓶第一个敬奉给德高望重的老人时，富有草原民族韵味的颂歌飞出老人唇边：

那架起的羊裘缎袄，
请不要积压穿起来，
今天正是穿着的好时光。
那盒装的珊瑚松石，
请不要珍惜戴起来，
今天正是佩戴的好时光。
那满腹美妙的歌曲，
请别藏心底唱出来，
今天正是唱歌的好时光。

随着众人"噢唉"的喝彩声，酒瓶又递到另一人手中。无论把酒瓶传给谁，都毫不扭怩、毫不推辞，那清脆的嗓音、优美的旋律，让人心潮起伏、激动万分。于是，人们在空旷的草原上尽情唱歌、尽情起舞。草原变成了歌舞的海洋。青年人则避开长辈、亲属，相互对唱情歌：

六月香浪饶风情

男：你飞往蓝天的鸟儿，
　　给雄健的青龙捎句话，
　　要下雨正是好时节，
　　到九月秋风飒飒吹，
　　想下雨已错过好季节。
　　你要去大庄的人儿啊，
　　给我少年的情人捎句话，
　　相亲相爱正是好时节，
　　一旦过了青春年华，
　　想见上一面也无缘。
女：可爱的布谷鸟儿，
　　你沿着密林飞来；
　　树枝儿虽然娇嫩，
　　绝不使鸟儿闪落。
　　年青英俊的情人，
　　打问着姑娘我来；
　　家中父母虽严厉，
　　姑娘我不违情人。

在香浪节期间，国家干部、企事业单位的职工也要放假几天，可以说，香浪节已成为生活在拉卜楞地区藏、汉、蒙等各民族的一个共同节日，影响不断扩大。期间，人们抛开劳动的艰辛、工作的疲劳，投入大自然温馨的怀抱中享受着和谐、清纯之美。笑声、歌声、喊声经久不息地飘飞在草原上，人们所有的热爱在音乐中实现，欢乐在音乐中跳跃，苦恼在音乐中融失，理想在音乐中升华。

情趣盎然采花节

端午采花节，为舟曲博峪一带的藏族人颇有情趣的一个节日。采花节，藏语称"珠玛托地"，"珠玛"是猴子之意，"托地"是采花之意。五月初五这一天，选人扮成猴子，披着树皮到每村每户串跳祝福，人们对之恭迎敬送并慷慨赠酬，这是插岗、铁坝等地的一种习惯。而博峪地区又是一番风情。五月初四这一天，村上所有的姑娘，穿上节日盛装，带上美味佳肴，由亲兄弟陪同，纷纷登茨斯卡山采花。姑娘们出发时，全村男女老少唱着送行的歌，把她们送到村口，并祝愿她们一路平安，顺利归来。姑娘们也用歌声表示她们要克服千难万险，采花献给亲人的决心。

路上，姑娘们又说又唱，十分愉快。尤其她们互相对歌，一问一答，饶有趣味。所唱内容天上人间，万物皆有。一路行走一路歌，山花满坡歌满坡。山花艳放，清香四溢，不一阵姑娘们便进入了花的世界，不时传来阵阵优美的歌声，使人心旷神怡。只听姑娘们唱道：

什么花开朝上哩？
什么花开朝下哩？

枇杷花开朝上哩，
知母花开朝下哩。

到达采花坪时已是中午时分，姑娘们采集野菜，支锅做饭，她们的兄弟们砍柴搭棚，准备露宿。傍晚时，大家围在篝火旁，听老歌手唱述采花节的来历：

那是很早很早的年代，
我们这儿是一个偏僻穷庄，
先人们用野菜猎物充饥，
用树叶兽皮制缝衣裳。
突然，在一个早晨，

庄里来了一位叫莲芝的姑娘，
眉儿像松针一样细长，
眼睛像星星一样明亮，
智慧像山泉一样流淌，
品德跟雪山一样高尚。

莲芝，爱上了这块地方。
她用勤劳的双手教人们开荒种粮，
她用灵巧的十指教会妇女纺织缝衣裳。

若遇灾年，她采来野菜让众人度荒，
若遇疾病，她采来百花为大家治伤。

可是啊，有一年的五月端阳，
她在采花坪被暴风雨卷在崖下而亡，
结束了年轻又美好的生命，
从此，众乡亲把这天定为采花节，
男女老少，祖祖辈辈都来念想。

淳朴浪漫的采花节

祭祀山神插箭节

老歌手的歌声，如泣如诉，驱走了黑夜，迎来了黎明。这时，姑娘们身披霞光，脚踩晨露，采摘最鲜艳的山花，唱着最美的山歌：

满山鲜花如罗彩，
一枝一枝采下来；
采了白花转三转，
采了红花翻三翻；
采了蓝花喊三喊，莲芝呀，
今天专程把你看……

姑娘们采了许多花，用歌声告慰了莲芝。她们把花插在头上，围成一个美丽的花环，有的身背鲜花，有的手拿鲜花，便兴高采烈地下山了。路上，再次用歌声告别莲芝姑娘。

采花队伍在山路上一露头，村头那些盼望已久的人们，立刻鸣枪致意，采花姑娘便用歌声回报。当她们刚到村子时，便被全村男女老少前呼后拥着迎到一座大庭房里，全村人用自酿的青稞酒为她们洗尘、接风。这时，姑娘们手挽手，唱起歌、跳起舞，再次怀念莲芝姑娘。

歌舞一毕，上山采花的姑娘们向每家每户赠送节日礼物——一束束鲜花和一把把香柏。乡亲们拿出最好最香的食品招待姑娘们。晚上，村里人又把采花归来的姑娘、小伙子们请到一处，吃羊肉、敬美酒、互祝健康、幸福、吉祥，欢乐至夜半方结束。

对自然的崇拜，是藏族原始宗教观念的重要表现形式之一，对那些与本身生活、生产劳动有着密切关系的自然物，认为都是有生命、意志和灵性。认为她们是神灵的化身或附有生灵；对自己周围发生的、又无法解释的自然现象，则认为是神灵所产生出来的一种超人的"神奇力量"。如果祭祀这些神灵，讨得其欢心，可以获得神灵的保护。于是便产生了藏族的原始信仰和对自然的崇拜。这些信仰和崇拜，目前还大量存在，主要有山崇拜、天崇拜、水崇拜、动植物崇拜、祖先和英雄崇拜、石崇拜、鸟崇拜等。

藏区多山，有山就有山神，有山神就有崇拜、祭祀。藏区的插箭就是祭山神的一种形式，天祝藏区称祭俄博（即敖包，蒙古语），这种俄博，藏语称"拉卜则"（山颠之意），多建在山顶，也是祭山神（包括土主、战神、英雄、祖先、神等）的地方。安多最大的山神为果洛阿尼玛卿雪山。

插箭的时间各地不一，但一般在

春节期间和夏天较多。

插箭节，是甘南一带群众祭山神的活动。祭山神用木杆和箭牌。木箭牌，木杆约长七八尺，上端削尖，系上彩绸或彩布，象征箭杆。箭牌是一块长约二尺、宽三寸的薄木板，绘以五色云景，男子各执其中一种，到时齐集到指定的山头，插成一丛状物，上面缠上嘛呢经幡，下部多用木架石块固定。箭牌上五色中，红色代表太阳，黄色代表各种草原森林。这个活动是香浪节期间的阴历六月十五日举行的，界时还须宰羊、念经祭祀。从前插箭活动实际是香浪节的主要内容，现在许多地方已分别举行。

夏河县拉卜楞一带的插箭活动，已经延续了二百多年。相传，1710年即清康熙四十九年，一世嘉木样从西藏学经回来，选择在凤凰山下建立拉卜楞寺院。不料，这件事被太子山的阿尼稔庆知道了，认为是嘉木样偷占了他的山头，就派贝却东前来阻挠。嘉木样发现后，也当即派旺地道尔吉斯垅去对付他。旺地道尔吉斯垅行至羊头山前，果然看见贝却东远远赶来，便连忙跑上山巅，插起箭牌，严阵以待。贝却东来到距羊头山约十华里的一座山顶，但见前方箭牌林立，武士威武，就吓得失魂落魄，跪倒在地，诵起经来，再也不敢阻挠建寺了。旺地道尔吉斯垅死后，居住在这里的藏族同胞，就把羊头山改名为楼果拉布寨，意即给武艺高强、权力很大的山神插箭的地方。

每年农历六月十五凌晨，人们就集体到这里煨桑、插箭，以纪念这位为寺院立了大功的英雄。同时，也把贝却东跪拜的地方，定名为猴子念经台（贬意）。如今，这一活动因受宗教的影响，已成了一种避邪除恶，祈求平安的祭祀山神的活动了。

甘肃藏区祭山神大多有两次，一次是春节初一凌晨，家家户户派一人去插箭、煨桑、吹白海螺、放风马，现在还要放炮。第二次是夏天的赛马会或香浪节期间，多在五、六、七月间。仪式大多相同，箭的制作各地有点不同。

插箭

有的选好杆，有大有小，破皮，根部砍成三角形，并染成红色，顶上染由左向右的螺状二尺，木杆中间不染，再从三分之一的地方仍染成螺状，其尖部梆一束柏香或置日月状，整杆缀三处白羊毛，有的还掇上嘛呢旗。

闭斋诵经娘乃节

"娘乃节"也叫"四月会"，即"闭斋会"，从农历四月十四开始至四月十五结束。相传四月十五是佛祖释迦牟尼诞辰、成佛、涅槃的日子，人们用诵念嘛呢、闭斋的方式进行纪念。娘乃会在20世纪50年代前十分普遍，每个部落或村庄、或宗族、或相邻户为单位在某一房屋宽敞的人家或嘛呢寺举行，男女老少均参加。也有个人在家或寺院度过娘乃节。

四月十四这一天，从寺院请回一至三位娘乃喇嘛，由众人供食抬钱。凡坐娘乃的人家，一律在选定的那家集会，每人带上桑糌（煨桑炒面）、酥油、供品、炒面等，在上堂点燃数十、数百盏甚至千盏灯，献上净水，煨起大桑，吹起白海螺。僧人用炒面做成"曼遮"及"朵玛"供在上堂。中午时分众人吃"岗凑"（午饭），饭后僧念经，众人念嘛呢。晚上回家后，再不能吃饭，这是预备的一天，可以说话。

第二天也就是四月十五清晨，众人集合，煨桑、点灯、献净水，口诵嘛呢并磕三个头，然后正式入座，僧人诵《祈愿经》，众人或听经或诵六字真言或诵《皈依经》、《谋则玛》等，中午可休息一会。后又开始诵嘛呢，一直到夜半，家远的就住在这家，家近的返回自家。第三天清晨又集合诵经，约9至10时，停止诵经念嘛呢，加玛（炊事员）端上"套吐"饭，众人双手端碗诵经，后用鼻子闻一阵，才开食，人们才可以说话，闭斋也就结束了。开斋后，用木刀切开曼遮，每人一份。返回时，每人还有一份食品。不坐娘乃的人和乞丐如到会场也可得到一份食品。

娘乃会上居住在寺院附近的人，须遵守禁食禁语的要求，还要到寺院诵真言，转"郭拉"，磕长头。有的家中诵念嘛呢，并做善事。由于条件和环境不同，过娘乃会的礼仪也有所不同，但禁食闭斋和禁语的规定是一样的。

甘肃藏区的娘乃节，各地情况不同，过法也不同，其中拉卜楞地区的娘乃最为隆重、独特。

拉卜楞人认为，凡在四月十五这一天做一件善事，念一遍"六字真

转经轮

言",就等于平常做了三亿件善事,念了三亿遍真言。拉卜楞的"娘乃节"既无跳神,也无仪仗和乐队伴奏,主要以闭斋、转经轮和念嘛呢为主。在拉卜楞,人们把枯燥难熬的"娘乃"变成了欢乐多彩的节日,僧俗民众以激昂的热情,以歌声、笑声,以绚丽多彩的娱乐活动,表达对佛的虔诚和感激。"娘乃节"是本地区僧俗共有的节日。

十五清晨,人们纷纷聚集在寺院,开始转经轮。根据藏传佛教教义,转动一次经轮就等于念诵了嘛呢桶内的经文一遍。有些僧俗在转经轮时左手持一小型手摇嘛呢,右手拨动寺周围的大经轮,口诵六字真言"唵嘛呢叭咪吽"。这种活动,既有全村集体活动的,也有全家一齐出动的,更有个别活动,直到十六黎明才结束。

草原欢腾赛马会

春节之外,赛马会便是甘肃藏区最为隆重、规模最大、时间最长的节会之一。其举行时间多为气候温暖、草原丰美、羊肥马壮的农历七月,从玛曲、碌曲、夏河、卓尼到祁连山东端南北麓的广大草原上,到处举行赛马大会。赛马大会藏语称"达久",时间1至7天。1958年前,多为寺院、部落主办,负责人有寺院代表管家、部落头人及干巴(老者)等。一般提前举行寺院、部落代表会议,决定祭山神(俄博)、诵经、插箭、赛马及奖品等事项,还要决定邀请活佛、诵经僧人、附近部落、基层政权领导等客人,最后决定饮食(酒、肉、酥油等)、招待员、加玛(炊事员)等,还要提前请好诵说《赛马会赞辞》的人。

赛马会头一天,寺院和部落及私人家庭带着灶具、食品到会场扎好帐篷,商贩、开馆子的人也选好地点,准备开张。远途的参赛马匹也在主人的牵引下到场,支起帐篷,生火熬茶,准备参赛。

赛马会开始的这一天，四面八方的游客，穿着节日的盛装，或骑马或步行，纷纷来到会场，约在9时举行赛马会仪式。凡部落成员，家家户户在煨桑台煨起由松柏枝、桑炒面点燃的大桑，浓烟滚滚，白海螺声响彻会场，人们叩拜。这时，寺院僧人念诵《山神桑供祈愿经》，众人将自己家的杆箭纷纷插进"拉卜则"（俄博），并抛撒"浪什达"（风马纸），口呼"拉嘉罗"（诸神万岁），也有向拉卜则抛哈达的，这是古老的宗教仪式。约10时，参赛马聚集在拉卜则边，僧人从帐篷中出来，对着骑手、骏马诵经加持，并不断向其抛撒青稞。之后，骑手们拉着马绕拉卜则一周，然后上马，走向赛马起点。跑马的赛程是由活佛或部落会提前定的，不得随意改变，一般15里左右。跑马不备鞍子，只有一张毡替子，用腰带扎住，骑手多为12至16岁少年。

众马站在起跑线上，发信号是吹响白海螺，其声一响，众马飞跃向前，骑手们俯身挥鞭。在终点，有人记录第一至十三名的名次，大会负责人按名次颁奖。颁发的奖品是有讲究的：一是奖励前十三名，前三马奖品稍重，其余四至十二马奖轻，十三马多加一条哈达。二是有的赛马会参赛马少，只奖前三名，对第三马多奖一条哈达。奖品大多是砖茶、哈达、绸缎等。除大会奖励外，亲戚朋友们还要给获奖者献哈达、挂红，有的还送上砖茶，表示祝贺。马主人表示感谢，敬上美酒，并请祝贺的客人在约定时间到帐篷进行款待。

赛完了跑马，开始比赛走马。走马比赛是天祝赛马会的一大特色，也是该县的一块名牌，全藏区只有华锐有。走马比赛的场地要平，其长度在100至200米。如果参赛马多，可按预赛、复赛、决赛进行。以前大会有一个评比的组织，由有声望、有权威的行家组成，每匹马分成组，以对侧步走三趟，最后以步子稳、速度快、耐力强、姿式美的走马为最佳，以此为标准评出名次。

部落成员的集会（每户一人）是赛马会的内容之一。届时活佛、高哇（部落头人）、老者、客人均坐于公共大帐篷的上席，其余按年龄分坐侧席和下席。这样的集会是赛马会的一个仪程，即由专人诵说《赛马会赞辞》。

草原赛马

赞辞用一种特有的韵调诵说，多为韵文，每处赛马会都有自己不同于他处的赞辞，藏语称"达久拉罗"或"达什嘎"，其主要内容是讲述赛马会源流、赞辞、祈愿等。专说赞辞者备受众人崇敬，诵说时站在帐篷中央，面向上席，旁有一人陪站，并不时敬酒。最后诵说完时，众呼"拉索"。赞词说：

骑手

好啊，今天，吉祥的日子，圆满的时辰，鬼宿木曜完全顺合。天空吉祥，显出空中琉璃光的八幅金轮；地上吉祥，八瓣莲花蕊怒放；地方吉祥，四面八方为八吉祥徽围墙。……具威力战神护法如雨倾注，来到雪山藏区之地，九界众生的天空升起了幸福的太阳，将暗访敌对的黑暗连根拔除之时，天际和人间举行赛马以示祝贺。彩虹色的骏马，四蹄如风的骏马，如意转三千世界的骏马等数百匹骏马赛路中，戏狮技似的白色骏马取胜，获得了绣有无坚不摧、永恒常存符号的哈达。……从此，开创了赛马会的习俗。

赛马会

这个仪式结束后，招待员当即端上茶水、烧锅、油果、糌粑、酥油、手抓羊肉或熬饭等食品，并给众人一一敬酒。这时一边饮酒，一边唱酒曲、舞锅庄、则柔，场面十分热闹。其他帐篷中，草滩上人们也围成一个个圈，吃着美味，喝起美酒，唱歌跳舞。期间还有一个习惯，亲戚朋友间相互请客作乐，节日的气氛十分浓郁。

关于赛马会，在天祝藏族人民中还流传着这样一个美好的故事。唐朝，吐蕃赞普松赞干布统一了西藏高原之后，向唐王朝请婚。公元641年，唐太宗把文成公主嫁给了松赞干布。松赞干布在拉萨举行了隆重的宴庆盛会。其中最引人注目的一项活动，便是藏族群众最喜欢的赛马。松赞干布第一次召来了阿里三围、卫藏四茹的最佳骑手和骏马，进行激烈的竞争。沉浸在幸福和欢乐之中的松赞干布也参加了赛马，不过他只得了第十三名，文成公主特意给松赞干布的马献上了一条哈达，表示敬意。从此，不仅留下了定期举行赛马会的习惯，而且对第十三名的赛马，在奖励上重奖或多加一条哈达。

赛马会是藏族群众十分喜欢的节日活动。它又是一个物资交流会，期间，甘肃各地及陕西、青海、宁夏、内蒙古的"马客"、商贾纷纷前来进行各种各样的商贸活动。20世纪50年代后，赛马会又增加了现代体育活动，如篮球、排球比赛等，还有丰富多彩的文艺活动。

甘南玛曲、碌曲等县，是有名的河曲马的产地，赛马习惯蔚然成风，尤其近几年来，玛曲的赛马成为藏区的一大亮点，展示了游牧民族本身的最大优势，为旅游业也增添了光彩。

拉卜楞寺七月法会

七月法会，藏语称"登贝柔扎"，俗称"七月说法会"。时间是从七月初一至十五，历时15天。始于第二世嘉木样大师期间，后由第三世贡唐仓·贡却丹仲美倡行至今。据传，七月法会是由格鲁派祖师宗喀巴大师的弟子嘉

合作米拉日巴佛阁

藏族史话

米拉劝法会中的猎人贡布多吉

央却吉（1379年—1449年）首创。目的是纪念护法神和法王。七月法会的隆重仅次于正月的"毛兰姆"法会。每天集会七次，主要内容有两次。

佛学辩论 时间在农历六月二十七和二十八两天。这实际上是七月法会的序幕，并非正式启动。开始时由闻思学院总法台讲述某一经论或闻思学院大业，然后与其他四个学院的法台（每次只轮出一人）辩论。即第一天由总法台讲述后，由各学院法台提问，大法台对答。次日反之，各学院法台讲述论题，由总法台提问，各学院法台对答，表现了法台高深的修养和博学的知识。这也是一次高水平的演示，向僧众昭示，要想当法台，就必须有吃苦钻研的求学精神，必须有渊博高深的学问。参加辩论的是六至十二年级学业优胜者。每位参辩者一旦知道自己的日期后，就在前一天前往各经堂、佛殿，在大佛像前献花，祈求佛祖保佑，愿讲辩顺利、成功，并在大经堂会场向僧众撒花，花瓣如雨，为一奇观。

米拉劝法会 七月初八这天早晨，首先在大经堂背后晒佛。同时到冬季讲经台上瞻仰陈列的历代嘉木样大师及其他大活佛的遗物，如衣服、法器等，信徒们纷纷触首祈福。午时，嘉木样大师和四大赛赤、八大堪布以及各囊欠活佛全部登上大经堂前殿二楼的前廊，前殿一楼前廊左侧为僧官的坐席，右侧为一般僧众的座位。来自各地的僧俗群众都聚集在广场，其内层为本寺僧人坐处。场右侧有执锣鼓者各一人，执钹者二人，吹长筒号者一人，这是演出伴奏的简单乐队。大家兴高采烈地观看广场上演出的圣僧米拉日巴劝化猎夫贡布多吉的故事。

首先出场的一名戴面具的"阿杂日"，头顶螺纹帽，丑恶鬼面，彩色胡须，右臂系红色彩带，手持黑白相间的花棒，边舞边挥棒。

又一名"阿杂日"（装扮如前）同两头白身绿毛的狮子（藏语称"岗桑"）出场，"阿杂日"手执绣球和彩带，逗引狮子翩翩起舞，其动作表示给圣者献花。

在鼓钹声中，两名土地神出场，面戴黄色遮脸，白项白须，腰缠打结绳子，手执旗，背负经典，绕场挥撒青稞，意为对本地神祇的祭奠。

接着，身背经匣的两僧人出场，为米拉日巴诵经祝福，后又有两名"阿杂日"出场，在场掷果撒花，表示善果普渡众生。

随即有两名土地神引两名僧人出场，僧人即米拉日巴，身背经卷，手执禅杖，绕场一周后坐在椅子上。这时两名童子出场舞蹈，表演残害各种幼虫生灵的动作，米拉日巴即施法传教。

两童子被调伏归正后，翻穿皮衣，项挂念珠。腰挂宝剑的猎夫贡布多吉出场，他正在追杀鹿和犬，追至米拉日巴前，米拉遂说服他放弃杀生，皈依佛门，演出遂告结束。

藏族婚俗

甘肃藏区有牧区、农区、林区，由于生活、生产方式不同，气候条件的差异，在婚礼民俗上呈现出千姿百态、丰富多彩的特点。这里只介绍华锐（天祝）藏区独特的婚礼，从中可知藏族婚礼一斑。

华锐藏区娶媳妇，从说亲到迎亲有这样几道程序，即提亲、戴头、送亲、途口、门口、婚礼、结尾等。婚礼一环扣一环，紧紧相连，既严肃又热闹，既紧张又活泼，最后在高昂、热烈的歌声、呼声中结束。

提亲 俗话叫"要姑娘"，男子相中某家姑娘后，就请上善以辞令、通达礼仪、办事可靠的媒人（藏族称"哇尔瓦"，意为中间人）去说亲。第一次去叫"提单瓶"，带一瓶酒或两瓶酒（酒瓶口塞一枚红枣并粘一点酥油，瓶脖系一绺白羊毛），一条哈达，一块砖茶，两个焜锅等礼品。女方家见礼品后，便明白媒人来意，于是热情相待。这时媒人开口提亲，清代，有的媒人用唱歌的方式表达来意：

> 我今晨来哟来自赛尔隆的村庄，
> 我骑着骏马哟，来自日出的东方，
> 我献上哟一瓶浓郁的甘露琼浆，
> 我献上哟一条祝福的吉祥哈达，
> 我献上哟一块汉地产的清香砖茶，
> 把莫科家的问候给主人献上。
> ……

当主人接受了敬酒之后，便唱一支欢迎歌，并表示感谢。这时，媒人又举起了酒碗，说明来意：

在富饶的赛尔隆村里，
莫科家的牛羊如白云飘浮，
莫科家的老人如慈悲的观音，
莫科家的儿子如雄鹰展翅，
尊贵的主人，请接受我的敬意。

在秀龙滩的帐篷里，
主人家的品格如海螺洁白，
主人家的心肠如菩萨再世，
主人家的千金如空行母下凡，
尊敬的主人，请接受这碗连姻的美酒。
……

主人接过酒表态，如果同意，便唱一支赞歌，并随即打开媒人带来的那瓶酒，让大家一起喝，否则，退回一切礼物。近数十年，用唱歌的形式提亲的已经没有了，一律用语言表达。同时，根据媒人的介绍，有的还要请本教士合算生辰八字，如果相克，那就会使婚事蒙上一层阴影，婚事还可能告吹。女方家表态同意，喝完酒后还要在瓶里装五色粮食，媒人返回时带到男方家。

第二次叫"提双瓶"，这次要带两瓶酒，其他礼物同第一次。这一次是正式定亲，要讲彩礼，要商量娶亲时间等。

讲彩礼一般在女方家进行，也有女方到男方家去的，是比较隆重和严肃的一件事。首先要请上姑娘的舅父，其次是叔父、姑父等亲戚。姑娘的父母和哥哥都参加，许多人家还要听取姑娘的意见。当然，由于穷富不等，富人和穷人家的男婚女嫁在规模和聘礼上有明显区别。富人家的彩礼数量大，种类多，讲究排场，花费颇大。用绸缎、布匹等做的夏衣（里面各一丈八尺）还要围以织绵缎和水獭皮。冬装要大羊皮搭布面和专放卡泰（边之意），特意讲究要一件叫"擦什孜"的羔皮搭面长袍。还要藏式礼帽、金边帽、狐帽、"雅尔雅"（一种毡帽）和数条彩带、靴子、便鞋、花领衬衫等。装饰品要整套，辫套一对，银牌四对或更多，玛瑙数串，铜带一条，"格金"（即项链或项饰）一个，其上要缀以珊瑚、松耳石、翡翠、玛瑙等宝石，还要"依玛阿热"，其上要缀有圆形骨制品（藏语叫"阿拉"）、海蚌壳、铜银制品等。要一个镶有红珊瑚的金银戒指，玛瑙或金银手镯一双，金银耳环一双等。另外要给舅父、父亲各一匹马，给母亲一头犏乳牛（吃奶钱），给姑娘的哥和弟各一只羊。最后还要给女方家称为"干礼"的现钱，总之，彩礼是按贫富状况索取。

姑娘出嫁时，除家中陪嫁外，舅父、叔父也要陪嫁。

讲好彩礼后，要求男方家按时送到。迎娶姑娘的时间由本布子卜算后决定，但大多数人家将男婚女嫁放在春节期间进行。如果碰上男方或女方家中老人去逝未满四十九天或百日的，便将婚礼推迟到下年举行。

戴头 婚礼时间确定后，在迎娶姑娘正日子的前一天，在女方家举行"戴头"仪式（藏语叫"嘉派"或"嘉什东"），就是将姑娘的发饰改为已婚妇女的发饰。

当亲戚来全之后，大约在早上10时左右开始给新娘（藏语叫"吾亥玛"）梳头。桌子上点起酥油灯，放着男方家送来的两只木梳，两个盛有牛奶和清水的碗，或一盆清水，盆上贴有吉祥酥油，洗头毕编辫。梳头人一般为婶娘二人（必须是老人、丈夫、儿子俱全），洗头、编辫、穿衣、佩戴饰品。此刻，婶母唱起《哭嫁歌》，藏语叫"吾亥欧"。一面唱，一面梳头编辫，凄凉悲哀的歌声伴着新娘伤心的哭泣声：

今天是吉祥如意的日子，
是尊贵人家的梳头宴庆，
……
为我梳头的婶母们啊，
右发向右梳过的时候，
就像白雕从崖冲下来；
为我梳头的婶母啊，
左发向左梳过的时候，
就像紫雕从天上冲下来；
为我梳头的婶母啊，
后面的头发向后梳过的时候，
就像神鸦从树上冲下来；
是慈父养育的好姑娘，
已经回答不出嫁，
硬叫出嫁的是媒人的嘴巴。
……

就这样一面唱，一面梳头，最后由新娘的哥哥梳脑后的小辫（藏语叫"让凑"），套进"恰热"固定辫系，最后由其他人辫完。辫完头后，戴上辫套（藏语叫"嘉喜"或"嘉浪"），里面外面穿上新娘衣服，系上各种彩色腰带，戴上狐帽，佩挂上"依玛阿热"和其他首饰，由两名妇女扶护，围着院子中间的桑炉和嘛呢旗杆，自左至右转三圈，然后进屋休息，只等第二天送亲（也有的绕庄廓转三圈）。

送亲 送亲是非常庄重、严肃的事，送亲的人藏语叫"东赞"，由女方家按古老的规格严格选定。送亲人一月之前必须请齐，做好各项准备。送亲成员中必须有新娘的舅父，其次是爷爷、父亲、叔父、姑父、姐父等。新娘的哥哥或弟弟必须去一人充当新

天祝藏族新娘服饰

娘的牵马人，另外有一伴娘（藏语叫"吾饶玛"）。送亲人是单数，加上媒人、新娘、伴娘便成为一个双数，一般有十几人。

新娘上马的时间是由本布算定的，也有根据男方家的距离远近来决定的，路远走的早，路近走的便迟。送亲的早上（戴了头的第二天），当吃了"上马席"之后，包括马匹、礼物、陪嫁等一切准备停当，新娘在佛堂磕三个头，然后在伴娘或其他妇女的伴随下，围着浓烟缭绕的桑炉和嘛呢旗杆或庄廓自左向右转三圈后上马启程，新娘哭泣着，其母亲和姐妹们也在哭泣。母亲手拿吉祥财运箭"羊布尔"，三次呼唤姑娘名子，表示不要带走他家运气，也表示祝新娘平安。刚强的男子汉们则唱着酒曲显得十分肃穆。主人家向送亲的每人敬三次酒，然后扶着新娘上马，将新娘全身用白褐衫或白毡衫护起来。这时，大家都上马，有的纵马驰奔，有的高唱酒曲，围着低首弯腰的新娘（新娘上马低首弯腰表示对婆家的谦恭）。由新娘的弟或兄牵马，向男方家走去。边走边唱：

太阳从东方升起的时候，
彩霞在半空闪烁飘动；
雄鹰在天上飞翔的时候，
骏马在滩上自由驰骋；
姑娘向婆家送去的时候，
吉祥的光明在前面领路。

途中 这天早晨，男方家异常繁忙，贺喜的亲友们带着哈达、美酒、烧锅、羊背子、特亥（藏式点心）等礼物前来祝贺。

首先派两个善以辞令、通达礼仪、精悍善骑的使者（藏语叫"德什格"）去途中迎接女方送亲一行。

两个骑马使者在离男方家不太远的路旁，选择一块平地煨上牛粪火，炖上酒瓶，铺好马褥子，等待送亲人。当送亲人出现时，二使者在木碗或龙碗内斟酒，高唱迎宾曲：

清晨的太阳照在石崖上，
红石岩如屹立的神像，
那是佛一样的客人到来的象征。
中午的太阳照在河水中，
洁净的水如圣神的供品，
那是供品一样的客人到来的象征。
下午的太阳照在草滩上，

藏族婚礼服饰

草原开满鲜艳的藏金莲，
那是花一样的客人到来的象征。

送亲人一听见歌声，便知道这是男方派来的使者，也唱起了歌，向煜火的地方靠拢过去。送亲人被请坐在马褥上，两个使者给新娘的舅父、父亲等献上哈达，给每个人敬酒，然后其中一个用特别的韵调，说起问候辞令，藏语称"参智"或者"交热"。只听一人高声诵道："从东方来的，是东方的太阳，祝贺贵客们光临。"送亲人齐声答谢后其中一人说："像天上一样富有，像大海一样深沉，主人家贵体可安？"两个使者齐声答谢应称。问候辞由双方一问一答各说三次。此后有的还要说"德什格拉罗"（迎亲赞词），说过后便给每个客人又敬三次酒，然后两使者收拾东西，迅速上马，奔向归路。送亲人们也飞速上马，向两个使者的方向追去，抢夺其帽子或马褥子。这时的追逐很紧张，如果送亲人抢上使者的帽子，那是个很大的胜利，到了男方家后，送亲的人们手里摇摆着"战利品"冷讽热嘲，惹得众人哈哈大笑，而使者面红耳赤，任听奚落，还要给客人献哈达、敬酒，甚至磕头，占足了便宜的客人们才归还东西。

大门口 当两个迎亲使者回到男方家之后，便简单地向总负责人汇报客人的情况。这时，男方家马上行动，在大门口煜上一堆火，藏语叫"纳木尼"，所有的人拥堵在大门口，拿着酒瓶、酒碗等待。专扶新娘的两个妇女，藏语叫"达卡来尼"，手持哈达，站在人群前，另有念洗脸经的本布子的也准备好一切，严阵以待。

当送亲一行绕着太阳的方向，转到男方家门口时，有的放马来回纵驰，有的护着新娘，双方高唱酒曲，男方家唱道：

当客人从东方来临时，
具备了从东下马的依存，
世界的太阳扯金路，
吉祥的月亮铺银路，
本地的众星来迎接，
尊贵的客人欢迎您。
……

这时，两位接亲妇女高举哈达，一面喊"达卡雄——达卡雄——"（意为"新娘坐骑的方向转过来下马"），一面穿过马群接近新娘，把哈达献给牵马人。这时，牵马人紧紧抓住马缰绳头，看对方的礼仪是否合乎规矩，如果礼仪合乎规矩，哈达完美无损，那么新娘的马缰绳头会被顺利抢到手，迅速扶新娘下马。此刻，送亲人也不阻拦，纷纷下马，男方家的人牵马，卸下马褥子、搭裢等物。

在燃着的火堆前，本布子念起了洗脸经（藏语叫"亚绸"），并倒"文巴"（法瓶）内的药水让新娘洗脸，然后围着火堆（表示驱邪）转三圈后到门口，由婆婆给新娘换上金边帽。新娘先被护送进屋（新娘上炕后不能朝门口坐，而要在炕角落面壁低头而坐）。

送亲的人进大门是不容易的，人们堵住大门，一面唱歌，一面给送亲人敬酒，送亲人要瞅准机会向里冲，不然会被灌醉的，直至给送亲人敬了一定数量的酒之后才让进去。个别地方当送亲人进大门时，还有泼水的习惯。

婚礼 婚礼场（藏语叫"交哇"）设在较宽畅的房间或帐篷内，桌上供着"喜玛尔"（在木钵内盛满炒面，上面用表示四洲的四条酥油在顶部相连，在表示大地的一个圆片酥油上置月牙和太阳，表示吉祥），墙上挂一条展开的哈达，以此为中心，置左右两排坐位，一般铺"卡垫"（即地毯）或红白毛毡，坐位前面置低长桌（此后为了叙述方便，把客人称喜客，男方家的人称东家）。

喜客进了大门，只唱歌不说话。到婚礼场后，按客右主左和辈分次序就坐。东家的客人也依序坐定。这时，客人的首位拿起一碗牛奶，主人家的首位拿一碗酒，用其上面的柏香枝蘸碗内的酒和奶，泼洒三次，东家致词问候，喜客致答谢词。有的地方两碗端好后要交换。之后，喜客出外，取

驮来的礼物置桌上，向主人祝贺新春，祝贺婚礼，然后双方又坐在自己的位置上喝茶（"仲加"，意为"敬客茶"），吃油果、糌粑。

茶喝毕，由专门敬酒的人开始从上到下，从客到主依次敬酒，边敬酒边唱赞歌。唱歌时，全场鸦雀无声，洗耳恭听，一来一往，歌声不断。

东客：
在蔚蓝天空的宽帐里，
这日月的明道是自己落，
歌颂吧那山王伦布山。
在山王伦布山的帐房中，
这青色的玉龙是自己落，
歌颂吧那宏厚万里的南云。
在大地中心的宽帐里，
这尊贵的宾客是为大喜而来，
歌颂吧为送亲的客人们。

喜客：
您这尊贵人家的后山，
有七种彩色的光芒，
父辈多福德的道理就在此。
你这尊贵人家的石山，
是腾跃的青色天龙，
您儿子英威的道理就在此。
你尊贵人家的前山，
像大海一样的波浪，
母亲有慈祥心肠的道理就在此。

此时，谨慎的喜客们，趁还没有喝醉酒开始举行仪式（藏语叫"南木

张"，俗称"摆嫁妆"），即把男方送的彩礼、妆饰品和女方家的陪嫁全摆出来，让主人过目。具体摆法是先在地上铺好毛单或毡，女方家的陪嫁摆在左面，男方家的摆在右面，中间为舅父的马（以钱顶替）、叔父的牦牛（以钱代替）。经过女方家交待后，先由喜客两人向东家、主人家敬酒，后来东客两人也给喜客敬酒。这时，新郎站在用青稞撒写的"央张"符号前（此符号表示牢固吉祥），有一人开始说"贵恰"（即衣饰赞）：

今天，首先向在座的诸位有像妙高山一样高度的，有威如老虎一样英威度的，有如孔雀一般美度的，左右席上就坐的长者寿兆的主人，延年千岁者，贤哲声誉的主人，肩搭绫缎的衣者，左边英杰的主人，英雄手持长矛者等诸位敬上一杯喜酒。

卜嘉（西藏古名）藏区开创了姻缘，在举行婚礼之前，妙媒之因成就了婚事，在各族兴旺的您家里，有了美如孔雀的姑娘，此实为净善和适宜。牵线搭桥的妙媒，骑上苍龙似的骏马，穿上海洋般的衣服，戴上春天一样的帽子，我在酒瓶口上拴上洁白的羊毛，以酥油加以装饰，敬于妙媒之手，以表谢意……

我们现在对这些嫁妆予以简单的交待：缎子和绵缎，呢子和毛哗叽，碧玉和珊瑚，本应庄严慎重地对待，

然而，像我家正如"手长袖短"，迫于条件，请诸位左右席的贵客亲朋们谅解。我家的嫁妆虽很简簿，希望左右席的贵宾们予以喜欢，贵宾中长者们予以论辩，开玩笑。年轻、年幼的贵宾们予以歌舞、游戏。总之左右席的贵宾们还要大大欢喜。

摆嫁妆结束后，这时有的地方还有两个仪式要举行：一是谢媒人，东、喜客方都要给媒人敬酒、献哈达、说《媒人赞》，最后再三感谢，献上茶砖、两瓶酒、若干现金等；二是喜客给女婿衣饰，穿袍戴帽、穿鞋。在勒腰带时故意使劲勒，穿鞋时也开玩笑，说脚大鞋小，有人还故意用木梆敲脚，惹得大家发笑。此时还说《女婿赞》。仪式结束后，仍请客人们入席，先喝茶然后吃面、包子、米饭、熬饭等，最后端上手抓肉，热情待客。

晚上举行"香先"仪式。几个人抬一个几十斤重的酒坛走进婚礼场，装出抬不动的样子，做出滑稽、风趣、夸张的动作，口里喊着号子，使人不由发笑，酒场气氛更加活跃。放定酒罐后，由一人给酒坛献上哈达，并开始诵祝酒辞：

哦，好啊！今年这吉祥之年，美妙之月，瑞兆之日，在这个大庆的日子里，上看天空是吉祥的日月，下看地上是瑞兆的时刻，中看空间是行星。

右座似太阳升起，左座如明月高照，中座像莲花开放的座垫上，坐着太阳般的师长，右座上坐着明月般的舅父，发表着因果报应的演说，雄狮傲立于雪山一样的演说。在左座上如星辰聚集似的宾主们，载歌载舞，如孔雀羽毛和悦耳似布谷鸟的好宾主，是不用喜悦而意中自在。

是呀，现在我先将手中所持的这只龙碗，稍加以赞扬的话，这龙碗产于内地，它是工人们以五彩缤纷的彩虹为比喻，碗口以富贵永恒不变的对峙花纹为装饰，以蓝蓝的天空为比喻，中间以八吉祥瑞的花纹为装饰，以窄狭的地域为比喻，碗底以八瓣莲花为装饰。

是呀，此碗中所盛的这甘露汁，是年内酿出的褐色年酒，是月内酿出的清凉月酒，是一昼夜酿出的新酒，六棱白青稞精华的这甘露汁，是内地的米釉为酒之祖源，是内地葡萄酒等商场的曲源，掺入葡萄之精华酵母，中以六谷青稞酿成。多种酒味俱全的甘露精华，仅这八十斤白酒，若为尊敬的宾主们饮了，会使声誉大振，在座的长者们饮了，会延年益寿；英雄们饮了，会增添勇悍；夫人女士们饮了，会带来乐趣；休闲时饮了，会为你做伴；忙碌时饮了，能成为陪从；出战时饮了，会成为援兵；送新娘时饮了，能做陪嫁送行之伴的这甘露液，是长命百岁的益寿酒，是民族和睦的团结酒，是所愿如意成就的成功酒，是载歌载舞的欢乐酒。现献给您坐上席的亲友长者们，做为祈祷祝贺的引子，壮年亲友们做为辩论、开玩笑热闹的引子，父辈们做为载歌载舞的引子吧。

最后众呼"拉索"，酒场上更加活跃，俏皮话、歌声连成一片。此时，宾主双方的歌手正式拉开竞赛的架势，一来一往，一问一答，互不相让，唱歌的曲由赞歌（道扎）发展到逗趣歌。其间，喜客两人或三人还要到灶房感谢玛什们（即做饭的妇女们），玛什们唱"强伊"的独特的歌，然后由喜客敬酒、献哈达。

第二天的仪式叫"索萨"（即羊肩胛骨），由喜客向主人交新娘，并赞颂木华（女婿）。有一人诵词：

哦！好啊，今天，天上出现了吉祥的日月星辰，空中显出了瑞兆的五色彩虹，地上瑞应的人、财、六谷兴旺。家中坐着诸高堂贵人的首领，议的是吉祥的喜话祝词。右座太阳升起，左座像明月高照，前座像明星排列。上席坐着龙神一样的长者福星，中席坐的年轻男士像虎一样英武，下席坐着聪明伶俐像鹰一样的年幼贵宾，周围像海洋环绕着歌手舞女。

对！现在给像空中飞翔的大鹏鸟似的新郎献一样食物，使之增长智能的翅膀在空中飞翔，给貌如雄狮的新郎献上这食物，使之增长精明声誉的六技，以威力降伏人间，给英雄敏如猛虎之子的新郎献给一食物，祝愿精力之斑纹增于身而制胜敌之阵营。

好！现在首先讲一下，给新郎发肩胛骨肉食的风俗：首先在天神和龙王之间通了婚，帝释天做了非天阿修罗之婿，莲花生做了主婚人，金刚手做了证婚人，大自在白梵天王做了宾客首领，颁发给新郎的食物为青龙胛骨，美名如雷鸣遍及空中。

对！此后天地间联缘，持宝山王做了天空之小姐云的花朵（雨）之婿，红太阳做了主婚人，白月亮做了证婚人，骑狮护法神做了宾客之首领，领发给新郎的食物为白嘴野牛的肩胛骨肉，威严如野牛角的国王遍及于地。

对！其后汉藏之间通婚，藏王松赞干布与文成公主联姻，大悲观音菩萨为主婚人，至尊救度母为证婚人，汉神如愿以偿为宾客人首领，领发给新郎的肉食为白福禄羊的肩胛骨肉，以绵羊毛质的慈悲之心治理国家。

对！现在八方位圆满如意的角度来说，肩胛骨面朝上放，是表示天神的体面；肩胛骨的天窗开着，表示安乐的天窗大开之兆；肩胛骨似明镜显白光，为表示人面胜于白海螺之兆；肩胛骨似牦牛面形的长相，表示传宗接代源流长；犏牛面形朝下刺的壮，是表示能降伏敌首之兆；肩胛骨底部盛满青稞，表示一样一代拉一代，肩胛骨面大而宽敞，表示寿、福、禄源广；肉、脆骨、脂肪三者俱全，表示豪强、富泽、吉祥之兆；再说肩胛骨顶端触蓝天，日月升起温暖而明亮，青龙鸣起悦耳声。肩胛骨腰部似瓣莲花，空中出现彩虹色彩美妙，大家看着十分离奇。肩胛骨根部稳重似天地，生长六谷使众生安乐舒适，世间人们的幸福、希望得满足。

是呀！现在，这肩胛骨以八种神树柏枝盖顶，以牦乳牛酥油装饰，以青蓝色青稞为座垫，以和蔼可亲的修辞为护庇（指望保佑），放在您爱婿如意事成的手上，祝愿国王、战神为您做救星。上敬仰天神会赐给您妙果，中祥兆（有德）厉妖会为您助伴，依厉如友会赐给您吉祥，下富翁龙王会从中扶持，使龙王为仆从会给您招财，众生会对您齐声喝采，依托的世事会顺利成功。总之，意中的妙事件件成功，身修的妙、工、文全能通达，从事的安乐、喜悦、吉祥三者若太阳升起，更是意愿中诸事如意在成就。

中午时分举行最后一个仪式，名曰"尕什杂"（意为祝福）。请新娘新郎到婚礼场的白毡上。上首，一人手里拿着碟子，里面盛着青稞、柏香和一碗酒。先由同辈人给就坐的新郎脖子、头上洒一点水，然后站起来由陪同人把碟子献给最上面德高望重的老人。老人接过后，便说一段祝福词，即"尕什杂"，说完后，新郎"拉索"的一答应。一般依次相推，人人说句祝福之语：

哦，好啊！在这今天吉祥的日子，圆满的辰星，顺应会合极妙的时刻，吉日良辰之美妙的时刻里。

对！今天从祈祷祝愿的依托"尕什扎"祝词来说，我有右手三指的顶端，用檀香木制作的碟子上面，以八枝寿木神树柏枝为垫座，以预示谷物丰登的青稞堆为装饰，在八吉祥花纹的碗里盛满甘露精汁，上面有白绵羊和牦乳牛的黄酥油为装饰，口念祈祷吉祥的赞词的话，这外大地和内动物（精器世间）的上面，做圆满的装饰，其表示具有上天寿神般的寿份，具有空间厉妖般的能引来福禄，能像地下龙王般地招远。具有印度王般的教福，具有汉地国王似的财富，具有格萨王一样的英豪。势、财、富裕三者俱全的福禄常在。

对！现在爱婿你若将杯执于手，先祭祀天神后自饮的话，会招来财、宝、食三者之齐备之福，会打下心欢、喜悦的基础，会使父祖诸辈长辈，女士姊妹们的储蓄稳固，子孙后代的发良兴旺，插上凤翅似的骏马兴旺，聚奶酪如海洋的牦牛发展，毛质软而白如海螺的绵羊发展。上天神会保佑寿凶，财物之库会由龙王看守，光荣声誉如雷鸣遍及四方。福、寿享受如海兴盛，像天界神仙那样长寿，所有意愿均如意成就。

同时，每人割一点肉，到场院的火上烧烤。肉烤熟后不但要要泼散，又要吃一点，如此不但祭了诸佛，而且还缅怀了祖先。

上面仪式结束后便要送客，东家端上丰盛的食品敬送亲人吃，并一一敬酒。东家一人便还起"扎西"即吉祥祝福歌，表示婚礼结束。

东客：
山豁俄博和众人，
俄博依靠山丫豁，
众人不住要回去，
祝走的人吉祥平安。

石磨水槽和流水，
石磨依靠水槽转，
流水不停要远去，
祝远去的流水吉祥平安。

姑娘、婆家和舅父，
姑姑依靠婆家住，
舅父不坐要返回，
祝返回的舅父吉祥平安。

当送亲的人们起身后，东家已准备好了马，搭好了驮，一切收拾停当，并给出门的客人敬酒，参加婚礼的所有的人都出来送行（有的地方新娘也回去，过一段时间后再回到婆家来）。送亲人上马后，东家连连敬酒，这时，送亲人放马奔驰，有的唱酒曲，主人家连呼："中布桑，赛拉笑！"（意为客人们请回转），送亲的人们一听呼叫，勒转马头，又急驰返回，接受敬酒，这样反复三次，叫"勒马三回"，所敬的酒叫"达强"。最后，客人们扬长而去，如新娘不随客人回去，当天晚上便入洞房，婚礼也就结束了。

由于华锐藏区地域辽阔且山大沟深，有的是纯牧业区，有的是半农半牧区，有的则是农业区，情况有所不同。同时，有的藏民和汉族一块居住，有的同土族一块生活，因此婚俗礼仪略有不同甚至区别较大，受其他民族婚俗习惯的影响更大。

风味独特的藏族饮食

藏区的饮食，不论是当地传统的牧区饮食，还是受农耕文化熏陶之后形成的饮食，都风味独特。藏区饮食主要分肉食类、面食类、饮料类和蔬菜类等。

肉食类

甘肃藏族的肉食品，经过了长期的发展变化。在清代以前，因为均从事纯畜牧业，肉食在整个食品中占有很大比重，可以说以肉乳为主。到了民国以后，由于农业生产得到了很大发展，饮食结构也发生了巨大变化。除海拔高、气候严寒、交通不便利的纯牧区之外，大部分地区则成为以牧为主、以农为副或半农半牧或以农为主、以牧为副的地区，一些海拔在2000至3000米左右的地区，种植青稞、大麦、小麦、油菜籽、马铃薯、燕麦、豌豆等粮食作物和经济作物，因而藏民族的食品结构发生了质的变化，但他们也喜欢肉乳。主要肉食为羊肉、牛肉、猪肉，但绝不吃马、骡、驴肉，也不吃鱼虾等水生动物和飞禽等肉，原来忌吃黄牛、水牛肉，尤其是水牛肉和鱼类，鸡、狗、旱獭（俗称哈拉）肉，更是禁食。农区吃鸡肉、鸡蛋、野鸡、马鸡等肉的历史有的地方已有数十年，而牧区至今仍禁食。近几年，除老人外，大部分藏人已开始吃黄牛肉了。以前，吃部分野生动物肉，如大鹿、麝子、狍鹿、石羊、黄羊、野鸡、马鸡等肉，不吃兔肉、狼肉、狐狸肉、哈拉肉、老鼠肉等。

藏族人最喜欢吃的羊肉为羯羊肉、羊羔肉，母羊肉次之，不食种公羊肉，喜欢吃羊下水（亦称"里物"，指内脏）。以前牧人吃开锅肉，即冷水下肉，水沸便吃，肉香而不腻，脆而不硬。煮肉时不易煮得太烂，太烂反而没有原味。羊肉既可热吃，也可凉吃。新中国成立前，羊肉除个别人家用来炒菜、下饭之外，主要是做手抓羊肉。将羊肋巴割成条煮之，佐以花椒、姜片、食盐、葱、蒜。后有爆炒羔肉、黄焖羊肉、羊肉饺子、羊肉泡馍、烤羊肉（不能在家中烤）等肉食品。

牛羊下水可作杂碎吃，杂碎就是牛羊的内脏、头蹄（用火燎尽毛）经反复洗净后切片（条）下锅，将熟之际，加入萝卜片、洋芋片，再加调料，最后放香菜等工序制作而成。

在农区，大多人家每年腊月宰一头猪，主要用于过年（春节），有的还挂腊肉，供春夏食用。

以前，在深秋入冬之时要压冬肉，一头牦牛可割出纯肉300斤左右。一般每户要宰一头牦牛、几只羊，将肉冻起来，供冬春时食用。也有的人家将部分牛肉割成条风干，在春夏时食用。民国前，在高寒区压冬肉还有一种办法，即在自己帐篷或住房边，将牛肉（取了内脏）用牛皮裹起来，用干牛粪围严实，可放到第二年春天。

在藏区农业区（半农半牧区）以粮为主，每年每户喂一头猪，腊月宰了过年。除春节食用外，挂成腊肉，在春夏食用。平常吃羊肉不是太多，夏秋之际羊肥了才宰一只食用。甘南出产蕨麻猪，瘦肉性，其味鲜美。在农区还有一个"打平伙"的习惯。在农闲时候，看谁家的羊群中有大肥羯羊，或谁家有"站羊"（即家中育肥羊），三五个人联合起来，平均出钱，平分羊肉。一般先找一个条件稍好的人家，在其家宰羊，装好血肠、面肠或肉筏子，然后用剩的下水作成杂碎，打平伙的人一块儿吃香肠、杂碎。如果是五个人，则将羊肉分成五个份子，可带回家中。"打平伙"也有煮肉打份子的，吃过肉之后，还要喝酒、猜拳、唱歌，尽兴了便带着肉份子回家。

部分林区的居民，除食牛、羊、猪肉之外，还打野兽食肉，如大鹿肉、麝子肉、狍鹿肉、石羊肉等，有个别地方还吃野鸡肉、马鸡肉、野兔肉等，可补充肉食不足的困难。

肉食的做法有煮、炒、烤、炸、闷等，主要有手抓羊肉、牛排肉、猪排肉、爆炒羊羔肉、黄焖羊肉、牛骨肉汤、熬饭（烩菜）、肉包子、肉饺子、火锅、腊肉青稞面饭、干肉面等。

面食类

藏区的面食品比较丰富，其原因为：一是周围皆为从事农耕的汉族。二是农业区、半农半牧区区域不断扩大。三是境内汉族人增加，生活上受汉族人影响很大，汉族的食品藏区大多均有。

面食品中最常见的有面条、长面（凉面）、臊子面、干拌、扯面、面片、搓鱼子（儿）、拌汤、散饭、搅团等。虽然各民族都吃这些常见的饭食，但其做法、风味却互有差别，各具特色。饭品可以是素饭，也可以是肉饭，根据需要、时间、家庭情况决定。如果来客或节日期间，饭品比较讲究，平时便很随便。

饭品，并非光吃面，除面之外尚有副食品，如蔬菜、肉类、乳酪等。主要有酸菜面条、牛羊肉面片、山蘑菇面片、大肉臊子面、扯面、豆面或珍子、洋芋散饭、独特的青稞面"搓鱼子"等。饭品中有麦面、青稞面（最多）、大麦面、乔面，麦面称白面、青稞面、大麦面称为杂面。20世纪70年代以前，藏区气候严寒，粮食作物主要以青稞为主，其次是小麦、大麦、豌豆及马铃薯，饮食结构大都以杂粮为主，杂粮中又以青稞为主，只有个别气候较热的地方小麦种植才占55%左右。青稞面没有韧劲，性脆，不易擀成面条，因此在和面时加少许黄毛菜子，面才有韧劲，擀成面张切成条下锅不糊。青稞面条中下腊肉，炒干萝卜片，味道极好。

包子和饺子是藏区普遍喜欢吃的面食。包子有多种，如韭菜包子、地软包子、洋芋包子、麻腐包子、肉包子等；饺子有肉饺子、韭菜饺子、洋芋饺子等。其中甘南夏河、合作、玛曲、碌曲的藏包子独具特色，其味鲜美，令人回味无穷。

此外还有蒸的大馒头、花卷、东巴等，烙的大饼、小饼、面豆、油饼、韭菜盒子等，炸的油果、油饼、盘索，烘的焜锅，烤的火灰饼等。

民国以前，藏区很少有大米，只有商人和富人从兰州带回一些大米，在节日或活佛、僧人来家时做成"蕨麻哲赛"（即蒸熟的大米中拌熟蕨麻、葡萄干、酥油、糖等，是一种甜食）的米饭。新中国成立后，国家给干部每月或节日时供应很少大米。20世纪80年代后，大米供应多了，市场上有东北、宁夏、南方大米，只要想吃就近就可买到。

甘肃藏区周围的农业区，气候较温暖，出产小米、黄米较多，天祝藏人用畜产品和农产品换上数斤，一般喝米汤、吃粥饭。

藏区极少数地区还产荞麦、莜麦，可吃荞面面条、搅团，用莜麦可做莜麦炒面、莜麦珍子散饭。部分地方加工燕麦炒面，内加麻籽，味道很香。

炒面有青稞炒面、燕麦炒面、莜麦炒面、豆子炒面，其做法除酥油炒面外，尚吃清油炒面、大油炒面、牛羊油炒面、洋芋炒面，如没有油类，还可干吃。

藏区的蔬菜种植在20世纪80年代之前种类很少，主要有白菜、萝卜、

揪面片

韭菜、甜菜、红萝卜、大蒜、蒜苗、葱、芫荽等。洋芋更是离不开的家常便饭，将洋芋切成条下饭很普遍，做成洋芋面条、洋芋散饭、小米洋芋粥饭等，还可煮、炒、炸、烤，吃法颇多。

藏区山大沟深，森林广布，草原宽广，在林区、牧区、农区出产许多野菜，农牧区有曲曲菜、蕨麻、马缨菜、蘑菇、地软（地卷皮）、胡萝卜、蕨麻等，林区有蕨菜、鹿角菜、柳花、木耳、羊肚菜、野韭菜、野葱、野蒜等数十种。野菜一是下饭用，二是制作凉菜。以前野菜只有自己人吃，不能待客。现在许多人都喜欢野菜的新鲜、独特口味。另外，在荒年时候，野菜还救了许多穷人的性命。

藏区在做饭、炒菜、煮肉时，调料很少，只有盐、花椒、姜片。农区的人用麦麸子自拌食醋，卖给牧区人家作调料。

特色藏餐

牧区有自己独特的饮食结构，同半农半牧、农业区有所差异。肉乳面等形成了一系列风味独具的藏族食品，如酥油、酸奶、曲拉、糌粑、藏式糕点、辛特、乳饼、蕨麻哲赛等。

酥油：酥油有两种做法，一种是直接将清晨挤的鲜奶倒进打酥油桶，等奶水达到半桶多时便开始打酥油；另一种是将奶子入锅，用慢火滚沸，然后倒进木盆晾凉，取上面凝结的一层黄色的油皮（俗称"奶皮子"），放进打酥油桶内，三五天后凑够了一定数量的奶皮后便开始打酥油。待水乳分离之后，将奶油揉洗两三遍，还要拍打酥油块，打出里面的水份。酥油是牧民的主要食品，可以吃糌粑，制糕点，制酥油茶，炸酥油油果，酥油还能治病。此外，酥油可在佛事活动中点灯、制供品用，著名的酥油花，就是用酥油制作的。

曲拉：即奶渣。给揭去奶皮的奶子中加发酵物，倒入锅内滚沸，一阵后变成类似豆腐块的物质，将其捞出晾在布单上，一边晒一边搓碎，越碎越好，直至晒干。最好的曲拉用酥油搓成小米粒一样大，捞出曲拉后的水称"达拉水"，可以洗油脏衣，还可喂猪狗。曲拉亦称"干酪素"，也是工业原料。

糌粑：炒面之意，是藏区最简单、最方便、最受欢迎的食品。吃糌粑先倒上茶水，投进适量"玛尔罗"（酥油块），等酥油融化，茶喝到小半碗时放进青稞炒面，再放曲拉。喜甜的可放适量糖，然后左手持碗，右手拌和，将碗不停地旋转，拌好后捏成"粑粑"即可食用。吃酥油糌粑的炒面为青稞炒面，较粗。牧区和农区有酥油的人家每天的早点便吃这种炒面。来客或庆典时的第一道茶饭也是糌粑。僧人诵某种经时，用炒面制成"朵儿玛"，其上贴酥油，做成供品。最大的制成一尺余的三尖供，表面着淡红色。这些供品经仪式诵毕后抛于野外或烧掉，人不能吃。

特合：是藏区一种特有的食品、礼品。其主要成分有曲拉、酥油、蕨麻、糖、葡萄、大枣等。先将干曲拉泡软，和上融化的酥油、熟蕨麻、葡萄、糖等，放入方形木匣（高约5寸，长约1尺）内压齐，待上面稍隆起中间最高时，置一枚红枣，四角也置一枚红枣，特合就做成了。因为是趁热制作的，酥油便把曲拉等物凝固住了，再打开活动的木匣，便显出完整的特合了。也有纯手工拍打而成的。逢年、喜事时可作为高级礼品送给亲戚。

藏式糕点：其原料与特合一样，只不过曲拉更细，蕨麻、葡萄、糖更多一点。用热化酥油将蕨麻等物拌匀，再捏成小圆形或方形的糕点。藏式糕点一般在春节时做，平常很少做。

辛太：水开之后撒搅生面成糊状，然后投入糖、酥油、曲拉后拌匀，一直搅拌待熟。趁热可吃，但一般盛在盆内晾凉，第二天切成小块。一边喝茶，一边吃辛太，别有风味。

乳饼：是用牦牛奶皮子（鲜奶沸凉后上面的油层）做成的小薄饼，在铁锅中烙而食之，即有牛奶之味，又有酥油之香。

蕨麻哲赛：蕨麻米饭之意。以前因为大米少，所以这种食品成为藏区比较高级的食品，只有活佛、达官贵人才能享用。20世纪80年代后，大米供应增多，这种食品也较普遍了。其做法是先将大米煮熟，放上酥油、糖、蕨麻等物搅匀而食。

藏区饮料较多，主要有清茶、奶茶、酥油茶、油茶、都玛茶、牛骨头汤、羊肉汤、酸奶、酩馏酒、烧酒、沙棘汁、药泉水等。

清茶：历史上游牧民族喜欢饮茶，茶叶主要是湖南安化砖茶或松潘大茶，无砖茶时喝茯茶。砖茶性热含茶碱，多吃肉乳的人，喝砖茶可去腻助消化，还可增加热量，生津止渴。

奶茶：熬好茶水之后，调入牛奶，再稍滚沸即可。还有一种喝法，将少许牛奶倒入碗中,再倒上茶水即可饮用,这种喝法的特点一是奶茶一直保留新鲜,二是茶壶中的剩茶一次熬不尽,下次还可重熬。

酥油茶:这种茶有两种做法,一种是茶水中加酥油而饮,另一种是茶筒中倒入茶水,加盐和酥油,再上下提打茶筒把,等水油相融之后,再倒进茶壶中温热即可。

油茶:一般在冬春饮用。将牛、羊油脂在锅内融化,然后加生面或炒面炒拌,加花椒粉、姜粉、盐、葱等,面粉炒至微黄时倒开水,等搅匀后再稍滚沸即可。

都玛茶:多见于喝早茶时,亦称"糌日",普遍流行于藏区,尤其受老人们喜欢。打好清茶后,碗底放一层炒面、曲拉及少量酥油和匀压平,再倒上清茶,然后边喝边倒茶,直到最后喝完炒面为止。有时候还可以放点糖。

麦茶:将小麦粒炒熟后捣碎盛在碗底,然后倒上清茶,一面吹一面喝,直到喝完炒麦粒为止。还有一种做法是将麦粒炒好后投入盛水壶中滚沸而饮。

酸奶:是牧区上等饮料,多在夏秋季饮用。制作过程是将掠过奶皮的奶水置入木盆内,加发酵物,俗称"奶角子",再放在温暖处,木盆四周用皮衣或口袋等物围起来,半天就成了酸奶。有的直接用鲜奶制作,将牛奶滚沸晾温,放"奶角子"而成,这种酸奶品质更好,稍酸带甜。吃酸奶时可放点白糖,其味更好。在炎热的夏天喝一碗,非常舒服。临睡时喝一碗,一则助消化,二则助睡眠。有的人在夏天吃中午饭时,每人一碗酸奶,然后泡上剥了皮的熟洋芋或锅盔饼子,可算是一顿美餐。酸奶,尤其是两三天后的剩酸奶,多喝可治萎缩性胃炎。

酩馏子酒:是藏区民间酿制的土酒,其原料为青稞,有一套酿制程序和工具,其度数约二三十度,味甜绵。过去农区的藏族人都能自己酿制,其中迭部、卓尼等地酿造的酩馏子酒品质最佳。

烧酒:较大的作坊中生产酿制的高度白酒,过去天祝华藏寺、哈溪、古城、东坪及四周汉区均有烧坊,华藏烧酒最为出名。

藏酒:是一种西藏的地方酒,甘肃个别藏区也有酿制,此酒功效一是饮用,二是药用。这种酒实为本土甜醅水,度数不高,色似白面水,有一股香甜味。

沙棘汁:山区多沙棘植物,俗称"黑刺",其上结红黄色小果实,其味酸甜。乡民在秋季采集其果,压挤其汁,再加上适量凉开水,调一点白糖,可做饮料。有人咳嗽时饮沙棘汁,病可缓解。

待客习俗

藏族家来了重要客人,一般按藏

族习惯招待，否则是非常不礼貌的。现在藏族人招待客人有一套固定的程序。第一道茶饭是喝茶、吃酥油糌粑或烧锅、糕点、油果。第二道是手抓羊肉，一排肋条肉，并放几把小刀，并给每人一碗羊肉汤。端了肉之后先敬"丹哲森巴"的三杯吉祥酒。对客人要由大到小、由老到少，每人各敬三杯酒。后吃手抓肉，可一面吃，一面喝酒，手抓肉大致吃完后，开始唱酒曲或划拳（以前不划拳）。这一段时间较长。约一两个小时后，端上热气腾腾的牛肉包子，并放醋、辣椒、蒜泥，吃牛肉包子蘸醋辣子吃，给客人重新倒茶水。吃过后继续喝酒、唱歌。接着端上香喷喷的"蕨麻哲赛"米饭让客人品尝。晚饭是羊肉面片或凉面或臊子面，再三劝客人吃饱。一般吃过饭之后不再喝酒或停一段时间再喝，这期间端上最后一道食品酸奶。饮过酸奶后不再喝酒喝茶，客人也该走了。如果是留宿的客人，晚上继续喝酒、唱歌，到晚上10点左右，重新端上手抓羊肉或牛排肉、猪排肉，并上茶水，继续饮酒，直到深夜，甚至天亮。

藏族吃饭讲究规矩，男女老少都需要遵守，违者将受到人们的谴责。一般规矩是：一是不吃不义之食，凡偷来的、抢来的、不明不白的食物拒绝食用；二是端饭斟茶先敬老人和客人，按辈分、年龄大小依次吃；三是吃饭时，不大声吵闹戏嬉，不随意来往走动，不乱敲碟碗，要互敬互让，相敬如宾，讲究心平气静，吃得愉快；四是热情好客。平时勤俭持家，一旦贵客临门，必须用丰盛的食品饮料热情款待，绝不冷淡客人；五是吃饭讲节俭，视浪费为罪过。

妙趣横生话姓名

藏族姓氏 藏族古代的姓氏有：朗、万、宁、霍、尔、噶、昆、擦巴达、达尔、南、屯弥、那南、蒙、娘（据诸藏史）、琼布、韦、末、桂、秦、恩兰、没卢巴（据敦煌藏文文献等）、吉、控等。另外有藏族古代六大姓氏——止贡之居热姓、达隆之赛姓、萨迦之昆姓、奥赛之天神姓、法王之恰姓、乃东之贡玛拉姓。藏族的姓氏主要有以下几种来源：一、源于母系氏族社会，姓来自母亲的名字。二、以家族为名。三、以封地、庄园领地为姓。四、以出生地、居住地名为姓氏。五、以古代国名为姓。六、以古代官名为姓。七、因译义而仿照汉姓。八、在甘、青、川等汉藏杂居地区，因受汉族姓的影响，出现了一些汉姓，大多为部落名称演变而来,也有赐姓的,尚有与汉族联姻而有姓,甚至有汉名的。

1.以部落、地名为姓的

扎提—赵　　　　东本—东、董
素古—苏　　　　瓦撒—瓦
玛切—马　　　　仙米—辛、谢
谢尔定—谢　　　华藏—华、藏
朵藏(仓)—朵、仓　阿洛—阿、罗
阿万—阿、万、安　加尔定—贾
尔构—桂　　　　霍尔—霍、火
奥索—索　　　　托巴—托
多巴—朵　　　　孜央—杨
茂恩匝—毛　　　毛伯胜—毛
玛钦—马

2.以部落名称演变的

莫科—青色之地—青—秦
瓦撒—牛肩板骨—牛
东本—东为千之意—千—钱
嘉让—黎明—黎、李
嘉让—天快亮—天—田

3.土司所辖之藏族,以土司姓为姓,土司之姓,多为赐姓。

阿土司—阿　　　祁土司—祁
何土司—何　　　李土司—李
鲁土司—鲁　　　杨土司—杨

这些土司姓的属氏,有汉族、土族、藏族、蒙古族等,并非是单一的哪个民族。

4.为了和汉族、回族人打交道,随意起个汉姓。还有一种是以自己藏名的前面一个字音为姓的,如索南便成为"索"氏,旺秀改为王氏,达吉改为达氏,才让改为蔡氏,任谦改为任氏,东珠改为董氏等。

5.以活佛名称变为自姓的

菩萨佛—普　　　马迦佛—马
支家佛—支　　　杨家佛—杨
阎家佛—阎　　　章嘉佛—蒋

6.以藏族古姓、古部落为姓的

南山有姑山,姑山下有姑水,姑水下游有姑藏,产生了以姑为姓氏的姑部落,现又演变为孟氏。

古氏"尔构"演变为桂氏、郭氏等。

7.有些从外地迁居藏区的人,为了生存便投靠某些大户,后以这个大户的姓氏为自己姓氏的。

藏族现代姓氏的出现,是受汉文化的影响,大多出现在民国时期。但碌曲、玛曲、夏河之藏族,尤其是牧民均无姓之说。

藏族人名　藏族人的名字多为二字、四字,在安多地区三字也很普遍。佛教传入前,包括佛教传入初期的人名多古朴简明,如"聂赤赞普"(意为肩座王)、"止贡选普"(意为刀杀王)、"达日年塞"(意为虎山见羊)等。佛教传入后,人名发生了变化,大多带有佛教色彩。僧人专有法号,僧名多取与佛教有关的词,如丹迥旺布(护教王)、罗桑旦增(善持教)、阿旺曲札(口传教),也有取佛教天界众神、圣者、上师之名或弘扬佛法、法海无边、慈悲、智慧等教义词为名者。僧名藏语称"曲娘"（即法名），多由师父取，一般一人一名，但也有一人数名者，即每受一次戒取一名，如宗喀巴受近事戒时取名为"贡噶宁布"，受沙弥戒时取名为"罗桑扎巴"。世俗人喜用日月星辰等吉祥词语为名，如尼玛（太阳）、边巴（土曜日）、达瓦（月亮）、噶尔玛（星星）、普布（大曜日）、巴桑（金星）、才让（长寿）、扎西（吉祥）、任钦（宝贝）、诺吾（宝）、贡噶（众喜）、美多（花儿）、德吉（吉祥）。俗人多受佛教影响，名字也不同程度地带有佛教色彩。如：丹增（持教）、桑吉（佛陀）、占堆（克敌）、却塔（弘法）等，名字多用音节词组。上述这些词既可单独为人名，也可两个词组配合为名，如尼玛才让、贡噶仁钦等。四音节名字均为两个词组组合而成。藏族女性除了与男性共同的名字词组外，还有女性自己专用的名字词组，如梅多、德吉、白玛、央宗、卓卡等。女性专用的词组多置于名字的后两个音节。三个音节的名字多流行于安多藏区，其组合形式是双音节词组加上一个表示某种意义的单音节字。这个单音节字的用法，在男女名字上有区别，男名用字有"加"、"杰"、"科"、"果"、"巴"、"波"、"太"等，女名用字有"吉"、"措"、"姆"、"玛"、"先"等，此地区名字中最后一字"加"，表示长子或长女。藏族人还有给孩子取

丑恶名以避邪的习惯，如"其加"（狗尿）、"帕加"（猪尿）等。牧区和边远地区，由于文化水平的低下，有的人随随便便就给孩子取一个名字，诸如那日（黑蛋）、那森（黑头发）、额日（圆脸）、果钦（大头）等。僧俗对喇嘛、贵官及老人有不直呼其名的习惯，往往以其官衔、学衔、职业、辈分等代替，以示敬重。相互间还有呼简名的习惯，即将四个音节省掉两上音节。姓名四个字中一般简称第一和第三字，安多地区简称前两字或后两字，如扎西旺堆简称扎旺，拉巴次仁简称拉次，索南仁钦简称索仁，多杰才让简称多杰等。藏族的重名现象比较普遍，为了区别，往往在名字前加一代表特征的词，如房名、地名、部落名、籍贯、性别、年龄、高矮、胖瘦等均可使用。

吉祥物和吉祥符号

喜玛尔

喜玛尔是藏区僧俗在节庆婚礼时

使用的一种礼仪用品。在木钵中放入青稞炒面，中间超出钵边两寸，压实成圆形，用四条酥油从钵四边在炒面顶合拢，简单地在其上置圆形酥油饼，再上置日月状酥油。制作复杂的其上置宗教图案的酥油花，十分美观。在春节、婚礼和家中来贵客时，将喜玛尔置于客厅桌上，不随意搬动，表示敬重、吉祥。

哈　达

藏文音译，一种作为见面礼品的长条丝织物或麻织物。哈达分为特等内库哈达、头等阿喜哈达、二等索喜哈达、三等索达哈达。内库哈达一般较长、较宽，质地优良，并织有暗花或吉祥词语的文字，最长的有3米余；阿喜哈达较内库哈达略短窄，长2米余，质地也略显松散；索喜哈达要比阿喜哈达质量差；索达哈达多以麻为原料织成，看上去类似加了增白剂的纱布，长约1米。四种哈达两端均有穗头。上等哈达有多种颜色，常见的有蓝、白、黄、绿、红五种。哈达作为礼品在藏族社会中使用比较普遍，凡婚丧嫁娶、节日庆贺、拜会师长、联络感情、乔迁新居等都可用哈达作为礼品。在西藏哈达作为礼品的历史非常悠久，据传，八思巴会见元世祖忽必烈后，回西藏时带回一条丝织哈达，其上有长城上图案和吉祥如意的字样。

此后，哈达遂成礼品流传于藏区，至三世达赖时又传入蒙古族地区，这是一般的说法。实际上哈达的使用可追溯到吐蕃王朝松赞干布时期，当时已有类似哈达的锦帛或丝绸画作礼品。哈达是藏语音译，实为"卡达"，卡为口，意为话、情；达为象征之意。连起来是情的象征，即礼。民谚说，"一百件衣服和一百匹马，不如一条哈达"，可见哈达在藏族人心中的分量。哈达是圣洁、高贵、吉祥的象征。拜佛，要献上哈达；给尊贵的客人也要献上哈达；节会庆典没有哈达不成敬意，婚丧嫁娶哈达领衔。总之，藏族人离不开哈达，哈达代表着深情厚意。献哈达有一套约定俗成的礼仪，即黄色哈达是圣神的，只能献给寺院、活佛、僧人，不能献给俗人，其余哈达可献给任何人。五色哈达中，红、绿色哈达使用较少，普遍使用白色。以前，安多藏区多用蓝色哈达，白色哈达多用于丧事，现普遍使用白色哈达。1950年前，哈达奇缺，但在婚礼时每个环节必须有哈达，如没有哈达就用钱顶替。哈达只有到包头、成都、拉萨等地才能买到，最近的也只能在拉卜楞寺、塔尔寺才能买到，因此，十分珍贵。

使用哈达的礼仪有：给活佛、僧人、达官贵人及老人大辈献哈达时要低头弯腰，双手前伸高举，甚至举过头；对平辈的人也用双手献哈达，对

八吉祥物

十项自在

小辈可直接搭在其脖颈上。如果不分大小、上下，一律搭在脖颈上是错误的，是不合礼仪的。献哈达时，将哈达折叠，折口向外即可。破旧的哈达不能使用，不能使用的哈达可在火上烧掉，不能像垃圾一样扔掉。对哈达一定要爱护。

八吉祥物 八吉祥物指镜、酪、长寿茅草、木瓜、右旋海螺、牛黄、黄丹和白芥子八种物品，藏族群众视它们为吉祥物。

雍　仲 安多口语称"样让"，是一种符号（卍），汉语称"万"字号。根据西藏阿里地区日土县发现的岩画证明，早在三千年前已出现藏族先民画的雍仲符号了。最早源于火和太阳，为其象征符号。雍仲从民间走向原始宗教、本教、佛教，至今仍在民间有广泛的影响。民间认为，其符号不管留在哪里，均为永恒、坚固、吉祥之意。一般来说，佛教使用时向左旋转，本教使用时向左旋转。

十相自在 藏语称"南举旺丹"，是藏传佛教时轮宗的一种图案。由七个梵文和三个图形联合组成，标志密乘本尊及其坛场和合一体，因其表达象征着时轮宗的最高教义，所以被认为具有极大的神圣意义与力量，在塔门、壁画、经书封面、寺院外墙等处都有，也有刺绣出来佩戴在身上的。

八吉祥徽

八吉祥徽即指吉祥结、妙莲、宝

藏族史话

八吉祥徽，第一行，从左至右依次为吉祥结、金轮、莲花、金鱼；第二行，从左至右依次为白海螺、宝伞、宝瓶、胜利幢。

伞、右旋海螺、金轮、胜利幢、宝瓶、金鱼等八种象征吉祥的图案。这八种吉祥图案，大都与藏传佛教有关，如右旋海螺、宝伞、金轮、胜利幢等本身就是宗教信物，而每种信物又有一段美妙神奇的传说。

吉祥结 藏语称"华武"，既象征着代表有关宇宙中所有理论和哲学的《梵网经》，还象征着如果跟随佛陀、达摩之网，就有能力从自下而上的海洋中打捞起智能珍珠和觉悟珠宝。

莲 花 藏语称"万玛"。莲花出污泥而不染的品质，被视作开悟烦恼的菩萨德性的象征，也就是象征着最终的目标，即修成正果。

宝 伞 藏语称"尼豆"。藏传佛教以为宝伞象征佛陀教诲的权威，由伞可避免阳光直射而转为守护佛法的意思。

白海螺 藏语称"东嘎"。佛教中以释尊说法声闻四方，如海螺之声，其中以右旋白海螺最受尊崇，被视作名扬三千世界之象征，也可象征达摩回荡不息的法声。

金 轮 藏语称"科尔罗"，又名法轮。古代印度在轮轴上装了锐利的刀，凭借在地上旋转轴以杀伤或消灭敌人。因此，金轮在古代是一种杀伤力很强的武器。后金轮被佛教用来象征和佛陀有关的教法真理之训诫，象征着佛陀教义的传播及威力。

胜利幢 藏语称"嘉木参"，原为古代印度的一种军旗，后佛教用来作对治烦恼得解脱的胜利的象征，象征着修成正果的胜利。

宝　瓶　藏语称"翁巴",又叫不朽花瓶。原为盛水容器,佛教将它作为吉祥物,内装石或圣水。藏传佛教认为,宝瓶象征着阿弥陀佛或花密,因而也象征着灵魂的永生不死。

金　鱼　藏语称"赛聂",亦称黄金鱼。金鱼生活在水中,自由自在地游弋,佛教以其象征超越世间、自由阔达、得解脱的修行者,又象征复苏、永生、再生等,还可以是慧眼的象征,因为金鱼眼睛能透视混浊的泥水。

七政宝

七政宝

七政宝为轮王执政之七种宝物,故又称之为轮王七宝。七宝为：金轮宝、神珠宝、玉女宝、主藏臣宝、白象宝、绀马宝、将军宝。金轮宝为黄金所造,具千辐,一日行上千由旬。由于其功德,轮王之座象和随从能行于三十三天以下天空,王能闻凡人所不能闻者,无敌于天上天下。此宝生于天空。神珠宝为帝释天所赠,大如巨人之大腿,为八角形,夜间发光,能照耀方圆一百由旬,暑日能生具八功德圣水。由于其功德,方圆百由旬无病灾,并能完成主人所想之事。玉女宝为大臣所赠,身有檀香味、口喷青莲香,由于触之不生烦恼,众人自然视之为母亲、姐妹,能消除本洲饥谨,与众生称心如意,多生贵子,不被五欲所迷惑。主藏臣宝,无烦恼,摒弃不善,诸学不教自通,诸事不命自办,于众生慈悲如亲生父母。白象宝,知理听命,日行赡部洲三周,王骑之能自行至王欲至处,能胜敌方。此宝为帝释天所赠。绀马宝,毛色如孔雀颈部,功德同象宝,亦为帝释天所赠。将军宝虽能消灭一切敌人,但不伤害他人。有学者认为,四轮王之金轮王由于不战而自胜于天下,无需作战,故无将军宝,而代之有管家宝,此宝对王俯首听命,能使金银满库。

六长寿　人长寿、水长寿、树长寿、山长寿、鹤长寿、鹿长寿。

藏族史话

六长寿

和气四瑞图

和气四瑞图

亦称"善友本生图",画面很美,但也很简单:一棵高大的树下,一头大白象,其背站一猴,猴肩有一兔,兔之上有一鸟。实际上这是一个美丽动人的拟人化的一个故事:夏日,高大的菩提树,结满了甘美的果实,但由于树太高,树下玩耍的生灵们谁也无法摘取菩提果。于是,大家聚在一块商议,决定将每个人的力量聚起来发挥作用。这样,大象让灵巧的猴子爬上自己的脊背,猴子又让体轻的小白兔站在自己的头上,最后小白兔托起了小鸟,小鸟用小尖嘴将菩提果一个个摘了下来,使每一位都得到了一份又香又甜的果子。一幅多么平等、友爱、互助、和谐的图画啊!

藏族的美德风尚

藏族有关于如何做人的十大传统道德规范要求,其主要内容是:公正、孝敬、和蔼、温顺、怜悯、不怒、报恩、知耻、谨慎、勤奋。他们认为一个人不管他是否聪慧机智，但只要他具备这十大道德品质，并能够按照这十大道德规范去行事，那么别人对他也会十分满意，甚至连亲朋好友也对他很放心。它们具有肯定性道德评价的意义，体现了藏族社会对个人品质和德行的具体要求。在日常生活中，藏族的美德风尚主要体现在以下八个方面：

一、尊敬老人，赡养父母

藏族谚语曰，"老人是家中的支柱，太阳是幸福的明灯"。敬老是藏族的一大传统美德，对老人的饮食起居特别照顾，不论吃饭喝茶、饮酒等，先要敬给老人，待老人动手动口后，大家方才动手动口。每当节日时，尤其是春节，先给老人拜年，全庄里先给年龄最大的寿星拜年，祝愿安康。平时，骑马碰上长辈，要下马问安，老人有病后，要精心侍奉。为父母养老送终的人被认为是真正的儿子，人们非常尊敬他。虐待老人的人，过去要受到部落严厉的惩罚，现在要受到社会上的最严厉的遣责。

二、互相帮助，扶危济困

藏族谚语曰，"一百个朋友嫌少，一个敌人嫌多"。邻居家有人得病，大家都去看望；邻居家发生了天灾人祸，大家都去帮忙；一家宰牛羊请全庄的人去（一般每家去一人），对来不了的老人要各送一份；谁家有喜事，全庄人去祝贺帮忙；谁家丢了牲畜，大家帮忙寻找；一户遇了盗贼土匪，全庄人起来保护；猎人打下兽物未收拾以前碰上人，要分给一份，猎肉也要馈赠给邻居。藏族人提倡"手掌手背都是肉，指头长短是兄弟"的风尚。

三、热情好客，礼貌待人

藏族民谚曰，"孔雀是森林的骄傲，客人是家中的自豪"。客人上门，主人要热情相待，端出最好的食品，全家人轮流敬吃敬喝，决不冷漠客人。把客人迎到上座，不说不礼貌的话，在客人面前不打孩子，不扫地，不吵架。客人告辞时要全家送出。就是关系不好的甚至有仇的上门也不随意赶出，遵循"伸手不打上门的客"的古训。

四、遇事冷静，调查研究

藏族民谚曰，"话的真假实事证明，羊的肥瘦宰了才知"，"风如果没有翅膀别在天空乱吼，话如果没有根据别在人前乱讲"。当一件事情不明真相时，老人们总是这样教导人们，决不冤枉好人。

五、尊敬勇敢勤劳的人，蔑视胆小说谎的人

藏民对善骑能射的人非常崇敬，对部落、地区、人民做了好事的人，上至老人，下至小孩视为楷模，十分崇尚。对胆小鬼谁也看不起，视为"人没有勇气不如狗"。对爱说谎的人不当作人看待。提倡"少栽刺，多种花"的风尚，要人们"莫听江湖骗子的话，莫骑没有缰绳的马"。

六、勤劳致富的人被赞为男子汉，全社会提倡勤劳，用自己的血汗致富

藏民对用欺骗、盗窃、杀人等各种阴谋致富的人，非常鄙视，不上他的家，不吃他的饭，不做朋友不交往，并断绝一切关系。

七、教育子女，学会做人

藏族民谚曰，"树苗多浇水，才能成材；孩子从小教育，才能上路"。因此，藏族人对孩子的教育很严格。小孩从小要学会骑马放牧，长大后方能成为一个真正的牧人。现在的小孩被要求从小除了会干农牧活外，还要求上学识字。

八、保护生态，保护家园

保护泉、溪、河流，保护森林、草原，爱护野生动物，认为世界"万物有灵"，提倡天、地、人和谐相处。

色彩斑斓的藏族服饰

甘肃藏区服饰，最具特点的有下列地方：纯牧区服饰，如玛曲、碌曲及夏河、卓尼、天祝的部分地方。半农半牧区服饰，如天祝、肃南及夏河、卓尼部分。陇南山地服饰，如迭部、舟曲、文县及武都、宕昌等地。

藏区的服饰有男女之分、老少之分、冬夏之分、平时和节日之分、已婚和未婚（指妇女）之分等，有帽子、长袍、衬衣、袜袜、鞋靴等，还有腰带辫套及各种佩饰。

帽子类

礼　帽　一般喜用藏青色、瓦蓝色、蛋清色，是男女夏天所戴的帽子。带枪之人的礼帽，左边卷上去，可不碍背枪。农区、牧区的人们夏日多戴，礼帽男女皆宜。

狐　帽　藏语称"阿夏"，用狐皮缝制而成，上等者为三九至五九的狐狸皮，称红狐皮，其针毛带红色或红黄色（杏黄）。华锐狐帽和甘南、青海的不一样，比较紧凑，两边不耷拉下来，用两根彩带扎起后吊在帽后，帽边为狐皮，帽筒为彩绸、彩缎。男女皆宜，为冬季之帽。

金边帽　帽筒为毛绒所制，金（彩）丝边装饰，里面有对称的两大两小的黑皮耳朵，窝靠帽筒。戴时，一大耳朵在前朝上伸出，一小耳朵在左放出，另外一大一小耳朵仍在里边。男女皆宜，多在冬季使用。

四片瓦帽　有两种，一种是由四片似瓦片的白羔皮制成的，大小均匀；一种左右两片大，前后两片稍小。妇女戴，男子不用。一般在薄毡四周置

片，按其方向卷起来，为平顶或圆顶，顶部有吉祥结（似纽扣），缀以一绺红穗垂后。

雅尔亚毡帽 白毡帽卷边朝上，边比帽顶稍高，在帽边上镶有图案，四季皆宜，为妇女专用帽。

夏热帽 用四片或六片薄白毡做底层，其上用黑布或蓝布或绸缎四片或六片溜边缝制，类似瓜皮帽，但上为平顶，帽顶为黑或红色布条挽成吉祥结（类似纽扣），缝使固定。有的在吉祥结根缀以一绺红或黑线成长穗子。有的地方喜欢帽内置一块小白方巾，稍偏右伸出小三角形，又是一种样式。多为妇女夏天专用帽。

高平顶红缨毡帽 是藏区最古老的帽子，传说已有一千多年的历史。帽子用羊毛或羊绒制成，帽圆顶，高约八寸，其下周为四寸宽的如礼帽般的边，有的沿上用黑毛嵌制图案。帽顶上立一铜柱，其上有一洞，洞内可插鹰毛，有黑白花之分，当初是军团之间的区别，后成为部落间的区别。到民国时已不插毛了。其周围缀有五寸长的红穗子，帽内沿有两根带子，戴好帽后，两带绾在下巴下。红缨平顶帽传到民国时，在祭山神、赛马会及寺院法会上只有头人或老者才能戴，其他人不能随便乱戴。历史上为吐蕃时一支军队的军帽。遗留在民间后，有的地方男子专用，也有的地方男女皆宜。

尖顶白羔皮帽 流行于夏河，其他地方现基本消失。这是藏族古老的帽子之一，同党项有关。该帽像狐帽样式，但羔皮只有五寸宽，帽顶露出高于羔皮顶约近一尺的尖顶，其上缀以彩带和红穗子，妇女专用。

包头 是部分地区妇女平时用的帽。黑或蓝布长八尺或一丈二尺左右，宽一尺而折，缠在头上，两头或一头绣有彩色图案，一头露在前额。20世纪50年代盛行，后有些地方逐步消失。舟曲妇女头上包黑布帕，舟曲拱坝河流域的男子裹青布盘巾。

盖巾帽 一块长方形黑巾，长约一尺五寸，两头绣有图案，巾搭头上，额头露出有图案的

舟曲藏族妇女服饰

藏族史话

舟曲藏族妇女发饰

均缀有小银珠，两边各坠一束红或黑线长穗，帽子后面有一形如榴尖的"尾巴"。多用粉红色缎子缝制。

长袍类

甘肃藏服大多比较轻便，一般有冬夏之分，平时和节日之分，大领和小领之分，皮衣、褐衣和布衣之分，男女老少之分，牧区和农区之分，讲究色彩、装饰、质料、样式等。长袍一般需料一丈八尺，甚至二丈余，袍料有绸、缎、布、呢、褐（白氆氇、紫氆氇）、羊皮（包括大羊皮和盖子皮）等，色彩有蓝、紫、白等色，非宗教

天祝藏族妇女服饰

一边，然后用辫子及穗子在头顶缠过扎住，穗子（红或黑）挂在右鬓，为妇女之帽式（饰），现已消失。

牛吃水毡帽 以前牧人戴得很普遍，帽质为羊毛，中帽围以两三寸的沿卷上，帽沿前伸八寸左右，既可遮阳又可挡雨，轻便好用，为男子专用。这种帽并非藏族专有，而是藏、汉、土等族男牧人均戴，一般在夏天戴。

遮阳帽 制作非常简便，一块方布，后缝成帽样，前面如倒扣的簸箕，两边由细枝条支撑，是老人们夏日喜欢的遮阳挡雨的帽子。

卓尼妇女帽 圆形，状如石榴，圆顶，有九个连续豁牙，每一豁牙处

碌曲藏族服饰

人士严禁使用黄色，民国后受汉文化影响，老人们开始穿黑色长袍，不太计较用黑色布料作衣服。

藏区长袍主要有以下几种：

布　袍　藏语称"森派"或"热拉"，为夏天的穿着，有大领小领之分，民国时女人多穿小领，男人一般不穿小领，但男女均可穿大领，现小领袍已不多见。此袍面子、里子各用料丈八以上，色彩最艳丽的节日服装当属"森派"或"热拉"，其质地有绸、缎、呢、哔叽、布等料。平时穿着为布料，没有大领和袖口、下摆的装饰。作为节日期间穿的"热拉"，大领、袖、下摆均有非常讲究的修饰。这种修饰，是根据藏民的穷富来决定的。一般以一至五寸的水獭皮镶边，其上还制有三四寸宽的彩色织锦缎，这种镶边包括领、袖口、下摆，也有的缝制花氆氇边。有人认为，珍贵的水獭皮边不宜太宽，如超过五寸虽价值极高，但不美观，五寸左右最为适宜。同时还认为，好水獭皮应多针毛，色为青色，带黑色的为下等皮，川、滇、藏一带出产的水獭皮为最佳。除此而外，用豹皮、虎皮作服饰，也有千年的历史。

卓尼藏族女服是夹层布袍，半高领，右开襟，紧身窄袖，两边开衩，衣长及脚面，腰系花带，裤穿深红窄筒。其上身罩大襟绸缎袷袄。

舟曲一带的藏族妇女身着三层上衣，最里是衬衣，中间一层为短袄，立

甘南藏区妇女服饰

卓尼三格毛服饰

领，领口缝银制板纽，开襟处饰宽边花纹，袖上饰边，系花腰带。最外面为肥大挂里的坎肩，下穿宽大裤，裤口扎束，呈灯笼状。文县妇女的服饰更是鲜艳，布袍用彩色花布拼接而成。身着宽袖无领绣花短衣，袖口、肩前、领口饰有绣花或色布嵌花，系腰带，穿外套，下着百褶长裙，足穿软腰纺花靴。头戴长帕，也戴尕沙帽，其上插三只白鸡羽毛。

白褐衫 也称"白氆氇褐衫"。这是华锐藏区最古老的袍服之一，多在夏天穿，男女均可，分大领和小领。民国以前，牧区少布，牧民们夏天穿白褐衫，冬天穿羊皮袄。白褐衫有两种，一种是平常穿的，一般没有多少装饰；另一种是喜庆佳节时穿，衣领、袖子、下摆均饰有水獭皮边、织锦缎或花氆氇等。缝制白褐衫的褐子，一般由本地褐匠织成。其过程是：先将绵羊毛洗净，弃去油脂、脏物，晒干后撕成棉状，然后捻成线，在木机上织成褐子，最后揉洗晒干，由裁缝根据大小裁剪缝成褐衫即可。这种织褐机，现已不多见，有失传的可能。还有一种用毛褐缝的褐褂，短小轻便，适于夏天劳动时穿用。

紫氆氇褐衫 一般称氆氇褐衫，

天祝藏族姑娘发饰

藏族妇女发饰

男女均可穿，应该说是夏袍，但在冬天的喜庆日子里也可套在皮袄上。这种氆氇，有绛紫、赫红色的，非本地产品，是西藏所产。进藏之人，有的买回现成的，自己再用水獭皮、织锦缎、丝线等装饰。有的买回氆氇原料，由自己缝制，均为大领。这种氆氇质料优于本地产的白褐子，以前只有富有人家才有。

羊皮袄 有多种，一种是白板皮袄，一种是搭面皮袄，一种是皮褂，一种是羔子毛皮袍。这些皮袄大多数都是冬春穿的。缝制皮袄的羊皮，首先要窝皮（缸内放硝木再置皮），将生皮做成熟皮，经过鞣制后变得十分柔软，可进入裁剪、缝制。一件皮袄，需要五六张大羊皮。白板皮袄，藏语叫"孜华"，就是用熟羊皮缝成，身袖宽大肥硕，不搭布面子，是冬天最主要的防寒袍，男女均穿。有的地方女服有小领的，有的白板皮袄用红、黄、蓝、绿布围以领脚。女式皮袄装饰华丽、色彩艳美。搭面皮袄就是白板皮上缝套布面子，这种袍在半农半牧区最多，男女均穿。皮褂是短小的皮衣，比较轻便，最适宜劳动时穿。羔子皮长袍，藏语称"擦什孜"，羊羔皮缝制，用高级布帛作面，下摆、袖口、大领要饰边，是藏族最高级的袍服之一，多在冬春的节庆期间穿着。

棉　袍 牧区很少，一般农区较多，长袍内装上棉花、羊毛，冬季穿

藏族男子服饰

民俗风情

235

用。

藏族妇女头饰

衬衣类

衬衣主要有布、绸类，样式为小领大襟，一般布衬衣胸前绣有图案，藏语称"章坚"，意为胸饰。这种胸饰有的说是从护身符演化而来的，有的说是从作战服护心镜演化而来的。领、袖口、下摆有简单的装饰。女式衬衣色彩艳丽，主要在领上制以不同小色彩的层领，从外表看起来，好像穿了几件衬衣似的。衬衣纽扣，有单排和双排，一般有五个位置，纽扣有布条盘的、丝线盘的，上等的为铜制。

雍容华贵的藏族服饰

袷袷类

袷袷，其形式为无袖，其余和衬衣差不多，主要有两种，一种是老妇人们在长袍上面穿的（其上不系腰带），一种是青年人在白衬衣上套的，有的在领和袖口绣有一寸宽的图案边，系以彩带，十分精悍。

鞋靴类

民国前，藏民多穿牛皮靴，民国以后，农业区普遍穿布鞋。

牛皮靴 用纯牛皮制成，原色不染，长统，靴面有缝，主要在牧区冬

雍容华贵的藏族服饰

夏穿。

回绒靴 皮底，回绒面、回绒腰，这是比较高级的靴。

褐腰靴 皮底、皮帮、褐腰（也有花毯氇腰的），平时穿，藏语称"布欧"。民国时，已有了现代长统马靴，只是一些大户、头人家才有。

毡靴 毡匠用羊毛擀成。除长统之外，也有一般的毡鞋，冬天穿。

布长靴 似靴，全部用布制成。

挖泥皮鞋 用牛皮制成，内帮钉上毡片。穿上毛袜，内装以毡和绵草，既轻便又温暖。一般的靴和鞋，藏族均称"汉木"。

腰 带

藏语称腰带为"盖日"，有布料、绸缎的，宽一尺左右，长一丈二尺左右，色彩有绿、红、蓝、黄等色。节日期间，穿礼服、系彩带，尤其妇女要系多种彩带，十分光彩夺目。平时，只系一条带。还有叫铜带的，由长二寸、宽一寸的黄铜牌（其上有图案）十数块组成，缀在皮带上。使用时，系在腰带上面。

佩 饰

男子身上一般佩有七寸小刀、腰刀、烟袋、火镰、酒鳖子等。民国前，男子也留有一个辫子。盘在头上或垂于背后，绝不披头散发。华锐男子一般不戴耳环。信教之人（年龄大的），有一个嘛呢串，其质料珍贵的由沉香木、象牙制成。

妇女的佩饰很多，在节日喜庆时，已婚妇女佩挂上"依玛阿锐"，斜挂在两侧胯的叫阿锐，挂在背后的叫依玛。阿锐长约二尺，宽约八寸，其上缀上数十个圆形骨制品，称"阿日阿"，共两片，左右各一，其边上有各色布镶成。依玛只是一条，长三尺多，宽约五六寸，其边经修饰后，其上缀有五至七个倒扣的约五寸长的半个白海蚌，也有的为碗形银盾，其上有图案，倒

藏族史话

觉乃服饰

扣其上。依玛、阿锐下摆均有红穗子。如没有蚌壳、银盾，由铜圆片顶替，称"美琅"。

妇女有金、银、铜、珊瑚、翡翠、松耳石、猫眼石、玛瑙等首饰。其中有项链、戒指、耳环、手镯、银奶钩、银洛桑（日月形）等。银奶钩为生产用具，用柳条、皂角等做成钩子，后发展为佩饰。华锐的项链不同于其它

草原上的男子汉

地区，一般有三块长方形（中长两边短）的银牌组成，其边饰有玛瑙等，缀在布带上，银牌上镶有珊瑚、翡翠或松耳石等宝石。戒指有金、银制品，其上镶珊瑚、松耳石等，其中马鞍翘戒指长约一寸，其上镶两三个宝石（中大边小）。耳环也同上，也有金、银、铜制成的，其上镶有宝石等。

民间禁忌

甘肃藏族由于受宗教信仰、历史演化、生活习俗等传统观念的影响，有许多禁忌。随着时代的发展，有的禁忌已被群众所遗忘或者被历史所淘汰。

家中忌讳 家中有产妇或者重病人时有忌门的习惯。认为人带进的邪气甚至鬼怪，会使产妇、婴儿不得安宁，使病人不能康复。忌门的标志是门口插一松柏

枝。远来的客人，不马上进门，而先在大门前燃一堆麦草火，将所带物品熏过，人也要从火堆迈过，以示驱邪。

家中来客人，禁忌用有裂缝、豁口的碗、碟、杯；禁忌向客人敬献破旧哈达；禁忌给老人、客人端饭、斟茶、递物、敬酒时用单手或直接放在桌上。否则就认为是蔑视、不礼貌、不友好、不尊重。

禁忌家人在晚上洗梳、扫地；忌讳来客人时扫地、打骂孩子，认为这样做是对客人的不尊重；忌家人或客人刚出门立即扫地，认为这样做会带上或跟上不干净的东西。

禁忌在春节期间吵架，尤其是大年初一至初三的三天，如果发生这样的事，认为一年中家庭会不得安宁；禁忌过年时杀生，认为这样做是罪过，应让一切有生命者和人一样过年，分享人间幸福、欢乐。因此，初一早上给家中的狗、猪、马等，也喂一份过年的食品。

禁忌用斧头砍房屋柱子和帐篷杆，也忌用绳子捆缠柱杆，认为这样使家庭不安，同时，也是对神灵的不敬。

禁忌在家中拉二胡，认为这种声音会引来妖魔鬼怪，但可弹三弦、吹竹笛，认为这是仙乐，也是古代的声震武器，可镇邪气、打击敌人。

禁忌产妇及女人月经期间的进入佛堂和寺庙。

禁忌过中秋节，这一天晚上当明月升起时，朝其打三把灶灰，不唱歌、不嬉笑，表示愤恨。传说，藏族人打败了来犯的异族人，约定在八月十五晚明月当空时受降。这天晚上，藏王及百姓们喝酒、唱歌、跳舞，陶醉在胜利的欢乐中，狡猾的对手却在月饼中暗藏了武器，当走到藏王榻下，突然一声大喊，纷纷取出武器，向毫无警惕的人们进攻。最后，藏王被杀，许多士兵及百姓们也遭了劫难，只有少数人逃了出来。从此忌讳过八月十五。

这个习俗在土族、蒙古族中也有，但事实上历史上并没有异族人杀死藏王的事件，仅仅是受其他民族的习俗影响，也可能是某个地区或部落中发生的事。现在华锐地区已开始过中秋节，但月饼、果类不供献给月亮，只是做些好吃的而已。

饮食方面忌讳 忌讳食圆蹄牲畜的肉，忌喝圆蹄牲畜的奶，如马、驴、骡等。其原因有几种说法：其一，因供奉马头明王或骡子天王，故不食其肉；其二，白龙马随唐僧西天取经有功；其三，马、驴肉有一股腥味，吃喝会使人败兴等。

忌吃有爪动物的肉，如狗、猫、狼、狐狸、哈拉（旱獭）等兽肉。

忌吃尖嘴飞禽的肉，如鹰、乌鸦、喜鹊、鸡及各种禽肉。认为飞禽走兽之肉含有不干净的成分，不但使人败兴、冲伤神灵，而且会传染疾病。

忌吃死牛死羊肉，一般要深埋之，以防传染病毒。不食水牛肉，否则会下地狱。

忌吃海生生物之肉，如鱼、虾等，有人认为它们是水神或龙的载体，不能食用。也有的人认为佛以慈悲为怀，不能杀生。也有人认为鱼类是下贱动物，而不能吃。

生活方面的禁忌 禁忌打"古叉"（高大凶猛的雕鹫，有黑白之分），认为这种鹰住在天上，是神鹰。

忌讳出门时碰见担空水桶、背空背篼的人，认为办事将会不吉利。如果碰上两桶满水的或盛满物品的背篼，那将事事如意，大吉大利。

忌讳乌鸦在房上、墙头或帐篷近处叫唤，认为主会凶多吉少。忌讳野狼夜晚在村庄或附近嚎叫，如果听见，便打一把灰，并气愤地咒骂："淘，卡丹学"（意为：呸，快封住嘴）。

忌讳在路上大小便。忌讳在高山路的壑口休息，认为会碰上秽气而中风。

初春，第一次看见山鹰，如果飞得高，以为一年中运气好，事事如意，否则，将一切不佳。

赛马会上忌讳黑马夺魁，认为黑马夺魁是不祥之兆，黑为凶色，白为吉祥色，因为黑马是魔王的座骑。只有白马夺魁，才是人们所盼望的。

严禁在家中或有大小的地方唱"拉伊"（情歌）、花儿，说粗野之语，否则，惹人气愤，进而责备，甚至鞭抽棒打，认为不懂规矩，没有家教，不知羞耻，不知人伦。

禁忌在牲畜圈内大小便，认为会带来污秽，使牲口得病，甚至死亡。

寺庙禁忌 寺庙一般视为净地，因而禁忌很多，主要有：不准在经堂内抽烟，寺内不准杀生、阉割、唱歌、奏乐、喝酒及赌博，不能吹佛灯，不准在佛灯上取火，不准用经书当坐垫，更不准脚踏佛经，不准用指头指佛像，不准在寺院内大声喧哗。凡行人碰到寺庙，必须下马从左边绕行。在寺院里忌讳摸佛像、翻经书、敲钟鼓。不准抚摸喇嘛随身佩带的护身符、念珠等宗教器物。需就坐时，身子要端正，切忌坐活佛的座位。禁止在寺庙周围砍伐树木，不许在寺院附近水域捕鱼、打猎或杀生等。

今朝风采

剿匪肃特建政权

新中国成立后，甘肃藏区根据党的民族政策，着手进行政权建设。1950年5月6日，从永登县划出天祝区（乡级）成立了天祝自治区（县级）。这是建国后我国第一个实行民族区域自治的地方，特别受到中央、西北局、甘肃省委和省人民政府的关怀和支持。甘南藏区也陆续建立了夏河县、卓尼县、临潭县等，配合支前剿匪工作，普遍建立了区、乡、村等人民政权。

新中国成立初期，甘肃藏区仍有武装土匪出没，他们烧杀抢掠，扰乱社会秩序，杀害群众甚至是我党干部，严重影响了社会治安、经济建设和人民群众的生活。在甘南以马步芳部的团长马良、少将高参马元祥为头子的一股反革命武装匪徒，纠集在"土改"、"镇反"、"五反"运动中从内地逃出的一批国民党军官、地主、恶霸、兵痞、特务等，聚众千余人，流窜在甘、青、川交界的部分藏族地区，以甘、川交界的郎木寺、包窝藏、迭部沟为中心，建立据点，抢劫烧杀，四处骚扰。他们在西仓抢劫军用汽车，在阿木去呼煽动叛乱，在乔科抢劫马场，在松潘放火烧粮，严重威胁甘、青、川的社会秩序。1953年初，三省剿匪部队和近千名各族民兵，在人民群众的大力协助下，经过4个多月的英勇作战，全歼马良股匪，共毙、俘、降匪1900多人，取得剿匪斗争的巨大胜利，为实现民族区域自治和社会安定做了重要准备。

1950年以来，中央和西北军政委员会组织的藏区访问团来到甘南，传达党中央和毛主席对少数民族人民的亲切关怀，广泛宣传党的民族政策。访问团工作结束后，将部分同志留在甘南，帮助进行甘南藏族自治区（地区级）的筹备工作。1952年12月，"甘南各族各界联谊会"在夏河召开。各方代表246人（其中藏族192人）坐在一起，交流感情，联络友谊。会议号召各族各界人士为争取早日剿灭匪特、安定社会秩序、增强民族团结、恢复和发展农牧业生产作出贡献。在此基础上，1953年元月，成立了甘南藏族自治区筹备委员会，黄正清任主任委员，朱侠夫、杨复兴、黄祥任副主任委员，杨生华任秘书长。1953年9月25日至30日，甘南各族各界人民代表会议在夏河县召开，221名来自黄河首曲、白龙江畔、夏河之滨、洮河两岸的各族代表，欢聚一堂。大会代表中，藏族占60%，汉族占32%，回族占7%，蒙古族占1%，他们中有牧民、农民、工商界、宗教界、文化教育界以及机关、部队等各方面的代表。这次会议，讨论通过了甘南地区的工作方针和任务，号召各族人民和各界人士在中国共产党的领导下，全面贯彻党的民族政策，加强各族人民的大团结，积极发展农牧业生产，搞好文化、教育、卫生、交通、贸易等各项工作，为建设一个新甘南而努力奋斗。大会选举黄正清为自治区主席，王治国、杨复兴、黄祥为副主席。自治区（州）的成立，标志着甘南地区千百年来被分裂、歧视的藏族人民团结起来当家作主，开始自己管理自己的事务了。这是千百年来历史上的一件大事情，是共产党领导的民族平等、团结的胜利成果。从此，甘南藏区走上了一条光明大道。

也就在这个时期，即解放之初，天祝境内主要有以马彦彪、鲁国佐、鲁风德及冶子明、申麻子、赵扎提、孔继周等为首的土匪武装约900余人，组成"西北反共救国军"，常常出没于天堂寺、金强滩、哈溪滩、天桥沟、毛藏以及青海省互助、门源等县，烧杀抢掠，造谣惑众，扰乱社会治安，严重威胁着新生政权的巩固和人民生命财产的安全。1950年5月天祝自治区（县级）首届一次各族各界代表会议，提出了剿匪肃特等10项任务。制定了剿匪肃特的具体措施，组织了以骑兵为主的民兵武装和支前力量，配合自治区公安队、武威专区武工队和人民解放军剿匪部队，开展剿匪肃特工作。在战斗中，采取军事清剿和政治瓦解相结合的方针，经过一年多的艰苦工作和英勇作战，于1952年彻底剿灭了流窜在天祝境内的土匪武装，巩固了新生的人民政权，保卫了人民群众的利益，为恢复和发展经济、支援抗美援朝，扫清了障碍。

此时，甘南部分地区进行了土地改革、减租减息。在天祝实行"不分不斗、不划阶级、牧主牧工两利"政策，通过镇压反革命、减租减息运动，农牧民生活有了很大改善。在"抗美援朝，保家卫国"的浪潮中各藏区纷纷捐献牛羊、钱财，热情十分高涨。拉卜楞寺僧人捐献了千万元银币。天祝各族人民仅10天，就超额完成捐献一架"天祝号"战斗机的任务。

民族干部在成长

在党的民族政策的光辉指引下，甘肃藏区实行了民族区域自治。从1950年至2007年，先后成立了甘南藏族自治州、天祝藏族自治县及肃南裕固族自治县泱翔、铧尖、西水、祁文、祁青等藏族乡，宕昌县新城子、官鹅藏族乡，武都县平牙、磨坝藏族乡，文县铁楼藏族乡。另外，在岷县、武威、兰州、临夏有部分藏族人生活、工作。民族政策的核心是民族干部，没有大量的民族干部，少数民族当家作主、实行民族区域自治就是一句空话。因此，大力培养民族干部，是当时各级领导的重要任务。甘南州成立时，少数民族干部只有310人，占干部总数的18.4%，经过数十年的培养，至1987年少数民族干部已发展到4700多人，占干部总数的38.8%，州、县、乡各级领导班子和州、县各机关的主要领导职务，基本上都有少数民族干部担任，其中少数民族州级干部占同级干部的60%，县级民族干部占同级干部的38.9%，科级民族干部占同级干部的34.6%。在培养少数民族干部的工作中，非常重视对少数民族技术干部的培养，尤其对教师、医生、民族语言、畜牧兽医、水利工程、工矿企业技术人员的培养格外重视。建州初期，民族技术干部几乎是空白，到20世纪80年代，已发展到2200多人。

根据2007年统计，甘南全州共有藏族干部11715人，占干部总数的48.2%，比2002年增加了2093名。藏族干部成为甘南州干部队伍的中坚力量，他们在甘南的发展和建设事业中发挥着不可替代的作用。同时，全州现职地级领导干部中，藏族和其他少数民族干部占58.54%，县（市）委、人大、政府、政协主要领导中，藏族和其他少数民族干部占61.31%。近几年，甘南州实施"万人培训工程"，在省内大专院校举办少数民族干部代培班以及少数民族干部通过函授等方式，使越来越多的少数民族干部成为高素质人才。尤其教育事业的大力发展，教育成为藏族干部的培养中心，目前，全州少数民族干部中，已有110名取得了研究生学历。大学学历占少数民族干部的20%左右。

在培养民族干部的同时，甘肃藏区坚持"汉族离不开少数民族，少数民族离不开汉族，少数民族之间也相互离不开"的方针，十分重视各族人民、各族干部之间的团结，十分重视少数民族干部的选拔和培养工作。

生产关系大变革

解放前，甘肃藏区被少数封建主、牧主、地主等封建统治阶级霸占，他们享有至高无上的封建特权，占有大量的草原、土地和森林等生产资料，对各族人民进行残酷的政治压迫和经济剥削。

新中国成立后，甘肃藏族人民在党中央的领导下，消灭了国民党反动派的残余匪特，甘南部分县消除了历史上遗留下来种植鸦片的恶习，在社会秩序安定的基础上，贯彻"慎重稳进"的方针，在部分农区进行了土地改革，在牧区实行"不分不斗，不划阶级"、"牧工、牧主两利，扶持贫苦牧民"的政策，恢复和发展了农牧业生产，改善了各族人民的生活水平。1956年后，逐步进行和完成了对农业、手工业和资本主义工商业的社会主义改造。1958年经过平叛和反封建斗争，摧毁了封建特权和压迫剥削制度，从此，各族人民走上了康庄大道。

土地改革运动 1951年，全国广大农村开展了轰轰烈烈的土地改革运动，它像草原上寒冬过后的强劲春风，吹到甘南的部分农区山村。当时，自治州尚未成立，州内汉族较多的临潭县原属临夏专区，西固（今舟曲县）属武都专区，迭部县的洛大地区和卓尼县的西尼沟一些地方归岷县管辖。1951年冬，在贫苦农民的强烈要求下，中共临潭、西固两县县委和县人民政府分别召开了各族各界人民代表会议，就土地改革的方针、政策以及时间步骤等问题，同各族各界中上层人士进行了充分的协商，并取得了一致意见。1952年的春天，土改工作队来到农区山村，认真宣传土改政策，发动广大农民，他们"吐苦水"、"挖穷根"，纷纷控诉封建压迫剥削制度的罪行。土改胜利完成，党和人民政府坚持依靠贫农，巩固和团结中农，中立富农，有计划有步骤地消灭地主经济的政策，废除了土地、草山、森林的封建主义所有制。同时，根据民族特点和宗教的实际情况，规定了许多放宽政策的界线。土改的胜利，在农村消灭了地主经济，废除了几千年的封建压迫剥削制度，广大贫下中农得到了生产资料，分得了土地、耕畜、生产工具等，开始在历史上第一次当家作主，在自己的土地上劳动生产。

在未土改的藏区，实行减租减息的政策，减轻了贫雇农负担，改善了生活。

互助合作化运动 1953年，自治州农区土地改革完成后，党和人民政府积极引导广大农民，走互助合作的道路，大力发展农业生产。至年底，全州互助组已发展到3838个，参加互助组的农户占农区总农户的41.92%。并试办初级农业生产合作社。天祝藏区于1952年引导和组织群众建立了放牧组、变工组、接羔组、农业生产互助组等1280个，其中常年互助组133个，临时互助组1147个，参加劳力16127人，占全县总劳力的60%多。

自建立互助组后，连年增产，农民生活日益提高。根据"积极领导，稳步前进"的方针，支持群众大力创办初级农业合作社。办社规模不宜过大，在经营管理上，除坚持要社员把土地、耕畜、农具等生产资料入社外，对每户社员留有必要的自留地、自留畜，在收益分配上贯彻按劳分配，多劳多得的原则。到1955年底和1956年初，全州建起各种农业生产合作社277个，入社农户占总农户的54%。1958年，一月内建起高级社655个。入社后社员粮食满仓，收入大增，生活有了较大改善。天祝藏区至1956年底建立高级合作社15个，初级社35个，互助组582个。1958年建立农牧业高级合作社212个，公私合营牧场24个。

人民公社化。1958年9月上旬，甘南州"一步登天"，成为全省最先实现政社合一的人民公社化的地区，共建人民公社47个，这样，一切社员入了社，废除了生产资料的私有制，成为社会主义集体所有制。在社会主义改造过程中，出现了"左"倾错误，忽视了民族地区特点和实际情况，偏离了慎重稳进的方针，对农牧业合作化要求过急过快，违反了自愿互利原则，超越了生产力的发展水平。如天祝县在高级社的脚跟尚未站稳之时，又在"大跃进"中一哄而起，于11月份实现了人民公社化。

反封建斗争 1958年春，甘南局部地方发生了武装叛乱。极少数反动

牛羊如云

分子利用我们工作中的错误，造谣惑众、威胁群众、破坏电杆、公路，围攻基层人民政府，危害干部和群众，抢劫、烧毁国家财产，破坏民族团结，反对党的领导、反对社会主义。各族人民强烈要求平息这场武装叛乱，中国人民解放军和各族干部、民兵，在党和人民政府的领导下，在民族上层人士的积极协助下，以政治争取为主，配合必要的军事打击，在很短的时间内，平息了这场武装叛乱。接着于1958年下半年，在甘南州、天祝县进行了反对封建特权和压迫剥削制度的斗争，工作队深入农牧区，访贫问苦，发动群众，进行民主改革，废除了千百年来的封建制度和封建特权，建立了新的生产关系，使藏族人民彻底翻身解放，走上了社会主义道路。

家庭联产承包生产责任制 党的十一届三中全会以来，甘肃藏区不断清除"左"的思想影响，认真落实党的各项政策，尤其是天祝县解决了1958年制造的"天祝藏族自治县反革命阴谋叛乱案"的重大冤案，使被捕的1095人的问题彻底平反。1980年开始在农村搞联产承包生产责任制，农民承包了土地、耕畜、生产工具，生产的积极性被充分调动起来了。1981年完成了牧区的联产、承包责任制，牧业出现一片生机。1984年中央一号文件下达，广大农牧民就像吃了一颗"定心丸"，生产积极性更为高涨，群众的生活水平进一步提高，一个新兴的新农村、新牧区出现在甘肃藏区。

民族经济大发展

过去的30年，全州各族人民坚持以邓小平理论和"三个代表"重要思想为指导，全面贯彻落实科学发展观，继续推进改革，加快发展，取得了重要成果。至2007年底，全州国内生产总值增长12.1%，达到35.37亿元；大口径财政收入增长22.5%，达到3.47亿元，在2002年的基础上提前一年实现翻番目标；全社会固定资产投资增长18.3%，达到了34.08亿元；全社会消费品零售总额增长13%，达到12.03亿元；出口创汇增长54.4%，达到3796万美元；农牧民人均纯收入增长6.7%，达到1711元；城镇居民人均可支配收入增长15.8%，达到6877元。社会各项事业也取得重要进展，主要是：

基础设施建设和生态环境保护取得新进展。全州共组织实施各类建设项目481个，其中新开工322个，已竣工187个。公路交通方面，共投资6.07亿元，国道、州县道、县乡公路、村道四通八达，公路等级越来越高，促进了州经济社会发展。生态环境保护力度不断加大，"三化"草场和水土流失治理、天然林保护、退耕还林、退牧还草、自然保护区等工程项目持续推进，局部区域生态恶化的趋势得以遏制。"甘南黄河重要水源补给生态功能区保护与建设项目"得到国家批准，已经正式启动实施。同时，甘南国家级生态功能保护区项目也得到国家环保总局批准。

新农牧村建设稳步推进。坚持以新农牧村建设统领"三农"工作，多渠道筹措资金3550万元，集中扶持了17个省级、州级新农牧村建设试点村项目建设和"农牧互补"战略的实施。新建标准化养殖示范小区13个、标准化暖棚984座、7.8万平方米，养殖肉牛羊29.2万头只、奶牛9.2万头；建立畜种改良点24个，引进良种畜8570头（只），完成藏羊和牦牛本品种选育6.5万头（只）；新发展农牧民专业合作组织11个、新建设畜产品交易市场4个。养殖、育肥等示范基地和小区年户均收入达1.72万元以上，"农牧互补"已成为增加农牧民收入的重要渠道。全州年末牲畜存栏总数达到328万头（匹、只），总增率、出栏率、商品率分别达到29.1%、34.81%、29.2%。粮油产量稳中略增，粮、经、草三元种植结构调整力度加大，新增优质牧草种植面积5万多亩。农牧民生产生活条件进一步改善，全州已建成3506套牧民定居房屋，19984名牧民已住上新房，占应定居6686户牧民的52.4%；实施饮水安全项目157项，解决了6.87万人的饮水安全问题；新建农村沼气池4600口，夏河县、合作市的藏区太阳能温暖工程项目正式启动。在新疆、北京等地建立了18个农牧村劳务输出基地，全年共输送劳务12.65万人次，劳务收入达到2.82亿元，比上年增长63.4%。扶贫攻坚力度不断加大，69个"整村推进"项目全面完成，全州农牧贫困人口减少0.88万人，低收入人口减少1.2万人。

狠抓特色工业体系建设，水电业、矿产业、畜产品加工业、建材业和藏药加工业都有新发展，工业经济质量与效益不断提升。到年底，全州全部工业增加值增长20.2%，达到7.81亿元，其中规模以上工业增加值增长10.4%，达到5.65亿元；非公有制工业增加值增长28.2%，达到4.59亿元，占全州工业

牧民新歌

藏族山寨

增加值的58.8%。全州工业企业实现利税2.12亿元，工业对财政的贡献率达到62.8%，工业企业结构得到调整，效益明显提升。

特色资源开发和招商引资继续保持强劲势头。全州已建成水电站136座，装机容量达到39.9万千瓦，开发率由2002年的3.6%提高到18.18%。在建水电站达到50座，装机容量113.97万千瓦。其中新开工建设水电站20座，已竣工和实现部分机组发电的14座，新增装机容量20.31万千瓦。黄河玛曲段水电开发前期工作取得新进展，规划编制等正在加紧进行。《甘南州旅游业发展总体规划》得到全面实施，景区（点）等级晋升和基础设施建设取得较大进展。甘南州冶力关风景管理局已开始运行，迭部腊子口风景管理局已经组建，夏河拉卜楞风景管理机构即将批复，旅游产业开发和各项管理逐步规范化。认真组织开展了以第八届"九色甘南香巴拉旅游艺术节"为主题的特色旅游宣传促销活动，腊子口、大峪沟等新的旅游热线正在形成，"九色甘南香巴拉"旅游品牌的影响力不断扩大。年内全州游客人数达到188.82万人次，综合收入达到3.7亿元，旅游业已成为甘南州潜力巨大的新型支柱产业。随着发展环境的不断改善，招商引资将继续保持较强势头。年内全州共签约招商引资合同项目47个，引进资金14.5亿元；全年共实施续建项目在内的各类招商引资项目128个，完成投资15.88亿元。招商引资成为拉动州经济发展的重要动力。

天祝县经济取得了重大成就，至2007年底全县实现地区生产总值15.08亿元，占年计划的103.79%，增长12.2%。其中第一产业完成2.3亿元，占年计划的115%，增长6.1%；第二产业完成5.58亿元，占年计划的100%，增长12.1%；第三产业完成7.2亿元，占年计划的103.9%，增长13.4%。

工业实现增加值4.15亿元，占年计

划的100%，增长13.4%，其中，规模以上工业企业实现增加值1.57亿元，占年计划的100%，增长15.7%。乡镇企业实现增加值7.2亿元。占年计划的100%，增长17.65%。

财政收入完成1.08亿元，占年计划的101.6%，其中，一般预算收入完成4748万元，占年计划的101.4%。

全社会固定资产投资完成12.9亿元，占年计划的100.8%，增长15.2%。

城镇居民人均可支配收入完成7369元，占年计划的100.04%，增长10.6%。

农牧民人均纯收入完成1969元，占年计划的9.6%，增长8%。

社会消费品零售总额完成6.92亿元，占年计划的100%，增长15.3%。居民消费品价格指数为107，上涨6个百分点。

区旅游业蓬勃发展，打造的"九色香巴拉"旅游品牌已蜚声中外。至2007年底，全州接待游客人数达188.82万人次，旅游收入达3.70亿元，占国民总产值的10.5%。

甘南藏区旅游资源类型全、品位高、特色浓，并且有原始性、神秘性和多样性的特征。如藏传佛教文化、民族风情文化、自然景观、红色旅游文化、名胜古迹、非物质文化遗产等，还包括游牧文化、农牧结合性文化、农耕文化、狩猎文化、山林文化、水文化、信仰文化、宗教文化、革命圣地文化、历史文化等。这几年，出现了甘南十大王牌景点，即夏河拉卜楞寺、合作米拉日巴佛阁、碌曲则岔石林、碌曲郎木寺、玛曲黄河首曲、临潭莲花山、临潭冶海、迭部腊子口战役纪念碑、卓尼大峪沟、舟曲沙滩公

百禽戏水尕海湖

兴旺发达的旅游业

甘南藏族自治州位于甘肃西南、青藏高原东北部，是全国10个藏族自治州之一。近几年，甘南藏

藏族史话

天下黄河第一弯

园。另外还有桑科草原、尕海、扎尕拉、拉尕山等。同时，以节会为中心拉动旅游业，使之更上一个台阶，如春节祈愿大法会，其中跳法舞、晒佛、放生、酥油花展、转贤巴等，吸引了成千上万的人，还有香浪节、采花节、花儿会、赛马会、香巴拉艺术节、万人拔河赛等。2003年，甘南州委、州政府决定把旅游业作为全州新的经济增长点和支柱产业来培育，提出了"一年迈大步，三年大发展，五年建成支柱产业"的奋斗目标，确定了拉卜楞寺、冶力关等10个王牌景点优先开发建设，桑科草原等16个重点景区突

天祝阿尼嘎昭雪山

出开发建设，确定了政府主导、市场运作、全民参与、上下联动、多方协作、目标管理的旅游业发展格局，形成了全州大办旅游产业的良好氛围。5年内共接待游客653万人次，综合收入达11.52亿元。

甘南立足资源优势，抓住有利时机，进一步加快甘南旅游实现跨越式发展进程，由数量性旅游向效益性旅游转变，由接待性旅游向市场性旅游转变，由单一性旅游向复合性旅游转变；增加旅游产品的文化内涵，增加游客滞留时间，增加游客的消费支出，增加旅游业对农牧民收入的贡献率，增加旅游业对财政收入的贡献率和增加旅游业在CDP中的比重。

甘南旅游业已成为全州经济发展中最活跃的产业之一，在国民经济中的地位和作用越来越突出。从实践来看，旅游产业是一项富民产业，是农牧民脱贫致富的重要途径。甘南州丰富多彩的旅游资源大部分在农牧村地区，旅游产业发展，能够带动农牧村民第三产业的发展，同时开辟新的致富门路和就业场所。旅游业可以就地转移农牧村劳动力，直接增加农牧民收入，能够开拓农牧民的眼界，转变思想观念和生活方式，提升物质文化生活质量。可以说，开发一个旅游景点，就等于创办一个企业；开发一个旅游景区，就能够富裕一方群众；开辟一条旅游线路，就相当于铺设了一条致富之路。

甘南州成功打造出了九色甘南香巴拉品牌，并每年举办"香巴拉艺术节"。因此，要进一步加快旅游基础设计建设，诸如景区道路、电力、通讯、餐饮、供水、住宿、停车场、公厕、垃圾处理、安全等做到设施到位，配套齐全，交通便利，标识清楚。加大生态环境建设和保护力度；加大宣传促销力度，拓展旅游客源市场；加强行业管理，规范旅游市场秩序；强化"规划"管理，提升"规划"层次；加快旅游产品开发，提高旅游经济综合效益。风景与旅游一体，资源与市场结合，开发与保护统一。办好香巴拉艺术节，吸引更多的国内外游客到甘南旅游、观光、考察、投资，进一步提高甘南旅游业的整体品位和效益，让甘南走向世界，让世界走进甘南。

后　记

　　经过两年多的艰苦努力，《甘肃少数民族史话》丛书终于面世了。有一些幕后的情况，尚需交待几句。

　　作为西北地区的出版工作者，我们深知民族团结、大局稳定的重要性，也知道自己该为此做点什么，为此才策划了这套丛书。本丛书的启动，得到了甘肃省新闻出版局局长张余胜，原省局副局长、现任中共甘肃省委宣传部副部长管钰年，省局副局长李玉政、袁爱华四位领导同志的热情支持。他们或亲任总主编、撰写总序，给予编辑思想上的指导，或肯定这套丛书在普及民族知识、佐助安定团结大局方面的价值，或支持这套丛书在甘肃"农家书屋"中推广，深入千家万户。没有他们的鼎力相助，这套丛书是很难成功出版发行的。

　　甘肃文化出版社社长谢国西是本丛书的策划者。他提出了选题，构想了各分册的布局，提出各分册作者统由本民族学者担任，以避免以往此类图书总是隐隐存在大汉族视角之弊病的想法，并全面主持了丛书的版式设计、出版、发行诸项工作。他的事业心和责任感，精细缜密的谋划能力，经验丰富的组织协调能力，使这套丛书的运作得以有条有理的平稳推进，终于如期出版。作为助手和丛书计划的执行者，副社长管卫中具体做了各分册作者遴选、内容布局设计，学术和文字、结构把关乃至大量的改稿工作。编辑部主任原彦平担负了繁重的编辑工作。特别是，本丛书涉及众多的民族、宗教、历史问题，编辑人员高度负责，查阅核对。稿成后又请甘肃省民委有关专家审读，并按所提意见作了认真修改。对各册文稿的结构、文字，编辑人员作了大量的修改。有些书稿三易其稿，始告完成。文化社副总编车满宝参与了本丛书的策划。副社长王奕承担了繁复细碎的出版程序安排和发行协调工作。副总编温雅莉承担了丛书版式设计联络工作。编辑陶伟、杜军辉等人以篦子梳头般的精细完成了书稿的编校工作。

　　这套丛书的完成，与诸位作者的努力是分不开的。特别值得一提的是，《甘肃藏族史话》的作者乔高才让同志在撰稿期间发现身患危症。他心怀一点信念，抱病日夜写作，终于完成书稿。《甘肃蒙古族史话》的作者任文军同志在写作书稿过程中家庭遭遇重大变故。他怀着巨大哀痛坚持完成了书稿，且质量相当优异。

　　在《甘肃藏族史话》的编写过程中，牛继荣等同志提供了精美的图片，谨致谢忱！

甘肃少数民族史话丛书编委员会
二〇〇九年八月二十日

图书在版编目(CIP)数据

甘肃藏族史话/洲塔,乔高才让著.——兰州:甘肃文化出版社,2009.10(2017.1重印)
(甘肃少数民族史话丛书/张余胜,管钰年主编)
ISBN 978-7-80714-658-2

Ⅰ.①甘… Ⅱ.①洲… ②乔… Ⅲ.①藏族—民族历史—甘肃省 Ⅳ.①K281.4

中国版本图书馆 CIP 数据核字(2009)第 184449 号

甘肃藏族史话

著　者：洲　塔　乔高才让

责任编辑：原彦平　　　　　　责任校对：陶　伟　杜军辉
装帧设计：锐园设计　马　江

出　版：	甘肃文化出版社
地　址：	兰州市曹家巷1号
邮　编：	730030
营　销：	甘肃文化出版社发行部　电话:(0931)8454870
印　刷：	甘肃三合印刷机械有限责任公司
地　址：	兰州市城关区东岗镇355号
邮　编：	730020
开　本：	787×1092　1/16
字　数：	275千
印　张：	16.75
版　次：	2009年11月第1版
印　次：	2017年1月第2次
书　号：	ISBN 978-7-80714-658-2
定　价：	52.00元

本书如存在印装质量问题,请与印厂联系调换
版权所有　违者必究